W0363295

Netzball

Lieber per Netzball gewinnen als mit einem Kantenball verlieren!

PHILIPP HELL, geboren 1984 in Wasserburg/Inn, spielte in der Tischtennis-Kreisliga mit überschaubarem Erfolg bisher für folgende Vereine:

- 1996-2012: TSV 1880 Wasserburg
- 2012-2013: SV Helios-Daglfing
- 2013-2014: TTC Isar 73 München
- 2014-2015: Stepney Green London
- 2015-2018: TTC Isar 73 München
- Seit 2018: TSV 1860 Mühldorf

Seine größten sportlichen Siege:

- 1997: 3. Platz Mini-Kreisentscheid Rosenheim
- 1997: 3. Platz Mini-Bezirksentscheid Oberbayern

Er betreibt seit vielen Jahren den augenzwinkernden Tischtennis-Blog netzball-tischtenniskolumne.com und schreibt in regelmäßigen Abständen für Deutschlands größte Tischtennis-Seite mytischtennis.de als „Der Phasendrescher".

Philipp Hell

Netzball

Lieber per Netzball gewinnen als mit einem Kantenball verlieren!

© 2022 Philipp Hell
www.netzball-tischtenniskolumne.com

Covergestaltung: hollybookstore
Korrektorat: Reinhard Hell

Verlag: Philipp Hell
c/o autorenglück.de
Franz-Mehring-Str. 15
01237 Dresden
philipp.hell@gmx.net

Druck: epubli – ein Service der neopubli GmbH, Berlin

ISBN: 978-3-754954-70-6
Ausgabe 26.02.2022

Für meine Familie, mein anderes Hobby.

INHALT

PROLOG

WAS FÜR EIN PSYOCHOPATHEN-SPORT!

In den Tischtennis-Hallen der Republik trifft man auf jede Menge Irre. Hier gilt es nichts zu beschönigen. Schließlich sind wir selbst mittendrin und das seit Jahren: Zwischen den größten Gockeln und den eingeschnapptesten Leberwürsten. Bei den krankhaft Ehrgeizigen und den unfassbar nervig Gleichgültigen.

Eigentlich hat man sich ganz gut an dies alles gewöhnt. Doch von Zeit zu Zeit ertappt man sich eben doch bei dem Gedanken warum man eigentlich mit keinem anständigen Sport begonnen hat damals in der Jugend. Fußball zum Beispiel. Oder wem das zu prollig ist eben Tennis. Wer keine Bälle mag halt Leichtathletik. Oder gar Hallenhalma. Sicherlich, das Talent war überall äußerst überschaubar. Aber warum zum Kuckuck musste es ausgerechnet Tischtennis ein?

Das fragt man sich wenn auf der anderen Seite der Platte mal wieder jemand explodiert, weil er – nach dem zweiten Kantenball im gesamten Spiel – die ganze Welt gegen sich wittert. Schreiend, brüllend, gestikulierend und mit der Mimik eines Gorillas beim Paarungstanz wird da die ganze Ungerechtigkeit des Lebens hinausgeschrien. Das vor zehn Minuten im Entscheidungssatz durch einen Aufschlagfehler des Gegners unfassbar glücklich und unverdient gewonnene Spiel ist da schon längst wieder vergessen. Aber warum steht dort auch diese Bande herum und warum ist die Hallendecke so niedrig!? Ach, das Kurzzeitgedächtnis!

Genauso irre sind auch diese sich krankhaften Selbstbeleidiger. Arschloch, Depp, Hirnverbrannter, Angsthase, Jugendspieler sind da noch die netteren Bezichtigungen bei denen man sich als Gegner zunächst immer selbst angegriffen fühlt. Bevor man merkt, dass der Typ auf der anderen Seite ausschließlich mit sich selbst beschäftigt ist.

Ganz anderes der offensive Aggressivling: Bei ihm geht die Statur und die modische Ausstattung einher mit martialischen Tätowierungen, welche zum Gesamteindruck eines kriminellen Motorrad-Rockers führen. Bereits beim Einspielen fängt man sich von ihm Blicke voller abgrundtiefem Hass ein, die dann auch prompt massenhaft Aufschlagfehler und verschossene Elfmeter provozieren. Kaum trottet man psychisch am Ende und gnadenlos besiegt von der Platte sieht man den Kerl liebevoll Frau und Kinderschar herzen als wäre er der Moderator einer ARD-Samstagsabendshow.

Doch zu spät, wieder einmal stand man sich selbst im Weg. Beim Fußball heißen die billigen Ausreden Gras zu hoch und Ball zu platt. Beim Tischtennis hat die Platte so komisch gespiegelt, und das Netz war nicht richtig gespannt. Oder der Gegner wollte sich nicht richtig einspielen. Wurde unfairerweise auch noch ständig gecoacht. Machte nahezu alle Aufschläge direkt aus der Hand. Und trug zu allem Überfluss auch noch so ein beschissenes Schweißband!

Tja, modisch gesehen zeigt da der ein oder andere sein Psychopathen-Wesen doch sehr öffentlich. Oder wie lassen sich sonst lila-pink-karierte XXL-Trikots aus den Achtzigern erklären die immer noch im Einsatz sind? Oder dutzende von Tapes und Bandagen als stünde ein zwölfründiger Profi-Boxkampf an statt eines körperkontaktlosen Tischtennis-Matches?

Weitere auffällige Zelluloidspezialisten: Das kleine Männchen, welches sich während des kompletten Spiels leise flüsternd mit sich selbst unterhält und dabei leicht diabolisch grinst wie der Joker aus den Batman-Filmen. Oder der Blinde, der ständig lautstark betont, dass genau dieser Ball doch gestern im Training immer kam. Der Halbstarke, der jeden verschossenen Ball direkt im Anschluss per Trockenübung noch einmal in aller Seelenruhe durchgeht. Auch schön: Der mit glasigen Augen geistig völlig abwesend vor sich Hinstarrende. Oder aber der Verzweifelte welcher sich abwechselnd Hasenfüßigkeit und Mädchentischtennis vorwirft. Ach, man könnte ewig so fortfahren.

Auf genau die entgegengesetzte Art und Weise schlimm sind wiederum diese Stoiker. Denen kann man die Bälle um die Ohren kloppen, sie abwechselnd mit Netz- und Kantenbällen traktieren und mit diversen Mätzchen zum vierten Aufschlagfehler im Satz provozieren – keine Regung. Absolut keine. Wahnsinnig. Wie kann das sein? Da regt man sich nur selber wieder auf. Beinahe so sehr wie über den jovialen Schwätzer. Dieser versucht zwischen den Ballwechseln ständig Konversation zu betreiben, hat immer einen lockeren Spruch auf den Lippen und amüsiert sich ununterbrochen über den eben gespielten angeblich besonders kuriosen Ballwechsel. Er wird wiederum nur noch getoppt vom Balletttänzer, der jeden verschlagenen Ball mittels einer Pirouette in 1-A-Haltungsnote verarbeitet, wobei er laut „Huiuiui!" ruft.

Doch wechseln wir deswegen die Sportart? Vielleicht nächste Saison. Wenn man es den ganzen – anderen – Psychopathen endlich mal ordentlich gezeigt hat. Gerade diesem hüpfenden Idioten, der einen schon aufregt wenn er nur schwungvoll die Halle betritt. Muss man den immer wieder treffen!? Auf jeeeedem Turnier?? Und dann auch noch verlieren?? Muss das sein??? Ernsthaft???? SCHON WIEDER!!!!???? Per D-O-P-P-E-L-Netzroller??????????? ICH RASTE AUS!!!!!!!!

DIE DREI GROSSEN LÜGEN
bei der Begrüßungsrede

Wir hoffen auf schöne Spiele.

Wir fangen sofort an.

Möge der Bessere gewinnen!

TEIL 1: DIE PHASEN EINES PUNKTSPIELS

#1 DIE ANFAHRT

Tischtennis sei ein sehr komplexer Sport, heißt es gerne. Das stimmt! Bei Heimspielen ist normalerweise der großen Mehrheit der Spieler Ort und Zeitpunkt zumindest halbwegs konkret bekannt. Auswärtsspiele jedoch beginnen zunächst mit der organisatorisch anspruchsvollen sowie höchst beschwerlichen Anfahrt.

Normalerweise wird als Treffpunkt zur Abfahrt „die Halle" ausgemacht, der zentrale Punkt für alle Belange eines jeden Tischtennis-Vereins. Dort steht man dann frierend im Trainingsanzug aus schönster Ballonseide in der Kälte herum und wartet auf die noch fehlenden Mitspieler. Eine typische Saison besteht üblicherweise mindestens aus folgenden Anfahrts-Situationen:

Spiel 1: Die neu formierte Sechser-Mannschaft reist mit sieben PKW beim Gegner an, da es mit der Absprache eher so mittel geklappt hat. Schließlich haben alle Spieler hinterher noch etwas vor und müssen daher direkt nach Spielende abreisen. Außerdem wollte Sörens Freundin mal wieder einen Abend mit ihm verbringen, daher hat sie sich ebenfalls mit dem eigenen Auto in der fremden Halle eingefunden.

Spiel 2: Bis auf die Nummer 1, die selbstverständlich immer alleine anreist, finden sich alle Spieler nun am doch gemeinsam vereinbarten Treffpunkt ein. Leider konnte nur einer von ihnen das Auto von seiner Gattin loseisen. Bevor es losgehen kann, muss folglich noch eine Partie „Tetris für Fortgeschrittene" gespielt werden, um fünf Sporttaschen sowie fünf vollschlanke Tischtennis-Spieler in einen Fiat Uno zu bekommen. Merke: Für spannende Teambuilding-

Maßnahmen muss man nicht extra in den nächsten Klettergarten fahren!

Spiel 3: Auch eine Viertelstunde nach der vereinbarten Abfahrtszeit fehlt noch ein Teammitglied. Telefonisch klärt sich nach mehreren erfolglosen Versuchen, dass er sich gerade auf Mallorca befindet und es daher wohl nicht mehr rechtzeitig zur Halle in Niederpforzheim-Süd schaffen wird. Spontan entschließen sich seine Mitspieler, einfach alle potentiellen Ersatzspieler, die halbwegs in der Nähe wohnen, direkt zu Hause zu besuchen. Einer wird sich hoffentlich kurzfristig vom abendlichen Fernsehprogramm und seinem Feierabendbier lösen können.

Spiel 4: Überraschenderweise haben sich dieses Mal die Spieler vollzählig und pünktlich am richtigen Treffpunkt eingefunden. Jetzt besteht nur noch ein kleines Problem: Keiner hat ein Auto mitgebracht! Nun kann nur gehofft werden, dass wenigstens die Frau des am nahesten wohnenden Teammitglieds ihren Wochenend-Einkauf auf einen anderen Tag verschieben kann – sonst müsste man wohl trampen.

Spiel 5: Erneut sind alle pünktlich am Treffpunkt erschienen, dieses Mal sind sogar genügend Autos vorhanden, es ist noch reichlich Zeit bis zum Spielbeginn und jeder bis in die Haarspitzen motiviert. Leider nur ist man selber der Fahrer desjenigen Autos, in dem sich die beiden Mitspieler eingefunden haben, welche sich absolut nicht riechen können. Nun herrscht natürlich – wieder einmal – dicke Luft und das Schneetreiben sowie das Verkehrschaos draußen macht die Sache auch nicht besser. Eine hervorragende Möglichkeit für den Fahrer die Inhalte des letzten Meditationskurses in der Praxis zu testen.

Spiel 6: Eine halbe Stunde vor Spielbeginn erreicht man – vollzählig und ausnahmsweise ohne Streitereien – die

Halle des Gegners. Zunächst positiv überrascht von sich selbst und der ausgefuchsten Organisation stellt das Team jedoch bald fest, dass die Turnhalle verrammelt und verriegelt sowie verdächtig dunkel ist. Ein kurzer Anruf beim Abteilungsleiter – dein Freund und Helfer in jeder Tischtennis-Not – klärt darüber auf, dass der Gegner seit einigen Monaten in einem Hallen-Neubau am anderen Ende der Stadt spielt. Dort trifft man dann pünktlich vier Minuten nach dem offiziellen Spielbeginn ein.

Spiel 7: Alle möglichen Hindernisse in der Anfahrt wurden erfolgreich und rechtzeitig gemeistert, doch nun warten an und in der gegnerischen Halle nochmals einige Hürden auf das Auswärtsteam. Da gilt es zunächst den richtigen Eingang zu finden: Im Internet stand irgendetwas davon, dass der Hausmeister den Haupteingang immer schon frühzeitig zugesperrt hat, man sich jedoch über die Wiese mit den Obstbäumen in der Nebenstraße dem Schulgelände annähern kann, dort gibt es dann ein Loch im Zaun, Vorsicht vor dem Hausmeister-Hund, dann von außen an die Hallentür geklopft, und zwar im Rhythmus kurz-lang-lang-kurz und schon wird geöffnet. Leider hat man diese Beschreibungen vor Ort nur noch recht vage im Hinterkopf, die verbleibende Zeit fürs Umziehen beträgt schließlich noch dreieinhalb Minuten.

Spiel 8: Anfahrt und auch das Betreten des Gebäudes wurden perfektioniert und so macht man sich auf die Suche nach der passenden Umkleide. Dann jedoch platzt man zunächst in die Kabine der attraktiven Volleyball-Mädchen und wird direkt im Anschluss in der nächsten Kabine von den alarmierten und immer noch recht kernigen Taekwondo-Senioren empfangen. Beim Blick in die Sporttasche findet der junge Nachwuchsstar einige seiner notwendigen Utensilien nicht, sodass er später barfuß und mit dem Zweitschläger von Noppen-Norbert spielen muss – ganz klar Mamas Fehler. Außerdem bemerkt auch der ältere Kollege, dass er nicht alles Gewünschte in seiner Sporttasche vorfindet – er freut sich daher den ganzen Abend schon darauf sich später ein Handtuch mit Uwe teilen zu dürfen.

Spiel 9: Man betritt erstmalig vollzählig, frühzeitig sowie komplett ausgestattet des Gegners Halle, trifft aber leider nur die rüstigen Faustballer im Unterhemd an, die einem leutselig erklären: Ja, die Tischtennis-Spieler kämen immer etwas später, daher spiele man meistens noch den ein oder anderen Extra-Satz. Folglich nimmt das Team vorerst auf den bequemen Schulsport-Bänken Platz und bewundert eine Sportart, die offenkundig noch statischer ist als Tischtennis in der 4. Kreisliga Nord-West.

Spiel 10: Beim abschließenden Auswärtsspiel der Saison ist bei der eigenen Ankunft das gegnerische Team glücklicherweise frühzeitig anwesend, alle Platten sind bereits akkurat aufgebaut und so kann gleich mit dem Einspielen begonnen werden. Kommt es allen Teammitgliedern schon recht spanisch vor, dass man gegen das vermeintlich abgeschlagene Tabellenschlusslicht hierbei hauptsächlich das Bälle Aufheben trainiert (und wo ist eigentlich Hans-Dieter, der spielt doch eigentlich immer bei denen mit!?), so ist das Hallo groß als eine weitere Mannschaft die Halle betritt. Schnell klärt sich auf, dass man sich gerade mit der Landesliga-Mannschaft des Gegners eingespielt hat – die fünfte Mannschaft wartet aber schon im Gymnastik-Raum unter dem Dach.

#2 DIE BEGRÜSSUNGSREDE

Da steckt man mitten drin in seinem Einzel, langsam geht es in die entscheidende Phase, Satzball – da schallt es plötzlich lautstark durch die Halle: „Training bitte einstellen!" Klar, im zweiten Teil der Halle beginnt nun endlich – nach einer doppelt so langen Aufwärm- und Einspielphase wie bei den Normalsterblichen – auch für die erste Mannschaft aus der Bezirksliga ihr Punktspiel. Und deren Mannschaftsführer fordert immer wie selbstverständlich die volle Aufmerksamkeit aller Anwesenden ein. So unterbricht man wohl oder übel das eigene Match und lauscht seinen Ausführungen, wobei es natürlich große Unterschiede beim Vortrag gibt.

Da wäre zum einen der Routinier genannt. Er ist seit 27 Jahren Mannschaftsführer und hat in dieser Zeit bereits unzählige Begrüßungsreden gehalten. Ihn bringt folglich nichts mehr aus der Ruhe, geduldig wartet er, bis Bernd aufhört in seiner Tasche zu wühlen, bis der Jugendliche zum dritten Mal seinen Schläger geputzt hat und bis sich auch wirklich alle Gegner im Halbkreis um ihn aufgestellt und das Tuscheln eingestellt haben. Dann liest er in Seelenruhe die Aufstellungen sowie die ersten Spielpaarungen vor, deutet auf die beiden Spielplatten, wünscht „faire und spannende Spiele" und dass – haha! – natürlich der Bessere gewinnen möge. Den einsetzenden, überschaubaren Applaus nimmt er nur peripher war, legt den Spielberichtsblock zur Seite, greift sich seinen Schläger und tritt an den Tisch. Es kann losgehen!

Ganz anders der Entertainer unter den Spielführern. Er genießt die volle Aufmerksamkeit aller Anwesenden, schließlich steht er gerne im Mittelpunkt. Und da seine

Frau nach 15 Jahren Ehe inzwischen bei seinen Witzchen noch nicht einmal mehr müde lächeln kann, ist nun genau der richtige Zeitpunkt dafür. Kein Namenswitz zu flach und keine Selbstverständlichkeit zu bekannt um nicht erwähnt zu werden. Alle Spieler werden einzeln vorgestellt und ihre bisherige Saisonbilanz kurz besprochen. Außerdem werden die Spitznamen der Spieltische erwähnt („das sind der harte Horst sowie der knarzende Karl"). Der Entertainer vergisst nie, wirklich nie, zu erwähnen, dass man es nicht zu lange machen solle: Schließlich hätten alle Durst und die etwas trockene Pizza gibt es in der Wirtschaft auch nur bis 22 Uhr für 5 Euro. Schließlich meint er: „Die bessere Mannschaft ist mir eigentlich egal, Hauptsache wir gewinnen!" Ein launiges „Mögen die Spiele beginnen!" beendet die Mario Barth-artige Prozedur für alle Umstehenden, denn nach 14 Jahren in der gleichen Liga hat man jeden Witz schon viel zu oft gehört und die ganze Rede fühlt sich an wie ein langes, unangenehmes Déjà-vu.

Im krassen Gegensatz dazu steht das Mauerblümchen. Ihm ist es sichtlich unangenehm vor Leuten zu sprechen, daher hatte er sich auch vor der Saison mit Händen und Füßen gewehrt, Mannschaftsführer zu werden. Leider hatte von den Mitspielern nun wirklich keiner zeitliche Kapazitäten mehr frei und irgendwie ist er es dann eben doch geworden. Nun fokussiert er sich mit starrem Blick auf den umklammerten Spielberichtsbogen und murmelt die Aufstellung ohne Punkt und Komma in seinen nicht vorhandenen Bart. Schnell noch schöne Spiele gewünscht – geschafft! Handgestoppte 43 Sekunden, offenbar ein neuer Rekord.

Der Businesskasper wiederum hält keine Begrüßungsrede, er hält eine Präsentation: immer wieder möchte er auf „die nächste Folie" verweisen statt auf Tisch zwei, er hofft, dass man im Doppel „Synergien heben" kann und bezeichnet die ersten Einzel dann als die „nächsten *Milestones*" des Punktspiels. Ab und zu zückt er sogar seinen Laserpointer und dreht sich zur Wand hinter ihm – bis er merkt, dass er in einer miefigen Turnhalle statt eines schnieken Besprechungsraums steht. Nichtsdestotrotz zieht er einen Tagesordnungspunkt nach dem anderen gnadenlos durch, ohne Rücksicht auf etwaige Einwürfe der Meeting *Participants* („sprich doch mal deutsch!") näher einzugehen. Allerdings ist er etwas enttäuscht, dass das Delegieren von Aufgaben miserabel bis gar nicht funktioniert, da Ernst sich mit seiner künstlichen Hüfte einfach nicht in der Lage sieht, noch eine weitere Platte aus dem Geräteraum zu holen. Das Meeting-Protokoll will auch keiner schreiben und besonders der Applaus fällt für den Geschmack des Businessfuzzis etwas spärlich aus.

Bleibt noch der abwesende Mannschaftsführer zu erwähnen. Er kann heute leider selbst nicht antreten (Geburtstag der Frau, Abifeier der Tochter oder Jahreshauptversammlung im Kaninchenzüchterverein – wer weiß das schon?) und hat daher einen Ersatzspieler organisiert. Allerdings muss nun auch jemand anderes die Begrüßungsrede halten und da wurde niemand benannt: So reichen sechs gestandene erwachsene Männer beschämt den Spielblock solange reihum („Mach doch du!" – „Ne, hab ich heute so ein Kratzen im Hals.") bis kurzerhand der Mitläufer der Mannschaft mit Block in der Hand und knallroten Wangen nach vorne geschoben wird. Diese bemitleidenswerte Gestalt scheint wirklich noch nie eine Begrüßungsrede gehalten zu haben. Viel bemerkenswerter: Offenkundig war er auch noch nie bei einer anwesend! Hilfesuchend blickt er sich immer wieder zu seinen Mitspielern um, denn weder ist ihm das Spielsystem bekannt, noch kann er unfallfrei die Konsonanten-lastigen Namen seiner osteuropäischen Mitspieler vorlesen, noch weiß er, dass man zuerst die Aufstellung des Gegners vorliest und erst zum Schluss allen gute Spiele wünscht. Alle Anwesenden sind erleichtert, wenn die peinliche Vorstellung endlich vorüber ist. Hoffentlich ist nächste Woche der Captain wieder dabei!

#3 DIE EINGANGSDOPPEL

Das eigene erste Match läuft bereits seit einer Weile doch im Hinterkopf spukt noch eine Frage herum: Hat man da nicht etwas vergessen? Plötzlich fällt es einem siedend heiß ein: Doppel? Ach ja, da war ja was, die Eingangsdoppel! Und völlig irritiert stellt man umgehend fest, dass am Nachbar-Tisch tatsächlich noch Doppel gespielt wird. Hätten wir ja beinahe glatt vergessen.

Im Kreisliga-Tischtennis werden die Doppel beinahe schon traditionsgemäß sträflichst vernachlässigt. Trainiert wird so gut wie nie und die Aufstellung ist eine Mischung aus Willkür, dem kleinsten gemeinsamen Nenner aller Beteiligten sowie den privaten Vorlieben der Alpha-Tiere einer Mannschaft: Die Nummer 1 spielt selbstverständlich immer nur im Einser-Doppel, einer will auf gar keinen Fall das Opfer-Doppel geben, ein anderer spielt nicht mit dem Ersatzmann (der kann eh nix), ein weiterer Spieler kann nicht mit dem Noppenspieler an den Start gehen und der verbliebene Mann wiederum spielt schon seit seiner Jugend nur mit dem Herbert.

So richtig Vollgas scheint in den Eingangsdoppeln ohnehin kaum jemand zu geben, man beobachtet lieber den Gegner, achtet auf dessen Stärken und Schwächen und rechnet sich bereits die eigenen Chancen in den anschließenden Einzeln aus. Solange, bis man sich mal wieder über einen saublöden Aufschlagfehler seines Partners lautstark ärgern muss. Schließlich ist ohnehin vorher bereits klar, dass das starke Einserdoppel das Opferdoppel des Gegners klar im Griff haben wird, oder? Das eigene Opferdoppel heißt aus gutem Grund so. Und das Dreier-Doppel mit dem Ersatzmann aus der Vierten – ach...

Besonders dreist treiben es diejenigen Kandidaten, die schlicht und einfach ihr Pulver noch nicht verschießen wollen und dies auch nur mehr oder weniger gut verbergen können. Da werden die gemeinen Aufschläge ausgelassen, die Laufleistung wird auf ein Minimum reduziert und selbst der Vorrat an unflätigen Selbstbeschimpfungen wird für später aufgehoben. Schließlich stehen dann die wichtigen Einzel an, bei denen es um die wirklich harte Währung geht: um TTR Punkte statt nur um eine gute Doppel-Bilanz, für die man sich ja bei der Aufstellung der Rangliste für nächste Saison auch wieder nichts kaufen kann.

So gleichen die Eingangsdoppel einer Amateurzirkus-Vorstellung auf überschaubarem Niveau mit hohem Klamauk-Faktor: Da versucht ein fideler Senior um seinen bulligen Partner mit dem Wendekreis eines Vierzigtonners und dem Bewegungsradius eines Bierdeckels herumzulaufen. Da verzweifeln Spieler am Offensivfeuerwerk ihres Nebenmannes, der die Bälle, die er da spielt, zuletzt Ende der 90er auf der Platte untergebracht hat. Da starren Spieler intensiv und hochkonzentriert auf ihren Schlägerbelag, damit sich der Partner nach dem Ball bücken muss. Da brüllen sich am Nachbartisch die Mitspieler gegenseitig an, dass sie doch bitte dem Gegner nicht immer die Bälle so hoch auflegen sollen und ein kurzer Aufschlag sei auch ab und zu enorm hilfreich gegen diesen offensiven Linkshänder! Und anschließend streiten sich alle vier Spieler darüber, wer jetzt eigentlich gerade auf wen aufschlagen muss, schließlich hattet ihr doch im ersten Satz, dann haben wir bei 4:2 im zweiten gewechselt, ihr hattet anschließend diesen Kantenball, und dann hat der Klaus…

Der Schiedsrichter wiederum sitzt teilnahmslos daneben: Nie weiß er wie es steht, die Wechselregel ist ihm schon immer ein Buch mit sieben Siegeln gewesen und Angaben auf die falsche Seite zählt er aus Prinzip nicht. Die kann er auch gar nicht sehen, da er wie ein Achtklässler lustlos auf dem Stuhl fläzt und nebenbei auf seinem Smartphone eifrig bei Tinder unterwegs ist – zumindest solange, bis er die spärlich bekleidete siebzehnjährige Tochter des Abteilungsleiters entdeckt, ihm ein lauter Schrei entweicht und er damit unabsichtlich den spektakulärsten Ballwechsel des ganzen Spiels unterbricht. Schon blöd, gerade bei Matchball für den Gegner.

Eigentlich liegt das Wohl und Wehe einer Mannschaft unter Doppel-Gesichtspunkten meistens ohnehin in der Hand bzw. den Schlägern des Dreierdoppels. Hier duellieren sich die überforderten Ersatzleute mit den in der Rangliste so weit hinten stehenden Spielern, dass es für sie selbst für das Opferdoppel nicht mehr gereicht hat. Spielerisch würde man sofort einen mehrklassigen Unterschied zu dem sonstigen Geschehen dieses Punktspiels erkennen – wenn man nur zusehen würde. Doch wenn es im Dreierdoppel in die entscheidende Phase geht, laufen an den anderen Tischen schon längst die Einzel der Starspieler – und diese fordern selbstverständlich die ungeteilte Aufmerksamkeit aller Anwesenden ein.

Geht das Spiel am Ende des Abends nach einem genauso frühen wie unglücklichen 0:3-Rückstand nach den Doppeln mit 6:9 verloren, so sind sich alle Beteiligten darüber einig, dass nächste Woche endlich mal Doppel trainiert werden muss. Und vielleicht sollte man sich gleich noch ein paar strategische Gedanken über die Zusammensetzung der Doppel-Paarungen machen. Wie, der Ulf kann Dienstag nicht, Sören ist die ganze Woche auf Malle und am Freitag ist der Hans-Dieter wie immer bei seiner 300km entfernt lebenden Freundin? Dann eben übernächste Woche, dann aber ganz bestimmt, Jungs!

DIE DREI GROSSEN LÜGEN
beim Kauf eines neuen Schlägers

Mein alter Schläger war schon ganz abgespielt.

Der neue Vorhand-Belag passt einfach besser zu mir.

Mit einem neuen Schläger spiele ich immer 25% besser.

#4 DAS EINSPIELEN

Bevor ein Tischtennismatch beginnt, stehen zunächst die obligatorische Begrüßung und dann das Einspielen auf dem Programm. Bereits beim Händeschütteln lassen sich anhand des Verhaltens der Spieler erste Vorhersagen über den weiteren Verlauf des Spiels treffen. Folgende Typen sind schon vor dem Match eindeutig zu identifizieren:

Der *grobe Aggressivling* – nimmt die Hand seines Gegners in den Schraubstock und taxiert ihn mit weit aufgerissenen Augen. Bereits während des Einspielens versucht er, direkt die ersten Punkte zu erzielen. Er wird später gnadenlosen Topspin-Angriff spielen.

Der *joviale Schwätzer* – stellt sich zunächst mit Vor- und Nachnamen vor und philosophiert anschließend noch über das Wetter während er ausgiebig die Hand seines Gegenübers schüttelt. Seinen Monolog führt er während der ersten lockeren Ballwechsel auch fort und kann nur unterbrochen werden, indem man ein paar Angriffsbälle links und rechts neben ihm einschlagen lässt – er muss dann zunächst nämlich den Ball holen. Ob er gewinnt oder verliert, ist ihm offenkundig völlig egal.

Der *Griesgram* – meist älteren Semesters, bringt kaum die Zähne zum Gruß auseinander. Anscheinend stört ihn dieses Match in seiner gemütlichen Feierabend-Gestaltung – das zahlt er seinem Gegner aber auch heim. Er spielt oftmals Noppen, klar.

Der *Unsichere* – blickt beim Händeschütteln betreten zu Boden und wäre offenkundig lieber ganz woanders als in dieser Sporthalle. Beim Einspielen übt er schon einmal fleißig das Ballaufheben. Er wird später insgesamt nur acht Punkte machen.

Der *arrogante Uninteressierte* – unterhält sich parallel noch mit den Zuschauern. Er wird routiniert seinen Stiefel runterspielen und entweder klar gewinnen oder klar verlieren. Die Unterhaltung mit den Zuschauern führt er natürlich auch beim anschließenden Einspielen fort. Den Wechsel von Vor- auf Rückhand muss man ihm nahezu aufzwingen, er ist jedoch immer „bereit, wenn du es bist". Und ob er die erste Angabe hat oder nicht – nichts könnte ihm gleichgültiger sein.

Der *Hektiker* – eilt an die Platte, ergreift die ausgestreckte Hand seines Gegners nur für einen Sekundenbruchteil und tut nach dem ersten Konter-Ballwechsel lautstark kund, dass er nun soweit wäre. Psychologische Botschaft: Allzeit bereit, ich mach dich platt! Während des Spiels wird man selber nur selten ruhig und konzentriert an der Platte stehen wenn er aus vollem Lauf seine Angaben macht.

Der *Perfektionist* – das krasse Gegenteil zum Hektiker. Er beginnt mit einem intensiven Händedruck und legt Wert auf Augenkontakt. Offiziell nur eine Minute Einspielzeit? Pah! Solange er nicht jede seiner 17 verschiedenen Schlagvarianten – erfolgreich – ausprobiert hat, sieht er sich nicht in der Lage, auch nur ansatzweise den ersten Satz zu beginnen. Außerdem ist dem Perfektionisten bei einer Einspielzeit von unter fünf Minuten immer noch kalt – nicht umsonst spricht er daher auch immer vom „Warmspielen". Finden zwei dieser Experten zusammen, kann es schon einmal vorkommen, dass der Zähler mit einem launigen „Also ich wär dann soweit, Jungs" die Einspiel-Vorstellung nach einer knappen Viertelstunde beendet. Während des Spiels hält der Perfektionist dann einige Male kurz inne, um per Trockenübung nochmal seinen Topspin-

Schlag technisch sauber durchzugehen bevor es weitergehen kann.

Der *Noppen-Spezialist* – verwendet beim Einspielen entweder auf Vor- und Rückhand nur seine glatte Schlägerseite. Dann kann man zwar minutenlang ganz nett hin und her kontern, doch im Spiel kommen diese Schläge natürlich nie wieder zum Einsatz. Oder aber der Noppen-Mann gibt von Anfang an alles, was er hat. In diesem Fall kann man sich zwar bereits mit den erstaunlichen Flugeigenschaften seiner Bälle bekannt machen, an ein Einspielen im klassischen Sinne ist aber nicht zu denken. Wenigstens muss man so nicht erst bei einem 0:2-Satzrückstand feststellen, dass der Gegner vermutlich lange Noppen spielt.

Der *Egomane* – ebenfalls sehr unbeliebt zum Einspielen. Die Begrüßung hat er leider vergessen. Er legt Wert darauf, dass er in Ruhe einige Bälle anziehen kann, erst auf der Vorhand, dann noch auf der Rückhand. Dann noch ein paar Unterschnitt-Ballwechsel, um die Sicherheit und das Gefühl für den Ball zu bekommen. Und zum Abschluss will er noch zwei, drei Aufschlagvarianten probieren. Ist er endlich fertig mit seinem umfangreichen Programm und will das Spiel beginnen, ist die Überraschung groß, wenn der Gegner völlig eigennützig noch mehr Schläge üben möchte als die bisherigen Topspin-Blocks. Der Egomane wird sich im Verlauf des Spiels von allem und jedem abseits der Platte gestört fühlen, Kantenbälle des Gegners hat er jedoch leider nie gesehen.

Zusammengefasst stellt sich folglich jedem Tischtennis-Spieler die Frage, ob man nicht besser gänzlich auf Begrüßung und Einspielen verzichten sollte, um dem Gegner nicht freiwillig einen zu tiefen Einblick in die eigene Psyche und das eigene Schlagrepertoire zu gewähren. Andererseits: Nie wieder gelingt diese Vielzahl von spektakulären Stopps, Monster-Rettungstaten, tödlichsten Schnitt-Bällen und absoluten Wunderschlägen wie vor Beginn des eigentlichen Spiels. Wenn man anschließend schon klar verlieren muss, so hat man auf diese Art wenigsten zeigen können, dass man eigentlich sehr ordentlich spielen könnte – hätte einem der grobe Aggressivling nicht bei der Begrüßung direkt die Hand verstaucht.

#5 DIE SEITENWAHL

Haben sich – nach einer Odyssee-artigen Anfahrt der Auswärtsmannschaft – beide Spieler endlich zur Genüge nach allen Regeln der Kunst, hochmotiviert und technisch vom Allerfeinsten eingespielt (oder auch nicht), so steht bei den Amateuren vor dem eigentlichen Spielbeginn noch die obligatorische Seitenwahl an. Gut, normalerweise handelt es sich dabei eher nur um das Losen darum, wer zuerst Aufschlag hat – denn die Seitenwahl wurde ja bereits entschieden als der schnellere und cleverere der beiden Spieler sich einfach auf die bessere Plattenseite gestellt hat.

Auch bei diesem Losen werden von den Tischtennisspielern wieder ganz verschiedene Ansätze verfolgt. Einerseits gibt es diejenigen, die darauf bestehen, dass sich der Zähler von seinem Stuhl erhebt und die Wahl durchführt. Sie wünschen sich einen gewissen offiziellen, ja sogar festlichen Rahmen für ihr Einzel. Andere wiederum haben Mitleid mit ihrem ausgepumpt auf dem Schiedsrichter-Stuhl hängenden Mitspieler, der offenkundig noch an seiner gerade erlittenen epischen Niederlage zu knabbern hat, und führen die Wahl umgehend selbst durch.

Bei den Durchführenden dieser Wahl kann man einige spezielle Typen beobachten: Den gelangweilten Kaugummi-Kauer, der sich bereits einen Meter vor dem Tisch umgehend notdürftig bückt und dann seine Hände zur Wahl nur wenige Zentimeter auseinanderstreckt – zu seiner Verteidigung ist anzumerken, dass er sich dank seines beeindruckenden Bauchumfanges auch kaum näher an den Tisch stellen kann. Oder den akkuraten Wichtigtuer, welcher zunächst mehrfach die perfekte Rotation des Balles auf der Platte überprüft bevor er beginnt – nach der

Wahl verkündet er dann lautstark „Aufschlag TSV Hinterdümpfelbach 2, erster Satz, 0:0." Und nicht zu vergessen den Jugendlichen, der den Ball alberner Weise zunächst sekundenlang zwischen seinen spärlich behaarten Beinen hin- und herwandern lässt wie ein verschlagener Hütchenspieler vor einer beliebten Touristenattraktion.

Beim Wählen kommt nun wieder Tiefen-Psychologie ins Spiel: Je nach Grad der Abergläubigkeit des Wählenden will dieser unbedingt oder auf gar keinen Fall den ersten Aufschlag haben. Letzteres lässt sich natürlich einfach provozieren, indem man frühzeitig und äußerst bestimmt in eine Richtung deutet bevor der die Wahl Durchführende überhaupt seine Arme in entgegengesetzte Richtungen ausgestreckt hat. Allerdings besteht hier noch die Gefahr, dass man dann den Aufschlag trotzdem anschließend „geschenkt" bekommt – ein ganz schlechtes Omen für den weiteren Verlauf des Abends. Zu erwähnen sei hier auch noch der ausgebuffte Stratege, der sich in stundenlanger Kleinarbeitet detailliert ausgerechnet hat, dass er natürlich nur dann beim Stand von 10:10 im fünften Satz Aufschlag hat, wenn er das Match eben nicht mit eigenem Aufschlag beginnt.

Will man jedoch unbedingt zuerst aufschlagen, so ist man schon auf die Hilfe der außen sitzenden Mitspieler und Zuschauer angewiesen, welche mit mehr oder weniger heimlichen Zeichen oder unauffälligem Hüsteln – natürlich verbotenerweise – dezente Hinweise geben können: Plötzlich fallen mehrere Bierflaschen gleichzeitig um, werden Handtücher wichtig hin- und hergewedelt, werden Stühle lautstark gerückt oder wird – aus Versehen! – der Balleimer umgeworfen.

Manchem Spieler ist es aber auch schlicht und einfach egal, ob er mit Aufschlag oder Rückschlag beginnt. Er beweist dies dadurch, dass er sich die Entscheidung „links oder rechts“ von seinem Schläger abnehmen lässt: Diesen kurz mit dem Kopf auf die Mittellinie der Platte gesetzt, dann zünftig drehen lassen wie einen Kreisel und abwarten auf welche Seite des Tisches der Griff am Ende zeigt. Es versteht sich von selbst, dass diese Form der Entscheidungsfindung nur von absoluten Gleichgültigen mit jahrzehntealtem Schlägermaterial praktiziert wird.

Irgendwann sind dann aber doch alle Vorbereitungen getroffen, alle Trainingsjacken ausgezogen, alle Trikotkrägen noch einmal gerichtet, der letzte Schweißtropfen vom Einspielen von der Stirn gewischt, alle wertvollen Tipps der Mitspieler eingeholt, das pinke Stirnband in Position gerückt und der allerletzte nervöse Schluck aus der Pulle genommen. Das Spiel kann beginnen.

#6 DER ERSTE SATZ

Nach jeder Menge mehr oder weniger sinnvollem Vorgeplänkel sowie diversen physischen und psychischen Vorbereitungen ist es irgendwann soweit: Das Spiel beginnt. Da alles seine Ordnung haben muss in so einem Tischtennis-Match, beginnt es üblicherweise mit dem ersten Satz. Dieser wiederum wird in den meisten Fällen mit dem allerersten Ballwechsel eröffnet.

Nun mögen viele Zelluloidspezialisten sich einfach an den Tisch stellen und loslegen. Die sportpsychologisch Ambitionierteren unter den Kreisliga-Spielern jedoch stehen einmal mehr vor einigen schwierigen Entscheidungen.

Hat man den ersten Aufschlag, so stellt sich die große Frage, ob man gleich zu Beginn seinen besten Aufschlag auspackt um den Gegner direkt einzuschüchtern. Schließlich ist es immer schön, das Spiel anschließend mit einem technisch anspruchsvollen Service-Winner zu eröffnen. Erstens liegt man gleich einmal selbstbewusst in Front, nahezu immer ein emotionaler Vorteil – und sei er noch so klein. Zweitens zeigt man dem Gegner umgehend, dass man technisch und taktisch sogar noch mehr zu bieten hat, als man während des Einspielens bereits angedeutet hatte.

Andererseits jedoch bietet man seinem Kontrahenten so bereits frühzeitig die Möglichkeit, sich auf die guten Aufschläge einzustellen. Spätestens beim vierten Versuch wird er den etwas unkonventionellen und selbstverständlich verdeckt ausgeführten Seit-Unter-Überschnitt mit unangenehm langer Flugbahn dann doch entschlüsselt haben und in der Lage sein, ihn aggressiv über das Netz zurückzuspielen. Geht es schließlich in die *„Do-or-Die“*-Phase des Satzes oder später gar des ganzen Matches, so hat man sich einer möglichen Geheimwaffe bereits frühzeitig – und womöglich auch noch unnötigerweise – selbst beraubt. Als Überraschungseffekt bieten sich in so einem Fall oftmals nur noch Angabenfehler an, leider nur selten zum eigenen Vorteil.

Für den Rückschläger beim ersten Ballwechsel bieten sich prinzipiell ebenfalls zwei konträre Möglichkeiten: Gleich mal voll auf Attacke gehen und den allerersten Aufschlag direkt angreifen, koste es was es wolle. Trifft man das Geschoss wie erhofft (und sei es nur durch Glück und auch nur mit dem Finger sowie der äußersten Schlägerkante) und punktet damit ebenso direkt wie spektakulär, so geben sich etwa 15% der Gegner innerlich sofort geschlagen – auch wenn sie es zu diesem Zeitpunkt selber noch gar nicht wissen.

Doch selbst wenn der direkte Angriffsschlag meterweit an der Platte vorbeifliegt, so hat man den Aufschläger auf jeden Fall zumindest eingeschüchtert. Dieser weiß nun, dass er sich anschnallen müssen wird in diesem Match, vermutlich sogar warm anziehen, denn der Rückschläger wird höchstwahrscheinlich drei Sätze lang ein wahres Feuerwerk an Offensiv-Tischtennis abschießen. Dies ist bestimmt nicht jedermanns Sache, solange man nicht als *„King of Block“* im Kreis berühmt-berüchtigt ist oder entweder die Ballonabwehr oder den hässlichen Slice zu seinen Hauptstärken zählt.

Um den Aufschläger hinterher etwas einzulullen, bietet es sich dem aggressiven Rückschläger an, die folgenden drei oder vier Bälle lediglich defensiv über das Netz zurückzueiern und ihn so in Sicherheit zu wiegen – bevor dann wieder ein brutaler Topspin-Ball ausgepackt wird, vor dem jeder festinstallierte Blitzer kapitulieren müsste.

Diese Taktik funktioniert natürlich auch andersherum: Zunächst werden die ersten paar Ballwechsel schön zurückhaltend bestritten, ein bisschen kontern, ein bisschen Schnitt. Vielleicht macht der Gegenüber ja von sich aus viele Fehler, mal abwarten. Und wenn dieser sich darauf eingestellt hat, dass er hier in Ruhe abwarten kann bis ihm die Bälle früher oder später auf Nasenspitzenhöhe zur Attacke präsentiert werden, dann überrascht man ihn gnadenlos mit willkürlichen Attacken direkt auf den Aufschlag. Zumindest falls man inzwischen die Angabe des Gegners lesen kann und auch technisch dazu in der Lage ist, den immer wieder verzweifelt von der Seite reingerufenen Hinweis „Zieh doch das Ding einfach an!" umzusetzen.

Nach zwei Dritteln des ersten Satzes hat sich der Durchschnittsspieler normalerweise einen gerade noch überschaubaren Zwei- oder Drei-Punkte-Rückstand eingehandelt. Nun gilt es abzuwägen: Weiterhin den Gegner genauestens beobachten und selber als Test ein paar taktische Sperenzchen einstreuen und damit das Risiko des mehr oder weniger gegenwehrlosen Verlustes des ersten Satzes eingehen? Oder aber plötzlich und unvermittelt in den 120%-Modus schalten und die gemeinen Aufschläge, die tödlichen Topspins, die scharfen Unterschnitt-Bälle sowie erste Mätzchen und Psychotricks auspacken, immer in der Gefahr, dem Gegner frühzeitig einen Blick in die eigenen Karten zu gewähren? Zumeist entscheidet man sich für ein undefiniertes Mittelding, welches überwiegend schief läuft und nach der feststehenden Drei-Satz-Pleite zu der beinahe immer richtigen Analyse führt, dass zumindest im ersten Satz aber mehr drin gewesen wäre.

So oder so ist der erste Durchgang zum Ausprobieren da: Man schaut sich in Ruhe an was der Gegner überhaupt zu bieten hat, versucht dessen Aufschläge sowie Stärke und Richtung des Schnittes zu lesen, attackiert einige schöne Bälle und gockelt nach spektakulären Punktgewinnen aufgeplustert und mit Beckerfaust an der Platte herum. Kurz, man prüft den Gegner ebenso wie sich selbst und versucht sich dabei einen sowohl spielerischen als auch psychologischen Vorteil zu verschaffen: Nämlich eine 1:0-Satzführung, ganz genau.

#7 SEITENWECHSEL

Kaum ist ein Satz vorbei, schon steht der Seitenwechsel an. Äußerst interessant sind hierbei einmal mehr die verschiedenen Spielertypen, welche den eigentlich so simpel erscheinenden Gang vorbei an der Platte überaus unterschiedlich vollziehen:

Die Testosteron-Bolzen, die mit stolzgeschwellter Brust nach ihrem Satzgewinn so knapp wie möglich am Gegner vorbeigehen und ihn dabei ununterbrochen mit weit geöffneten Augen fixieren. Ein kurzes Anrempeln ist dabei immer drin.

Die betreten zu Boden Blickenden, beschämt über den üblen Netzball und den darauffolgenden dreckigen Kantenball welche erst zum Satzgewinn geführt haben.

Die noch betretener zu Boden Blickenden, die gerade einen noch tieferen Tiefpunkt ihrer an Tiefpunkten reichen Kreisliga-Karriere erleben mussten.

Die schelmisch Grinsenden, die gerade einem übermächtigen Gegner einen nicht erwarteten Satzverlust zugefügt haben.

Die Ausweicher, die niemals auf der gleichen Seite wie ihr Kontrahent am Tisch vorbeigehen.

Die vollorganisierten Sammler, die Trainingsjacke, Trinkflasche, Handtuch und Ball auflesen bevor sie sich auf den langen Weg auf die andere Seite machen, wo sie ihre Utensilien zunächst wieder verstauen müssen.

Die nervösen Angstpinkler, die gar nicht erst die Seite tauschen, sondern sofort im Vollsprint aufs stille Örtchen verschwinden.

Die aggressiven Verlierer, die nach dem bitteren und in seiner Höhe zu hoch ausgefallenen 2:11 zunächst noch dem

Tisch einen kräftigen Tritt verpassen, bevor sie wutschnaubend auf die andere Seite stapfen.

Die lautstarken Flucher, die ihrem Gegner neben der Platte dreimal in die Quere kommend Zeter und Mordio rufen und von ihren Mannschaftkollegen bereits eifrig zur Satzanalyse herbeigerufen werden.

Denn das Pausenprogramm besteht anders als im Fußballstadion nicht aus der Beschallung von seichtestem Synthie-Pop, sondern aus dem zugetextet werden diverser taktisch ambitionierter Mitspielern. Hier gilt es nun grundverschiedene Coaching-Typen zu unterscheiden.

Leider trifft man ihn viel zu selten an: Den begnadeten Beobachter und Hinweisgeber. Er hat wirklich ein Auge dafür, was im vergangenen Satz schiefgelaufen ist. Zwar könnte er es selber technisch nicht umsetzen, doch seinen Kollegen kann er wirklich ein paar Kniffe und Tricks nennen. Da hat sich der vom Verein finanzierte Erwerb der F-Trainerlizenz wirklich bezahlt gemacht.

Häufiger anzutreffen sind hingegen die – zumeist jungen – Besserwisser. Ganz klar, hier und heute muss man offensiv an die Sache rangehen, gerade der Rückhandblock des Gegners sei eine Schande, man solle doch sein Herz und das Heft des Handelns endlich in die Hand nehmen. Da steht er nun da, der so beratene Mannschaftssenior, mit seinen langen Noppen und seinem kurzen Anti mit denen er seit 40 Jahren knallhartes Verteidigungstischtennis spielt, und fragt sich erstens, was nun wirklich zu tun ist und zweitens ob sein Mitspieler noch alle Latten am Zaun hat.

Wäre mal lieber der genauso maulfaule wie gleichgültige Ersatzspieler erschienen, denn der gibt wenigstens gar keine Tipps. Seine Ansprache, wenn man sie denn überhaupt so nennen will, weist eine noch höhere Floskeldichte auf als die sonntägliche Fußball-Plauderrunde „Doppelpass" auf Sport1: War doch gar nicht so schlecht bisher, konzentriert weiterspielen, nur nicht nachlassen und, ganz wichtig, sein Spiel spielen! Vielleicht den Gegner eher auf der Rückhand halten, hm, wobei, da hat er ja diesen starken Unterschnitt, dann vielleicht doch eher auf der Vorhand anspielen, gut, ja, da ist dieser Wahnsinns-Topspin, tja, also, was machen wir da!? Kurze Pause, dann ein aufmunterndes „Wird schon!" und schon trollt er wieder ab. Setzt sich der nicht nur maul- sondern auch lauffaule Ersatzspieler nach dieser Kraftanstrengung wieder auf die Zuschauer-Bank (ca. 25cm hoch, ist noch vom Kinderturnen am Nachmittag übrig geblieben), so raunt er seinem Nebenmann zu, dass er ja eigentlich nur aus psychologischen Erwägungen zu seinem Mitspieler gegangen ist – schließlich wird dessen Gegner seit geschlagenen zehn Minuten von einem ehemaligen Regionalliga-Spieler intensiv gecoacht.

Manchmal kommt es gar vor, dass gleich mehrere Mitspieler auf den Aktiven einreden. Gerade in Drucksituationen (7:7 am vorletzten Spieltag im Kampf um den Aufstieg oder gar beim Relegationsspiel gegen den Abstieg) fühlen sich plötzlich sogar überzeugte Schweiger bemüßigt, dem aktuell wichtigsten Mann ein paar Ratschläge mit auf den Weg zu geben. Selbstverständlich reden dabei alle gleichzeitig und durcheinander und von einer konsistenten Spielanalyse, geschweige denn technisch-taktischen Anweisungen, ist man weit entfernt.

Doch auch das krasse Gegenteil ist nicht unbedingt beliebt. Gerade wenn man sich einen Satz lang von einem nicht gerade übermächtigen Gegner hat vorführen lassen und nun hilfesuchend um sich blickt, muss man feststellen, dass der Raucher wie üblich seit einer halben Stunde beim

Rauchen ist, der Familienvater lautstark mit der pubertierenden Tochter telefoniert, der direkt von der Arbeit gekommene Workaholic schon länger auf der Toilette weilt, die Nummer 1 den Zuschauern strahlend und leidenschaftlich von seinem souveränen Erfolg im Auftakt-Einzel berichtet und der einzig verbliebene eigene Mann auf der Bank intensiv gegen *Angry Birds* kämpft (oder ist es doch wieder Tinder?) und daher sein Smartphone traktiert.

DIE DREI GROSSEN LÜGEN
beim Spitzenspiel

Heute geht es um alles.

Es wird brutal spannend.

Aber eigentlich ist es ja nur Kreisliga-Tischtennis.

#8 DER ZWEITE SATZ

Ehe man es sich versieht, ist der erste Satz schon weg – und so ganz genau hat man nicht mitbekommen warum eigentlich. Eventuell wird man noch in der Satzpause mehr oder weniger intensiv von seinen Mitspielern gecoacht, doch hinterher steht man doch wieder einsam am Tisch und muss es folglich auch alleine richten.

Klar ist, dass man vermutlich zu passiv agiert hat. Oder? Irgendwie hat man ja schon von Anfang an dem Gegner die Initiative überlassen und dann die Bälle nur abwechselnd links und rechts einschlagen sehen. Hat gerademal einen einzigen Angriffsschlag gespielt, mit eher mäßigem Erfolg. Also zu defensiv, logisch. Aber ist man nicht doch auch wieder ein wenig zu hektisch geworden, hat die Aufschläge schon direkt nach dem Ballaufheben aus einem Meter Entfernung zur Platte aus der Hand geschlagen und anschließend wahllos Attacken auf viel zu genau platzierte Bälle des Gegners versucht? Eben.

Wie dem auch sei, im nächsten Satz soll selbstverständlich alles besser werden, denn jetzt muss das Spiel gedreht werden. Entweder, weil man gegen den Blinden auf der anderen Seite wirklich noch nie verloren hat und heute auf gar keinen Fall damit anfangen will. Oder, weil der Gegner zwar sicherlich Favorit ist, heute aber schlagbar erscheint, man hat da so ein Gefühl. Oder aber, weil man sich ein weiteres Absinken des eigenen TTR-Wertes einfach absolut nicht mehr leisten kann.

So geht es frisch motiviert und viel optimistischer als es angebracht wäre in Satz zwei. Wie immer im Tischtennis gilt: Was nun passiert ist völlig unvorhersehbar, eine Begründung, warum es passiert, fällt keinem der Beteiligten ein und ohne eine detaillierte Videoanalyse des Tischtennis-Bundestrainers bleiben vermeintliche taktische Kniffe ohnehin im Dunkeln.

So hat man nach einem womöglich blamablen Auftaktsatz plötzlich den zweiten Durchgang mit Leichtigkeit gewonnen ohne auch nur irgendetwas dafür getan, geschweige denn geändert zu haben. Oder aber man hat nach einem völlig verschnarchten Beginn nun endlich „sein Spiel gespielt" und es hat trotzdem nicht gereicht. Vielleicht hat man absichtlich taktisch umgestellt und spielt den Gegner nun penetrant auf der vermeintlich schwächeren Seite an – doch dieser freut sich, dass er endlich auch ein bisschen zum Rückhand-Training unter Wettkampfbedingungen kommt. Eventuell hat man gar unabsichtlich taktisch umgestellt, da man der eigenen mangelnden Fitness bereits Tribut zollen muss und nun überwiegend zu Standtischtennis übergegangen ist.

Andererseits soll es schon vorgekommen sein, dass man mit einem Mal gefühlte drei Ligen über seiner natürlichen Spielstärke agiert und sein plötzlich bemitleidenswertes Gegenüber klassisch aus der Halle prügelt – leider ein sehr seltenes Vergnügen. Und hinterher stellt man sich die Fragen aller Fragen im Kreisliga-Tischtennis: Warum eigentlich nicht immer so? Es würde doch sooo leicht gehen! Man müsste halt nur endlich mal anständiges Tischtennis spielen. Sich auf seine Stärken konzentrieren. Sein Ding konsequent durchziehen. Gegner, Ball und Spiel beherrschen. Eigentlich ganz einfach.

Ganz genau: Positiv Denken! Optimistisch an die Sache herangehen! Denn mindestens 50% spielt sich im Sport mit den kleinen weißen Bällen bekanntlich im Kopf ab – die halbe Miete ist das aber noch lange nicht. Trotzdem hilft es manchmal schon, sich den guten Schlag einfach nur im

Kopf vorzustellen. Oder sich daran zu erinnern, dass man ihn gestern im Training ja technisch einwandfrei hinbekommen hat – zumindest gegen den rüstigen Ü85-Vereinssenior. Doch grau ist alle Theorie.

Gut möglich, dass man bereits Mitte des zweiten Satzes resigniert feststellen muss, dass hier und heute wirklich kein Blumentopf zu gewinnen sein wird. Der Schweinebraten, der einen mittags in der Kantine so verführerisch angelächelt hatte, stellt sich nun als großer Fehler heraus. Das schnelle Feierabend-Bier vor der Halle hat die Sache auch nicht wirklich besser gemacht (oder war es einfach ein Bier zu wenig?) und nun steht man chancenlos da und muss sich ganz bitter von einem naseweisen Teenager vorführen lassen, der einen hinterher auch noch rotzfrech nach dem aktuellen TTR-Wert fragt.

Ganz anders ist natürlich die Situation, wenn man den ersten Durchgang trotz einiger Hänger doch für sich entscheiden konnte. Nun geht es frisch motiviert und jaja, blabla. Und wie immer im Tischtennis gilt: Was nun passiert ist völlig unvorhersehbar, etc. pp.

Gerade hatte man die Pappnase auf der anderen Seite des Tisches doch noch klar im Griff und diktierte hier das Geschehen beinahe nach Belieben – denkt man sich so, während der Gegner den Vorsprung auf sieben Punkte ausbauen kann. Und ehe man sich versieht und sich mental auf die neue Herausforderung einstellen konnte, dass das gegnerische Team doch keinen Ausfall als Ersatzmann geschickt hat, hat man sich den Satzausgleich schon eingefangen.

Möglicherweise ist man aber auch schlicht und einfach an der eigenen Übermotivation gescheitert: Nach drei erfolgreichen Angriffsbällen konnte man den Satzball in

Durchgang eins mit einem so spektakulären Spielzug verwandeln, dass man nun den seit Jahren erhofften spielerischen Durchbruch und den damit verbundenen Aufstieg in Liga- und Vereinsrangliste ganz nah vor Augen wähnt. Drei Ballwechsel, zwei leichte Fehler, eine üble Fehlangabe sowie einen wild verschlagenen Elfmeter später hat man das Kapitel Durchbruch vorerst wieder abgehakt und Satz, Match, Saison-Bilanz, TTR-Wert und Karriere nehmen ihren üblichen Verlauf.

Außer an den Tagen, an denen es einfach läuft, wunderbar läuft sogar. Punkt um Punkt erkämpft und erarbeitet, ach was: erspielt man sich da. Topspin-Bälle gehen dorthin, wo sie geplant waren, Blocks sind tödlich und leichtfertige Fehler gehören der Vergangenheit an. Die Aufschläge des Gegners werden jederzeit entschlüsselt und die eigenen sind eine überaus effektive Waffe. Also: Die vier Netzroller und drei Kantenbälle hätte es sicherlich nicht gebraucht um auch den zweiten Satz nach Hause zu bringen. Zu überlegen – technisch wie taktisch – präsentierte man sich gegenüber dem offenkundig überforderten Kontrahenten. Gut, der jammerte von Anfang an über Probleme mit dem Syndesmoseband und faselte etwas von einem verschleppten Bandscheibenvorfall. Aber eine Mimose erkennt man schließlich schon von weitem, da macht einem nach 35 Jahren Tischtennis niemand mehr etwas vor. Und von wegen Syndesmoseband: Früher gab es solche Verletzungen überhaupt nicht. 2:0, völlig verdient, so sieht's aus!

#9 STOPPBALL!

Nun kommen wir zur beinahe kritischsten Phase während eines Tischtennis-Spiels: Dem Stopp- oder Störball. Denn wo man sonst in unserer Sportart glücklicherweise selten bis nie Debatten um Abseits oder Aus führen muss, so können – vermeintliche oder echte – Stoppbälle doch deutlich an den Nerven eines Kreisliga-Spielers zerren – und an den Nerven aller Umstehenden.

Prinzipiell scheinen Stoppbälle immer zur Unzeit zu kommen: Gerade hat man sich den Gegenüber schön zurecht gelegt und bereits zum Angriffsschlag ausgeholt. Gerade pumpt der Kontrahent nach einem ellenlangen Ballwechsel wie ein Maikäfer und steht kurz davor, einen bitteren Leichtsinnsfehler zu begehen. Oder aber nach zwei Ballonabwehr-Bällen des Gegners will man nun endlich den Elfmeter verwandeln, holt aus, trifft den Ball – doch dann hoppelt von links ein Ball neben die Platte gefolgt von einem übereifrigen Mitspieler des Gegners der lautstark „Stopp!" schreit während er gefährlich wackelig über die Bande klettert.

Tja, nun ist guter Rat teuer und sofort entbrennen die üblichen Debatten. Wer war wie sehr gestört? Wer hat den hereinfallenden Ball überhaupt bemerkt? War der Ball eventuell schon seit einer halben Minute gespielt? Hätte man den Schlag überhaupt noch erreichen können? Warum klettert der Mann ebenso ungefragt wie unbeholfen ins Spielfeld? Und überhaupt darf ja nur der Zähler „Stopp" sagen – oder!?

Der Zähler, egal welcher Mannschaft er angehört, meidet jeden Blickkontakt und studiert angestrengt die Uhr an der gegenüberliegenden Wand der Halle. „Da müsst ihr euch irgendwie selber einigen“ murmelt er noch so in seinen nicht vorhandenen Bart – keine große Hilfe.

Dafür plustern sich jetzt die bisher völlig teilnahmslosen Mitspieler auf und die äußerst spärlich vorhandenen Zuschauer mischen sich von der Bank ein. Mit hochrotem Kopf geifern sie den Gegner an: Jedes Jahr das Gleiche mit dir, lächerlich sowas, der Ballwechsel war schon lange durch, mach lieber mal richtige Aufschläge!

Schon kommt es zu einer kleinen Rudelbildung die jedem Fußball-Spiel zur Ehre gereichen würde, denn nun eilen dem armen Kerl seine Mitspieler zu Hilfe, denn auch sie haben es vom anderen Ende der Halle natürlich ganz genau gesehen, und überhaupt: Du hast hier gar nichts zu sagen, misch dich da nicht ein, das war klar Stopp, soll doch euer Zähler endlich mal die Tomaten von den Augen nehmen. In dieser etwas verfahrenen Situation kommt dann selbstverständlich das absolute Totschlagargument zum Einsatz, welches auch gerne bei zweifelhaften Kantenbällen bemüht wird: Ich würde es doch sagen, wenn es wirklich so wäre. Ja genau und danke fürs Gespräch!

Nach einigen Minuten beruhigt sich die Situation langsam wieder, der Ballwechsel wird wiederholt: Angabenfehler. Es gibt also doch noch Gerechtigkeit auf der Welt. Die Halle tobt. Zeit für uns, etwas durch zu schnaufen und in Ruhe auf die verschiedenen Typen bei Störbällen einzugehen. Denn natürlich gibt es da – einmal mehr – schon so einige Spezialisten unter den Tischtennisspielern.

Da wäre zum einen der unkonzentrierte Nervöse. Irgendwie kann er sich überhaupt nicht auf sich und sein Spiel fokussieren, ständig fühlt er sich von irgendetwas gestört: Sei es, dass am anderen Ende der Halle eine Flasche umfällt. Oder ein Zuschauer nießen muss. Dass an der

Wand hinten jemand durchs Spielfeld huscht um den verzweifelten Mitspieler am Nebentisch zu coachen. Dass die Hallenuhr lautstark auf die volle Stunde springt. Oder, dass am Nachbartisch jemand „Stopp“ schreit. Immer unterbricht er sofort, hebt die Hand, verdreht die Augen, hadert mit dem Schicksal, blickt genervt zur – in seinen Augen – lärmenden Bank, unterbricht seine Aufschlagbewegung oder lässt den Ball des Gegners einfach neben sich vorbeihüpfen. War ja eh ein Störball, schon wieder, mannomann, heute werden wir hier ja nie fertig.

Ganz anders hingegen der in sich ruhende Routinier. Hinter seinem Gegner jubeln vier Mitspieler oder beraten sich für die weiteren Partien? Interessiert ihn nicht. Ein Ball vom Nebentisch rollt zwischen seinen Beinen herum? Ihm doch schnurz. Jemand schießt von links einen Ball quer über die Platte in maximal einem Meter Höhe? Kein Problem, der Routinier spielt einfach seinen Stiefel weiter. Möglich, dass es an seinem – dem Alter völlig angemessen – eingeschränkten Sichtfeld und verminderten Hörvermögen liegt.

Dann gibt es da noch den Strategen. Manche haben auch weniger schmeichelnde Bezeichnungen für ihn übrig („Bescheißer“ ist da noch die freundlichste), denn gegen ihn ist es immer unangenehm zu spielen. Er scheint nämlich seine Augen überall zu haben, nicht nur auf der eigenen Platte. Sobald er im Verlaufe eine Ballwechsels auch nur leicht in die Defensive kommt, wittert er jeden potentiellen Störball von den Nachbartischen, auch wenn diese sicherlich an der Bande hängen bleiben werden oder definitiv rechtzeitig aufgehoben werden. Doch kaum setzt der Gegner zur Attacke an, schon wird – schwupps – die Hand gehoben und auf den Zelluloid-Störenfried in zehn Meter Entfernung gedeutet (welcher sich schon lange wieder in der Hand seines Besitzers befindet). Dann ein Achselzucken, ein treuherziger Augenaufschlag und ein entschuldigendes „Du, ich dachte der Ball kommt echt rüber, sorry!" Allerdings erscheint das beim vierzehnten Mal innerhalb eines Matches nicht mehr wirklich glaubwürdig.

Beliebter ist da schon der Gutmütige. Er hat in seinem Leben noch keine einzige Spielunterbrechung durch Gegner, Zähler, Zuschauer oder den Hausmeister in Frage gestellt. Ob leichtgläubig, gleichmütig oder nicht ehrgeizig genug: Er glaubt immer an das Gute im Menschen, also auch im Tischtennisspieler. Wenn sich sein Gegner gestört gefühlt hat, dann ist das eben so, dann gibt es Wiederholung, keine Frage. Auch drei Mal hintereinander, wenn es sein muss. Und auch beim Matchball.

Zu guter Letzt sei noch das Alpha-Tier genannt. Er hat keine prinzipielle Meinung zu Störbällen, aber sollte es einmal zu unterschiedlichen Meinungen kommen: Dann hat er recht. Und zwar immer. Da diskutiert er gar nicht. Stattdessen macht er seinen Standpunkt einfach deutlich (sehr deutlich). Er muss dazu auch gar nicht die Stimme heben, ganz im Gegenteil: Nachdem er kurz kundgetan hat „Du warst nicht gestört! Isso.", schweigt er eisern. Er starrt seinen Kontrahenten überzeugt und überzeugend an. Er ignoriert die eifrigen Winker von der Zuschauerbank, die ihrem Mann in der Debatte beistehen wollen. Das Alpha-Tier wartet darauf, dass sich alle wieder einkriegen und spielt dann einfach weiter, Satzball hin oder her. Das ist er von der Arbeit so gewohnt, denn auf die schlichte Frage seiner Mitspielern nach seinem Beruf hatte er vor Jahren lediglich geantwortet: „Chef."

#10 DER DRITTE SATZ

Was gibt es nicht alles an psychologischen Studien, wissenschaftlichen Untersuchungen, statistischen Auswertungen und dergleichen neumodischem Zeugs mehr zum Thema. Und alle kommen sie zu der wahnsinnig tiefsinnigen Erkenntnis: Der dritte Satz ist enorm wichtig! Psychologisch. Statistisch. Und vor allem, äh, Dings! – Ach nee, wirklich!?

Grob gesagt, gibt es zu Beginn des dritten Satzes in etwa drei mögliche Szenarien: Ein übler 0:2-Rückstand, eine souveräne 2:0-Führung oder ein ausgeglichenes 1:1. Eigentlich eine überschaubare Anzahl von Möglichkeiten, sogar für Tischtennis-psychologisch wenig vorgebildete Laien, Zelluloidspezialisten mit selbst diagnostizierter Dyskalkulie oder auch absoluten Ignoranten für Spielregeln und Zählweise. Gehen wir diese Situationen nun also in Ruhe durch.

Mit so einer 2:0-Führung im Rücken spielt es sich einfach recht locker Tischtennis, das sieht man leicht ein. Die Tipps der coachenden Mitspieler reichen während des Seitenwechsels vom zuversichtlichen „Passt.“ bis zum äußerst hilfreichen „Genau so weitermachen!“. Während sich der Gegner noch intensiv mit seinen Kollegen berät, steht man schon wieder zuversichtlich an der Platte und will umgehend weitermachen. Locker-lässig wieder ein paar Angriffsschläge durchziehen. Vielleicht mal den gestern im Training geübten neuen Aufschlag ausprobieren. Und so oder so das Match locker nach Hause schaukeln.

Doch was ist das? Zu locker? Plötzlich beginnt sich der Gegner zu wehren, hält sich endlich an den alten Zuschauerruf „Wir wollen Gegner, keine Opfer!“, führt 8:4 und –

das ist am schlimmsten – trifft auf einmal seine Angriffsschläge. Nun heißt es natürlich Schalter umlegen – gar nicht so einfach, wenn man sich bereits Ende des zweiten Durchgangs ausgerechnet hat, dass der Sieg hier vermutlich sieben TTR-Punkte bringen würde und man damit endlich mal wieder an Klaus-Dieter in der Vereinsrangliste vorbeiziehen könnte. Eine brandgefährliche Situation!

Ist man als klarer Favorit am Start, so kann man nun oftmals dank seiner überragenden Technik und der großen Routine das Ruder nochmal herumreißen und das Match in drei Sätzen nach Hause bringen. Zugegebenermaßen hat eventuell auch die plötzliche Nervosität des Gegners eine Rolle gespielt, und die zwei Netzbälle habe sicherlich auch geholfen – aber insgesamt gesehen war man einfach der bessere Spieler und hat hier völlig verdient gewonnen. Ist man jedoch von seiner Führung bisher selber etwas überrascht gewesen, so beginnt nun das Gedankenkarussell im eigenen Kopf: Kann ich den heute wirklich schlagen? Bin ich so gut oder ist der so schlecht? Seit wann hab ich einen Lauf? Muss ich dann nächstes Jahr vielleicht sogar in die erste Mannschaft aufrücken!? Und seit wann spannt dieses Trikot eigentlich so an meinem Bauch??? Klare Sache, der Satz geht glatt verloren.

Kommen wir zur zweiten Situation, dem Zweisatzrückstand. Optimisten gehen den dritten Satz in diesem Fall in etwa so an: Man hat ja schon die unmöglichsten Rückstände in einen Sieg gedreht, nicht wahr, und verloren ist erst wenn der letzte Punkt gespielt ist – gemäß dem alten Olli Kahn-Mantra „Weiter, immer weiter!" Der Gegner hat 300 TTR-Punkte mehr? Egal! Und wenn man schon verlieren muss, dann sähe ein anständiges 1:3 doch gleich viel freundlicher aus als eine glatte Dreisatz-Pleite, oder!? Also weiter Vollgas auch im dritten Durchgang! Das Match ist noch lange nicht aus, nein, eigentlich hat es ja gerade erst begonnen. Ja, der Optimist sieht immer das Positive und erst bei einem 3:9-Rückstand dämmert ihm langsam, dass es heute eventuell kein spektakuläres Comeback mehr geben wird.

Der Pessimist hingegen überlegt sich bei einem 0:2 fieberhaft, wie viele Punkte er im dritten Satz noch dringend machen muss, damit diese Partie es nicht in die fünf schlimmsten Pleiten seiner Tischtennis-Historie schafft – vermutlich reichen vier Zähler. Was soll man auch sonst tun? Schließlich ist der Gegner spielerisch ganz klar überlegen – auch wenn man diesen pickeligen 14-Jährigen letztes Jahr noch von der Platte gepustet hatte. Aber die jungen Wilden trainieren ja auch das ganze Jahr über statt für die Schule zu lernen, machen eine wahnsinnige körperliche und spielerische Entwicklung durch und hier und heute, mit dieser doch langsam etwas lädierten Hüfte, dem komischen Licht und den abwesenden Mitspielern – was soll man machen? Da gilt es, nicht bereits Mitte des Satzes den Eindruck zu erwecken, dass man das Spiel schon abgeschenkt hat. Andererseits: Was soll's? Es sieht eh keiner zu, einen Oberschiedsrichter gibt es erst fünf Ligen höher und in der Kneipe wird bereits das Bier warm. Also schnell drei Bälle ebenso absichtlich wie unauffällig ins Netz gekloppt, dem vorlauten Knirps kurz die Hand geschüttelt ohne ihn auch nur eines Blickes zu würdigen und ab unter die Dusche!

Last but not least: Es steht 1:1, die Spannung in der Halle ist am Siedepunkt, das ist förmlich zu spüren. Gut, das könnte auch an der Anwesenheit der attraktiven Beachvolleyballerinnen im Wintertrainingslager und ihrer doch etwas knappen Sportbekleidung liegen. Aber wie dem auch sei, jeder Tischtennisspieler weiß in dieser Situation um die Wichtigkeit des dritten Satzes. Stichwort: Vorentscheidung.

Da gilt es folglich jeden Ball zu spielen, als wäre es ein Matchball. Keine wilden Bälle zu probieren. Nur die sicheren anzugreifen. Erst mal den Ball im Spiel zu halten. Auf die Aufschläge des Gegners besonders aufzupassen. Ihn dann auf seiner Vorhandseite zu halten. Und vor allem die Konzentration hoch zu halten. Und unbedingt alle weiteren Tipps aus den Tiefen der Tischtennis-Küchenpsychologie zu befolgen!

So beginnt man diesen Satz also mit besonders hoher Konzentration. Man ist so konzentriert, dass man seinen besten Aufschlag schon ausführt, während der Schiedsrichter aus der gegnerischen Mannschaft noch hilflos am Zählgerät herumfummelt und irgendetwas von „alter Mann“ und „D-Zug“ brummt. Also nochmal von vorne. Doch wo ist die Konzentration hin!? Der zweite Aufschlag ist bestenfalls ein Einwurf und der Gegner knallt einem das Ding direkt um die Ohren. Und anschließend trifft er auch noch einen Wunderschlag. Sehr schön, das sind jetzt genau diese zwei Punkte Rückstand, denen man jetzt den ganzen – so wichtigen! – dritten Satz lang wieder hinterherlaufen darf. Erfolglos, versteht sich. Da hilft es nur noch sich darauf zu besinnen, dass man ja eigentlich im vierten Satz viel stärker ist.

#11 DER VIERTE SATZ

Bei der seit einigen Jahren auch in Deutschland sehr beliebten Poker-Variante *„Texas Hold'em"* werden zusätzlich zu den zwei Karten, die vom Spieler in der Hand gehalten werden, nach und nach fünf Gemeinschaftskarten aufgedeckt, mit denen sich alle Spieler ein möglichst gutes Blatt zusammenstellen. Die vierte aufgedeckte Karte wird dabei im Englischen als *„Turn"* bezeichnet – alle Spieler hoffen also noch einmal auf eine wie auch immer geartete Wende, eine neue Richtung des Spiels.

Genauso verhält es sich im Tischtennis mit dem vierten Satz. Allerdings gibt es im Vergleich zum Pokern eine deutlich übersichtlichere Anzahl an möglichen Situationen, die sich auch ohne Studium der höheren Mathematik in Ruhe analysieren lassen. Genauer gesagt gibt es nur zwei Möglichkeiten: Eine 2:1-Führung oder einen 1:2-Rückstand.

Bei einer 2:1-Führung will man natürlich um jeden Preis einen Entscheidungssatz verhindern und versucht daher alles, nun den vierten Durchgang und damit auch das gesamte Match für sich zu entscheiden. Vorbei ist alles eventuelle Taktieren der vorangegangenen Sätze und auch neue Schwächen des Gegners werden sich kaum mehr auftun. Nun heißt es *„Call"*, die Karten müssen auf den Tisch. Denn nichts fürchtet man so sehr, wie nach einer vergebenen – möglicherweise gar hohen – Führung noch in den Entscheidungssatz zu müssen, in dem einem traditionell die Nerven versagen. Vier Asse hat man eben nur sehr selten in der Hand.

Also wird das volle Repertoire ausgepackt: Gemeine Aufschläge (aus der Hand oder vom Bauch verdeckt, gerne auch beides gleichzeitig), zahllose Netzroller oder Kantenbälle (nach denen man seine Entschuldigung auf das absolute Mindestmaß, das der Anstandes gebietet, reduziert – wenn überhaupt), gnadenlose Chancenverwertung gegen Ballonabwehr, Debatten mit dem Schiri („Der war doch nicht seitlich, der war klar noch auf der Kante!"), die üblichen Mätzchen („Moment, muss erst noch meine Schuhe binden.") und Psychotricks (Handtuch zur Stirn, dann Platte reinigen, nochmal Handtuch, dann ist da noch was im Auge). Man erhöht also ein letztes Mal deutlich den Einsatz, in der Hoffnung, dass der Gegner endlich ein Einsehen hat und daher aufgibt – *folded,* wie der Pokerspieler so cool sagt. Doch leider geschieht dies viel zu selten – normalerweise muss man sich eben doch spielerisch durchsetzen.

Ist das Unglück dann aber doch passiert und es geht in den letzten Durchgang, so muss zunächst erst noch ausführlich gehadert werden. Zwar wollte der herbeigeeilte Teamkollege eigentlich Mut zusprechen und darauf hinweisen, dass man doch bitte endlich aufhören solle, dem Gegner halbhoch in die starke Rückhand zu spielen. Doch man hat eben Redebedarf: Immer das Gleiche, wieder die Führung nicht nutzen können, der kann doch eigentlich gar nichts, der blufft doch nur, jetzt wird es wieder unnötig eng hier, fünfte Sätze sind laut Statistik wirklich nicht meine Stärke, eigentlich müsste ich mal aufs Klo. Klare Sache: Der eigene Chipstapel ist tatsächlich bedenklich zusammengeschmolzen. Muss man eventuell gleich aufstehen und heimgehen?

Oftmals liegen ja nur wenige Punkte zwischen vollkommen entgegengesetzten Stimmungen: Stellt sich bei 9:9 heraus, dass der Gegner bisher tatsächlich nur geblufft hatte

(Return ins Netz, danach banaler Rückhand-Fehler ohne jeden Druck), gibt man den Kontrahenten locker-lässig die Hand und schlendert dann fröhlich zurück zu den Teamkollegen. Kurzes Abklatschen, *High-Five*. Gut, der verlorene dritte Satz hätte nicht sein müssen, Augenzwinkern, hinsetzen. Kurzer Blick aufs Handy: Der Gegner hatte ja auch 140 Punkte weniger als man selber, da war der Sieg ohnehin eingeplant. Ein gutes Pferd springt ja auch nur so hoch wie es muss, nicht wahr? Schön, dass man in dieser Runde seinen Chipstapel etwas vergrößern konnte. Souverän!

Bei einem 1:2-Rückstand wiederum ruht alle Hoffnung nur noch auf dem Erreichen des fünften Satzes, in dem man dann eventuell dank seiner psychischen Stärke das Match – trotz klarer spielerischer Unterlegenheit – doch noch gewinnen könnte, irgendwie. Folglich stellt man sich an die Platte und geht *„All In"* – man zeigt auch in dieser Situation besser alles, was man hat. Vielleicht konnte man sich noch irgendwie durch die ersten drei Sätze mogeln, ohne wirklich 100% seines Könnens zu zeigen oder man wollte den neuen Aufschlag ein wenig unter Wettkampfbedingungen ausprobieren. Doch nun ist alles anders.

„Wer jetzt kein *Full House* hat, baut sich keines mehr", wusste schon der passionierte Poker- und Tischtennis-Spieler Rainer Maria Rilke. Nun wird angegriffen, was der Belag hergibt, geschnippelt, geschnitten und geschupft (vorausgesetzt, man spielt nicht Anti). Und ab und zu darf gar die spektakuläre Rettungstat mittels Bauchplatscher auf den dreckigen Hallenboden nicht fehlen, mit der man den Gegner, welcher den Punkt bereits als gewonnen abgehakt hatte, auf dem völlig falschen Fuß erwischt. Trikot dreckig und doch gepunktet – da geht noch was!

Oftmals ist jedoch alle Mühe vergebens, die eigenen Karten sind einfach zu schlecht. Vielleicht war auch der Gegner zu stark oder das Netz zu schlapp gespannt, das Licht zu hell, die Platte zu kurz, die eigenen Karten zu schlecht. Wie dem auch sei, nach so einer Viersatzniederlage weiß man mal wieder, dass man beim Tischtennis eben alle Sätze hindurch die berühmten 110% geben muss, um zu Erfolg zu kommen. Wenn nicht gar 120%.

Ab und zu gelingt aber doch noch der Satzausgleich, Adrenalin pumpt durch die Adern und nach dem spektakulären und risikoreichen *„All In"* darf man sich erstmal wieder setzen und durchschnaufen. Noch ist man dabei im Match, vielleicht jetzt sogar mit einem klitzekleinen psychologischen Vorteil im *„Heads Up"*, der entscheidenden Phase des Spiels. Wie war noch gleich die eigene Fünfsatzstatistik des vergangenen Jahres? Egal, ab jetzt ist eh nur noch alles psychisch. Und mental. Und halt Kopfsache, ne!?

Was jetzt folgt – der fünfte Satz, das große Finale – heißt im Poker-Englisch *„River"*, der Fluss der Hoffnung!

#12 AUSZEIT!

Das Match biegt langsam aber sicher auf die Zielgerade ein und ebenso langsam aber sicher steuert der Gegner auf einen klaren Erfolg zu? Irgendwie scheint nichts zu helfen und man ist der Verzweiflung nahe? Die Punkte rinnen einem einfach so zwischen den Fingern davon und abwechselnd schlägt es links und rechts von einem ein? Wenn gar nichts mehr hilft im Tischtennis – hilft dann vielleicht eine Auszeit? Vermutlich nicht – einen Versuch ist es aber sicherlich trotzdem wert.

Als vor einigen Jahren die – neudeutsch als Timeout – bezeichnete Auszeit auch für Kreisliga-Spieler und ähnliche Athleten ins Tischtennis-Regelwerk aufgenommen wurde, sahen einige Spieler eine große psychologische Möglichkeit in der Schlussphase eines Matches auf sich zukommen. Andere befürchteten wiederum, aus ihrem Flow gerissen werden zu können und somit sicher geglaubte Matches gegen Taktikfüchse noch zu verlieren. Und dann gibt es da noch diejenigen Spezialisten, welche bis heute nichts von der Regeländerung mitbekommen haben und völlig verdutzt an der Platte verharren, wenn ihr Gegner bei 9:6 im Entscheidungssatz mit seinen beiden Händen ein „T" bildet um sich dann minutenlang mit seinen Teamkameraden zu beraten.

Ja, minutenlang. Auch wenn das im Regelbuch vielleicht etwas anders steht, der ein oder andere Spieler sieht auch bei sieben Matchbällen für den Gegner noch ausführlichen Redebedarf mit seinem Coach – selbst wenn ihn das in den Satzpausen zuvor keinen Deut weitergebracht hat. Aber egal, vielleicht erhält man ja jetzt endlich den alles entscheidenden Tipp, mit dem man diese verzwickte Angabe des Gegners mit diesem gemeinen Seit-Unterschnitt erstmals retournieren kann.

So lässt man sich von drei Kameraden gleichzeitig bequatschen und beratschlagen, hört dass man sowohl offensiver als auch defensiver spielen muss, versucht verzweifelt, in Ruhe einen Schluck zu trinken oder betet zum Tischtennisgott, dass man bitte heute nicht gegen diese Pappnase verliert!

Ganz anders die Kalkulierer: Sie brauchen selber eigentlich keine Auszeit, wollen ihren hektischen Gegenüber, der sich gerade in Topspin-Rage geprügelt hat, aber irgendwie einbremsen. So halten sie entweder ein kurzes ungezwungenes Schwätzchen mit dem Schiri oder starren eine Minute lang die Hallenwand an. Nur um sich dann mit regungsloser Miene wieder an den Tisch zu stellen und dem völlig aus seinem Konzept geratenen Gegner die nächsten vier Punkte in Folge abzuknöpfen.

Manch einer wird aber auch förmlich zu einem Timeout gezwungen: Der 87-jährige Routinier etwa, der bei seinem zweiten Einzel im vierten Satz bei jedem Ballaufheben kurz vor dem Exitus steht und von seinen Mitspielern gezwungen werden muss, endlich ein Päuschen einzulegen. Schließlich will niemand Mund-zu-Mund-Beatmung mit einem ebenso wallenden wie ungewaschenen Rauschebart ausführen. Andere wiederum sehen sich selbst zu einer Unterbrechung gezwungen, wenn sie gerade in der Verlängerung verzweifelt gegen den Satzverlust ankämpfen, am Nachbartisch jedoch ein episches Match inklusive Zeitspiels und diverser anscheinend diskutabler Situationen nach 47 Minuten endet und sieben Mann vorne und hinten durchs eigen Spielfeld laufen, während bereits die nächste Paarung lautstark aufgerufen wird.

Schließlich sei noch der alte Haudegen „im Tunnel" genannt: Schon immer bekanntermaßen ein großer Gegner der Auszeit, wird er eines Tages einfach überlistet. Als er einen völlig missratenen Satz bei 2:10 fälschlicherweise bereits beendet wähnt, verlässt er die Platte und stellt sich grübelnd ans Ende der Box, sicherlich auf der Suche nach einer neuen Strategie. Gegner und Schiri bleiben verdutzt am Tisch zurück. Die Mitspieler machen ihren Mann mit hektischen Bewegungen darauf aufmerksam, dass er doch ein „T" als Zeichen geben muss, wenn er eine Auszeit nehmen will. Jaja, die Deppen, denkt sich der Haudegen, ich nehme doch keine blöde Auszeit. Zum Spaß macht er aber doch das Zeichen um seine nervigen Mitspieler ruhigzustellen – schließlich muss er sich dringend auf seine Stärken besinnen. Aber erst als er wieder an den Tisch zurückkehrt um vermeintlich in den Entscheidungssatz zu starten, klärt sich das Missverständnis auf: Noch immer steht es 2:10 im vierten Satz. Große Erheiterung in der Halle, der alte Adalbert hat unfreiwillig die erste Auszeit seines Lebens genommen.

Das wäre dem Cleveren sicherlich nicht passiert, weiß er doch: Wer muss sich schon auf eine Auszeit pro Match verlassen, wenn er ja ein Handtuch dabei hat, mit dem er sich nach jedem Ballwechsel den nicht vorhandenen Schweiß sekundenlang von der hohen Stirn wischen kann?

#13 DER FÜNFTE SATZ

Zittrige Hände oder endlich das wahre Potential abgerufen? Nerven aus Stahl bewiesen oder doch wieder ebenso knapp wie dumm verloren? Der fünfte Satz wird oftmals wahlweise als reines Glücksspiel oder pure Nervenschlacht angesehen. Nun, ganz so einfach ist es nicht, am ehesten handelt es sich noch um eine Mischung aus beidem.

Nicht zu vernachlässigen ist natürlich das Zustandekommen eines Entscheidungssatzes: Habe ich mir durch vier Sätze sinnlosen Herumschullerns gegen einen technisch absolut limitierten und daher eigentlich klar unterlegen Gegner diese missliche Situation selber eingebrockt? Oder aber habe ich 15 Minuten lang weit über meinen seit Ewigkeiten unveränderten Möglichkeiten gespielt und wirklich alles getroffen was im letzten Jahrzehnt sonst kontinuierlich an der hinteren Wand der Turnhalle einschlug?

Jedem Tischtennisspieler ist klar, dass diese Vorzeichen selbstverständlich einen großen Einfluss auf den Ausgang des finalen Satzes haben werden: Das sogenannte Momentum hat schon immer zu den erstaunlichsten Ergebnissen geführt, auf die vorher nicht einmal die Wettmafia im Berliner „Café King" gesetzt hätten. Aber es ist eben Psychologie. Ein Lauf – oder halt ein Antilauf.

Wie fordern Fußballtrainer immer wieder vor laufenden Kameras von ihren Spielern: Man muss endlich mal eine Schippe drauflegen. Endlich 110% Einsatz zeigen – oder gar 120%. Sich endlich mal voll konzentrieren! Da könnten sich die Zelluloidfreunde ruhig mal eine Scheibe abschneiden. Ja und dann? Wechselt man bei 1:5 resigniert die Seiten. Kämpft sich noch einmal auf 5:7 heran. Trifft einen Wunderschlag zum Ausgleich. Glänzt dann mit einem Angabenfehler. Zieht seine Quoten-Auszeit bei 7:9. Und verliert schlussendlich eben doch einmal mehr.

Andererseits gibt es schon ein paar echte Fünf-Satz-Spezialisten. Diese Jungs brauchen das einfach, diesen Nervenkitzel, um ihr wahres Potential abrufen zu können (oder eventuell sogar noch mehr als das). Echte Wettkampfschweine, die keinen Ball verloren geben, Bauchplatscher vor dem Schiri inklusive. Spieler, die den Nervenkitzel selbst im als Stehgeiger-Sport verschrienen Tischtennis suchen und am Wochenende Fallschirmspringen gehen.

Stimmt ja schon, ein knappes 3:2 gegen einen gleichwertigen Gegner macht hinterher in der Kneipe viel zufriedener, als wenn man einen Halbblinden mit zwei linken Händen klar in drei Durchgängen beherrschen konnte. (Nur der mosernden Ehefrau zu Hause sind alle Erfolge oder Misserfolge seit Jahren schnuppe, sei es in drei, in fünf oder in 23 Sätzen.)

Andererseits sind Niederlagen im Entscheidungssatz meist besonders bitter, wäre doch so viel mehr drin gewesen! Manche Tischtennisspieler sind da aber auch besonders anfällige Mimosen: Verweisen schon beim Stand von 1:2 auf ihre miese Fünfsatz-Bilanz in den letzten siebeneinhalb Monaten, welche ein Drehen des Matches ohnehin unmöglich mache. Nölen vor dem letzten Durchgang lautstark herum, dass sie nach dem langen Eingangsdoppel und den anstrengenden bisherigen Sätzen doch schon sehr geschlaucht seien. Gestern noch in der ersten Mannschaft aushelfen mussten. Die ganze Woche über unglaublichen Stress im Büro hatten. Und ohnehin blendet das Licht heute die ganze Zeit so unangenehm.

Irgendwie ist er wirklich die Königsdisziplin, dieser fünfte Satz. Spreu und Weizen eben. Männer und Mädchen. Fighter und Luschen. „Mentalbarometer" nennen das die Kollegen von mytischtennis.de. Und tiefenpsychologisch gesehen? Na ja, ein bisschen Mut sollte man sich in entscheidenden Situationen – sei es in der Verlängerung bei 10:10 oder eben im Entscheidungssatz – schon bewahren, allein mit Ball halten gewinnt man nur die wenigsten großen Spiel. Nur der Übermut, der ist noch fataler als das Hasenfußartige. Ach, wie man's macht, macht man's verkehrt, das alte Leid im Tischtennis. Und am Ende: doch wieder Glücksspiel, fifty-fifty quasi. Könnten aber auch nur 50% sein.

DIE DREI GROSSEN LÜGEN
beim Schlägerkauf im Internet

Nur dieses eine Mal – weil es schnell gehen muss.

Eigentlich lege ich total viel Wert auf den persönlichen Kontakt in Werners Tischtennis-Laden.

Ich finde eh nicht, dass es online günstiger wäre.

#14 SCHIEDSRICHTER

Gerade eben hat man sich noch durch fünf lange Sätze gequält, ist körperlich und mental an seine Grenzen gelangt und lässt sich jetzt schnaufend wie ein Walross auf den – wie immer viel zu niedrigen – Turnhallenbänken an der Seite nieder. Zunächst wischt man sich den Schweiß aus der leider bereits viel zu hohen Stirn und trinkt gierig von den mitgebrachten isotonischen Getränken (Weißbier). Nun möchte man natürlich in Ruhe seinen Mitspielern im Detail noch einmal die ganze Tragik des eben Erlebten berichten, inklusive einiger Räuberpistolen sowie dreisten Übertreibungen: Die heldenhaft abgewehrten Matchbälle im vierten Satz. Die grandiose Aufholjagd im Entscheidungssatz. Der ganz bittere Kantenball gegen Ende. Die Debatten mit dem Gegner, ob der Aufschlag richtig war oder nicht und ob man nun gestört war von dem Trubel an der Nachbarplatte oder nicht. Ja, man hat Redebedarf, egal wie das Match ausgegangen ist.

Doch da ertönt ein markdurchdringender Schrei durch die Halle, der einen jäh aus der Erzählphase reißt: „Schiedsrichter TSV Oberdorfkirchen an Tisch 2, bitte!"

Man blickt nach links und rechts und dann wieder nach links und noch einmal nach rechts und stellt dann mit Bedauern fest: Der Raucher des eigene Teams ist schon lange auf eine strategische Zigarette nach draußen gegangen. Der Überambitionierte macht sich bereits minutenlang warm, mit Sit-Ups und Joggen auf der Stelle, denn er ist sicher gleich an Tisch 1 dran (dort steht es im zweiten Satz gerade 6:5). Kai-Uwe, in seinem zweiten Leben Trainer, gibt den Jugendlichen am anderen Ende der Halle ein paar ebenso gut gemeinte wie ausführliche Ratschläge. Und

Hotte hat in seinem ganzen Leben noch kein Spiel gezählt – er ist sich immer so unsicher, was das Regelwerk betrifft: Der Satz geht nur noch bis 11? Siehste mal, wusste ich gar nicht. Zähl' besser du!

Die Lage ist also aussichtslos. Man erhebt sich schwermütig, trinkt schnell noch einen Schluck aus der Pulle und lässt sich mit einem lautstarken Seufzer auf dem Schiedsrichterstuhl nieder, wo die beiden Spieler schon erwartungsfroh an der Platte stehen. Seitenwahl bitte selber durchführen, danke. Es geht also los. Und wie immer im Tischtennis-Amateurleben gibt es nun einige grundverschiedene Schiedsrichter-Typen zu beobachten.

Da wäre zum einen der gelangweilte Starspieler: Er sieht es eigentlich als unter seinem Niveau an, überhaupt in der Kreisliga spielen zu müssen. Und dann auch noch Zählen – ein Skandal! So sitzt er wie abwesend an der Platte und bekommt oft gar nicht mit, dass ein Ballwechsel beendet ist. Er blickt ins Nirgendwo und wünscht sich beim dritten Aufschlagfehler seines Mitspielers dringend woanders hin. In die Bezirksliga, zum Beispiel.

Ganz anders der joviale Schwätzer: In der rechten Hand eine Flasche Bier und die linke Hand am Zählgerät steht er – gerne oben ohne und mit Bierbauch – am Schiedsrichtertischchen und kommentiert jeden Ballwechsel mit „Ahs" und „Ohs". Auch währenddessen. Er tröstet die Spieler nach bitteren Netzrollern, applaudiert nach spektakulären Aktionen, verzählt sich ständig und hat dabei immer noch einen kessen Spruch auf der Lippe. Bei ihm steht natürlich klar das Gesellige im Vordergrund. Die ganze Jugend mit ihrer Jagd auf TTR-Punkte ist ihm mehr als suspekt und warum Hans ihn jetzt so sauer ansieht, nur weil er den Ballwechsel nicht rechtzeitig wegen Störung unterbrochen hat, ist ihm schleierhaft. Ist doch nur ein Spiel, nicht wahr!?

Der Schweiger wiederum sitzt mit verschränkten Armen vor dem Zählgerät. Er sagt keinen Ton und bewegt sich wirklich nur, um den Spielstand zu verändern. Ob sein eigener Mitspieler gerade eher vorne oder hinten liegt, kann man seinen Gesichtszügen nicht entnehmen, auch wenn heute die letzte Chance auf den Klassenerhalt genutzt werden soll. Ist das Match beendet, steht er wortlos auf und geht.

Auch der Smartphonesüchtige schweigt während des Zählens, allerdings nicht aus charakterlichen Gründen. Er ist mit seinem überteuerten Mobilgerät beschäftigt, da wird gechattet und gesimst und gefacebookt, dass es eine wahre Freude wäre – wenn man nicht gerade ein Tischtennismatch zählen sollte. Immer wieder muss er darauf hingewiesen werden, dass gerade ein Ballwechsel beendet wurde und er doch bitte den Spielstand entsprechend anpassen soll. Nein, genau andersrum, das war mein Punkt.

Der ambitionierte Erbsenzähler steht natürlich das ganze Match über am Zählgerät, damit er einen genauen Überblick auf das Spielgeschehen hat. Seine Stimme hallt beim Ansagen des Spielstandes gerne mal durch die ganze Halle. Außerdem verwendet er eine überkorrekte Sprache und weist die Spieler daraufhin, dass das Trikot ja eigentlich in die Hose gehört. Gegen Ende des Matches droht er dann auch noch mit Zeitspiel. Am Montag muss er dann wieder in seine Behörde.

Schließlich sei noch der Trübsal blasende Jugendliche erwähnt. Gerade hat er mal wieder gegen einen mit Noppen spielenden Senior verloren, der erstens sein Opa sein könnte, zweitens beim Ballaufheben kaum mehr in die Höhe kommt und drittens – rein objektiv gesehen – nun wirklich absolut kein Tischtennis spielen kann. Doch aus irgendeinem ihm schleierhaften Grund sind dem Jugendlichen alle seine sonst so grandiosen Topspins entweder drei Meter ins Aus geflogen oder traurig ins Netz getropft. Nun sitzt er wie ein begossener Pudel auf dem Schiedsrichterstuhl und hadert mit der Wahl seines Hobbys: So wird er es weder jemals in die erste Herrenmannschaft schaffen, noch die süße Anna aus der Mädchenmannschaft beeindrucken können. Da wird er plötzlich von einem Anschiss des Mannschaftsführers jäh aus seinen Gedanken gerissen, da er sich gerade zum vierten Mal verzählt hat. Knallrot im Gesicht berichtigt er kleinlaut den Spielstand und hofft inständig, dass Noppen bald verboten werden und die süße Anna gerade in die andere Richtung geschaut hat.

DIE DREI GROSSEN LÜGEN
bei der Ranglistenplanung

Mir ist vor allem die soziale Komponente innerhalb der Mannschaften wichtig.

Mit dieser Aufstellung können wir sicher um den Aufstieg mitspielen.

Zur Rückrunde sortiert sich das ja dann alles wieder ganz neu.

#15 ZUSCHAUER

Ist man gerade nicht aktiv im Einsatz an der Platte und muss auch nicht den Schiedsrichter geben, so ist während eines Tischtennis-Punktspiels aktives Zuschauen bei den Matches der Mitspieler eigentlich Pflicht. Allerdings scheint dies doch nur so eine „Richtlinie" zu sein, nicht wahr, so ein ungeschriebenes Gesetz, welches man natürlich auch weit auslegen kann. Sehr weit. Gerade in seinem eigenen Sinne. Und besonders wenn man einige mittel- bis sehr gute Ausreden parat hat. Gehen wir also beispielhaft die Spieler des TTC Konter Neustadt 5 kurz durch, wie sie sich als Zuschauer verhalten.

Der Raucher im Team, Didi, hält sich nur selten an die Zuschauer-Regel. Äußerst selten. Doch als Raucher hat er natürlich auch eine gute Begründung, warum er nicht auf der Turnhallenbank mit seinen Kollegen mitfiebern und diese anfeuern kann: Er muss eine rauchen gehen, die Sucht ruft, das Nikotin, klar, bisschen frische Luft schnappen, verstehste, oder? Wie er es jedoch schafft, immer pünktlich zum Matchball in die Halle zurückzukehren – um dann, je nach Lage der Dinge, lautstark zu applaudieren oder den Kopf mit den Worten „Schade, da war mehr drin!" hin- und herzuwiegen – ist bis heute allen ein Rätsel geblieben.

Jens ist der Diskutierer der Mannschaft, der sich so lange lautstark bei seinem Nebenmann über sein eigenes, gerade verlorenes Match unterhält bzw. ausheult, bis einem der Jungs an der Platte der Kragen platzt und er die Zuschauer anraunzt, ob sie ihre Debatte nicht auf WhatsApp fortsetzen wollten, dann könne er sich hier wenigstens konzentrieren. Da ist Jens natürlich eingeschnappt, er hätte jetzt schon noch gerne detailliert von diesem wahnsinnigen Pech erzählt, das ihn schon seit Monaten verfolgt, und auch heute war ihm das Glück nicht gerade hold. Aber seine mitleidslosen Mitspieler interessieren sich ja offenkundig überhaupt nicht für ihn!

Ebenfalls zu laut: Leon, gerade einmal 17 Lenze alt, der WM-Jubler. Er heißt so, weil er jeden Punktgewinn des Teamkameraden feiert, als hätte dieser gerade das WM-Finale gegen einen unbezwingbaren Chinesen gewonnen – auch wenn der unbezwingbare Chinese hier und heute auf den Namen Lars-Dietrich hört, vom Pappnasenverein aus dem Nachbardorf stammt, alles andere als unbezwingbar ist und gerade erst vier Ballwechsel gespielt sind. Doch das stört Leon, den WM-Jubler, in keinster Weise: Da wird grölend jede mittelstarke Rettungstat besungen, jeder erfolgreiche Angriff wird stehend und mit Beckerfaust abgefeiert und wenn es endgültig nach Sieg aussieht, werden auch schon einmal Fußballgesänge angestimmt.

Dann sitzt da noch der Leierkasten-Mann herum. Werner hat nur eine Platte auf Lager, er kann nur einen Satz, und dieser Satz wird in allen passenden sowie unpassenden Spiellagen wiederholt: „Auf geht's, weiter!" Und das alles, ohne auch nur eine Sekunde lang das laufende Match verfolgt zu haben. Sein Blick schweift nämlich immer durch die Halle: auf die Nachbarplatte, zum Handy, zur heute im gegnerischen Team mitspielenden aparten Mittvierzigerin, an die Hallendecke oder in seine Sporttasche. Doch egal: Dummer Fehler des eigenen Mannes? „Auf geht's, weiter!" Wahnsinns-Rallye mit vierzig Schlägen und grandiosem Finalschlag? „Auf geht's, weiter!" Glücklicher Punkt per Kantenball? „Auf geht's, weiter!" Aufschlagfehler? „Auf geht's, weiter!" Match gewonnen? „Auf geht's, weiter!" Wie, das Spiel ist schon aus? Ja gut, super, toll gespielt, Werner hat's genau gesehen, strategisch eine Meisterleistung, ganz klar.

Der Smartphone-Süchtige Tommy wiederum, der sich vorhin schon wegen seiner Unkonzentriertheit als Schiedsrichter blamiert hat, hat auch als Zuschauer selbstverständlich nichts anders zu tun, als auf seinem Wischhandy intensiv herum zu wischen. Solange die Punktspiele der 3. Kreisliga Nord/West also nicht per App aufs Handy gestreamt werden, wird er am Ende des Abends gar nicht wissen, wer das Spiel gewonnen hat. Ist aber auch egal, dafür hat er einen neuen Rekord bei Candy Go erzielt, oder war es Pokemon Crush? Ist ja auch egal, auf jeden Fall ist das ja auch etwas Wert, und da ist er auch viel besser als bei diesen seltsamen TTR-Punkten.

Doch wenigstens einen Spieler gibt es in jedem Team, der auch wirklich seinen Mannschaftskameraden zusieht: Karl-Peter ist der geborene Coach und kann bereits nach zwei Ballwechseln – und seien sie noch so kurz gewesen – erste taktische Ratschläge erteilen. Das tut er dann auch, meist ungefragt, lautstark und natürlich illegal: „Halte ihn mehr auf der Rückhand, keine offenen Konterduelle, da muss mehr Unterschnitt rein!" – so geht das die ganze Zeit. Interessanterweise widersprechen sich die Tipps alle zwei Ballwechsel und passen auch sonst wenig zur Spielweise des Mannes am Tisch. Doch wenigstens freut man sich über den Zuspruch und die Aufmerksamkeit. Mit Karl-Peter wird man sich dann in der Satzpause auch mal in Ruhe austauschen und das weitere Vorgehen besprechen, nachdem der erste Durchgang schön in die Hose gegangen ist. Oder zumindest könnte man das theoretisch – wenn es nur gelänge, seinen endlosen Monolog zu unterbrechen.

#16 DAS ZWEITE EINZEL

Es trifft die meisten Kreisligaspieler oftmals ebenso hart wie überraschend: Das zweite Einzel steht an! Wenn sich die andere oder die eigene Mannschaft also nicht kampflos ergeben hat („Wir wollen Gegner, keine Opfer!") und die ganze Partie nicht in handgestoppten 1:15h über die Bühne gegangen ist, so bedarf es folglich noch weiterer hitziger Duelle an Platte oder Tisch, um das Endergebnis zu bestimmen. Alternativ wurde eine ebenso aussichtslose wie unnötige Aufholjagd eingeläutet, die eigentlich nur den anschließenden Kneipenbesuch nach hinten verschiebt, nun aber trotzdem noch zu etwas Zählbarem führen soll – zu einer knappen Niederlage im Schlussdoppel beispielsweise.

In beiden Fällen steht man von einer Sekunde auf die andere wieder am Tisch, die Glieder schon etwas schwerer, der Kopf etwas müder, der Blick etwas trüber und die Aussichten eher wolkiger als zu Beginn des ersten Einzels, denn dieser Gegner liegt einem nun wirklich gar nicht. Doch egal, jetzt heißt es liefern! Denn entweder hat man sein erstes Einzel bereits gewonnen, dann könnte man nun den Abend veredeln und endlich über die seit Monaten – ach was, seit Jahren! – gejagte magische Grenze an TTR-Punkten klettern. Oder aber nach der Pleite im ersten Spiel gilt es nun dringend Wiedergutmachung zu betreiben – schließlich konnte auch im Doppel nicht gepunktet werden, die Mitspieler maulen schon (sie haben wohl die fünf Extrakilo vom kürzlichen Kanaren-Kurztrip unter dem nun etwas am Bauch spannenden Trikot erspäht, die Ausrede „im Trockner irgendwie bisschen eingegangen" war wirklich etwas dürftig) und zur Rückrunde will man auf gar keinen Fall in der Rangliste hinter den Hansi abrutschen.

Also volle Konzentration auf das zweite Einzel. Doch da gibt es ein Problem. Und dieses Problem steht gar nicht auf der anderen Seite der Platte und auch nicht auf der eigenen Seite, nein, nein, das Problem spielt am Nachbartisch. Denn das Ergebnis des dort stattfindenden Matches, welches langsam in die entscheidende Phase einbiegt, entscheidet, ob das eigene Spiel überhaupt noch zählt. Also wird stets mit einem Auge – oder auch mit anderthalb Augen – hinübergeschielt, um zu beobachten, was Lothar, der sehr routinierte Abwehrspezialist im eigenen Team, da so treibt.

Solange man sich locker mit seinem Gegner einspielt, ist das natürlich alles kein Problem: Oh, du hast den Ball schon gespielt, tschuldigung, hab gerade rüber gesehen. Du, die haben Satzball, lass mal kurz warten wie sich das entwickelt. Hey, nicht so schnell, war gerade noch beim anderen Match!

Lothar scheint drüben auf ziemlich verlorenem Posten zu stehen: Er ist eben auch nicht mehr der Jüngste, das Wasser in seinen Beinen setzt ihm diese Saison ganz schön zu und so langsam haben auch die letzten geistigen Kleingärtner im Tischtennis-Kreis verstanden, wie man dieser Mischung aus langen Anti-Noppen und kurzem Topspin-Slice beikommen kann.

Irgendwann geht dann das eigene Match los, also aufgemerkt! Da man es nur bei einem nicht zu erwartenden Sieg Lothars noch auf den Spielberichtsbogen schaffen wird, kann man hier natürlich völlig locker und von jeglichem Druck befreit aufspielen: Vielleicht mal den neuen

Longline-Topspin oder diesen raffinierten Aufschlag ausprobieren, die am Montag im Training beide nicht so recht geklappt hat? Mal sehen.

Unter diesen Voraussetzungen gibt es nun zwei mögliche Spielverläufe: Entweder läuft es wie geschmiert, weil man gegen den Angstgegner endlich einmal frei aufspielen kann. Die Angriffe kommen plötzlich alle, man hat die Sicherheit, die sonst immer fehlt, des Gegners Unterschnitt ist plötzlich gar nicht mehr so gefährlich, kurzum: Man blickt einem ebenso ungefährdeten wie unnützen Sieg entgegen, denn zählen wird das Match ja ohnehin nicht mehr.

Szenario zwei: Wenn die Spannung fehlt, dann fehlt etwas Wichtiges, und so läuft hier aber auch gar nichts zusammen. Als Wettkampfschwein braucht man eben immer diese am Horizont drohende Niederlage, damit man mit leicht schwitzigen Händen sein bestes Tischtennis auspacken kann. Doch das hier ist nur eine belanglose Trainingseinheit, denn zählen wird das Match ja ohnehin nicht mehr.

Ein rein zufälliger Blick zur Nachbarplatte zeigt dann jedoch: Lothar hat sich reingefuchst. Plötzlich ist der 76 Jahre alte Kämpfer in ihm erwacht, Lothar will sich sein Feierabendbier auch wirklich verdienen. Irgendwie kann er bald sogar zum 2:2 ausgleichen und sein jugendlicher Gegenspieler wirkt zunehmend verzweifelt, während er in der Satzpause von allen seinen anwesenden Mitspielern gecoacht wird.

Nun heißt es natürlich für einen selber, den Schalter umzulegen, und zwar sofort! Nun gilt es, dringend in den Wettkampfmodus zu schalten. Doch ach!

Die Bälle, die in Szenario eins gerade noch alle kamen, bleiben nun wieder an der Netzkante hängen. Der Gegner wittert Morgenluft, Schweiß perlt auf unserer hohen Stirn, die Brille sitzt schief, geben wir den sicher geglaubten Sieg jetzt wirklich noch aus der Hand? Schnell wieder ein banger Blick zu Lothars Spiel: Man wünscht einem Mitspieler ja wirklich nichts Schlechtes, aber er wird doch nicht...!?!?

In Szenario zwei fällt das Schalterumlegen noch schwieriger aus. Zwar konnten wir zurück im Wettkampfmodus sofort zwei, drei klasse Punkte machen, die sehr klar andeuteten, dass wir jederzeit in der Lage sind, diesen sinnlosen Rückstand noch aufzuholen. Doch seitdem geht es nicht so wirklich vorwärts, bereits im dritten Satz ist unser Spiel auf des Messers Schneide, der Angstgegner ist eben völlig zurecht ein Angstgegner. Der bange Blick geht nun ständig hinüber zum alten Lothar: Man wünscht einem Mitspieler ja wirklich nichts Schlechtes, aber er wird doch nicht...!?!?

Immer wieder wandert er rüber, der Blick, immer wieder und immer wieder. So schwindet mehr und mehr die Konzentration aufs eigene Spiel, so schwindet der Glaube an den eigenen Sieg, so schwinden die Siegchancen und ehe wir uns versehen, haben wir unser Match verloren. Shakehands, Handtuch, Getränk. Nur Lothar kämpft immer noch, 22:22 im Entscheidungssatz, neun Matchbälle hat er bereits abgewehrt.

Während wir uns unter dem Handtuch vergraben und eine klitzekleine Träne verdrücken, gelingt Lothar doch noch der nicht mehr für möglich gehaltene Sieg an der Nachbarplatte. Großer Applaus in der ganzen Halle begleitet das Comeback der Saison unseres Seniors, nur unser Kapitän ist angesäuert: „Hättest dich ruhig etwas mehr anstrengen können! War doch klar, dass Lothar das Ding noch dreht und im Schlussdoppel hätten wir bestimmt noch das Unentschieden geholt..."

#17 DIE VERDAMMTE RECHNEREI

Kaum hat man seine Einzel-Einsätze für den Tag beendet (wie fast immer mit weniger Siegen als erhofft), beginnt die verdammte Rechnerei. Erstens: Reicht das heute noch für den Mannschaftssieg? Und zweitens, und vielen Spielern irritierenderweise eben auch deutlich wichtiger: Wieviel TTR-Punkte habe ich heute gewonnen oder verloren?

Zunächst zum noch nicht beendeten Mannschaftsspiel: Klar ist der aktuelle Spielstand und auch die eigenen Ergebnisse sind bereits bekannt. Doch nun beginnt das Bangen, das Rätselraten und eben die verdammte Rechnerei: An Tisch 1 sieht es eigentlich ganz gut aus für Klaus-Dieter, allerdings hat er dieses Jahr bereits einige hohe Führungen völlig unnötigerweise verspielt. An Tisch 2 muss nun unser Jungspund gegen das Noppen-Ass des Gegners antreten, den Punkt kann man folglich bereits abschreiben, so viel ist klar. Jerôme war schon vor dem Match ganz blass um die Nase.

Anschließend muss dann Hotte ran, der ist momentan in Topform. Allerdings auch immer für einen pomadigen Auftritt und ein abgeschenktes Match gut, wenn er Streit mit seiner besseren Hälfte hatte. Und hinterher gilt es dann für Ersatzmann „Kante" gegen diesen noch gänzlich unbekannten Neuzugang, auch ganz schwer zu sagen. Rechnen wir mal insgesamt mit 2:2 Siegen, dann hätten wir ja einen Punkt bereits sicher. Und könnten folglich im Schlussdoppel den Deckel drauf machen.

Andererseits: Hotte sieht unkonzentriert aus, der fummelt die ganze Zeit auf seinem Handy herum. Das ist kein gutes Zeichen. Bei Klaus-Dieter scheint das Match gerade zu kippen und Jerôme zweifelt an sich und der Welt. Des

Gegners Neuzugang wiederum, so höre ich gerade nebenbei, hat angeblich früher mal Landesliga gespielt. Verdammt, das würde ja bedeuten, also wenn mich nicht alles täuscht, hm, so herum, und dann addiert, eine Eins im Sinn – Donnerwetter, gehen wir hier heute etwa mit einer Niederlage heim? Gegen diese Eierköpfetruppe? Doch noch sind alle Fragen offen.

Nicht so für Hotte, denn der hat keinen Streit mit seiner Freundin oder denkt an so etwas Banales wie das weitere Abschneiden seiner Mitspieler. Nein, nein, er versucht auf dem Handy seinen neuen TTR-Wert zu berechnen. Gar nicht so einfach: Gewinnwahrscheinlichkeit, Änderungskonstante, Dezimalbrüche, hol's der Geier! Braucht man ja ein Studium der höheren Mathematik, um das zu verstehen. Dabei wurden doch extra die Sätze vor einigen Jahren von 21 auf 11 verkürzt, um es Tischtennisspielern mit leichter Dyskalkulie deutlich einfacher zu machen, Hotte war ganz klar dafür. Und dann wird kurze Zeit später ein völlig schleierhafter TTR-Wert eingeführt, ein Wahnsinn ist das.

Allerdings ist Hotte anscheinend auch ein TTR-Anfänger. Erstens gibt es für die – in der Tat hochkomplexe – TTR-Berechnung selbstverständlich eine App. Und zweitens errechnen die wahren Experten ohnehin im Voraus, welche Möglichkeiten bestehen: Klaus-Dieter beispielsweise weiß genau, dass er, wenn er nach dem ersten Sieg auch sein gerade wieder zurückkippendes zweites Match an Tisch 1 noch gewinnt, heute Abend +11 Punkte gemacht haben wird, bei einer Pleite sind es -5 und hätte er beide Spiele verloren wären es sogar -21 gewesen, brrrrr. Hat er alles heute Nachmittag bereits im Büro ausklamüsert, man muss ja vorbereitet sein. Gerade mental und rechnerisch. Dumm nur, wenn dann einer seiner erwarteten Gegner wegen eines eingewachsenen Zehennagels urplötzlich ausfällt und plötzlich ein anderer Spieler nachrückt, das ist immer ganz unangenehm für Klaus-Dieter. Dann muss er als Nichtraucher immer extra eine Raucher-Pause im ruhigen Eck hinter der Halle einstreuen, um mittels oben erwähnter App seine neuen TTR-Möglichkeiten auszuloten. Waaaas, dieser Gegner hat 80 Punkte mehr als er selbst? Das wird eng!

Jerôme wiederum mag einen albernen Namen und vom Spiel gegen Noppen keine Ahnung haben. Dafür hat er Mathe-Leistungskurs. Und kann folglich über die TTR-App nur müde schmunzeln, denn er kann selbstverständlich im Kopf ausrechnen, dass seine Siegwahrscheinlichkeit gegen Noppen-Norbert genau 17,35% beträgt. Respekt! Leider ist das nur seine theoretische Siegwahrscheinlichkeit, seine praktische liegt – dafür braucht er gar keinen Mathe-LK – ziemlich genau bei 0,00%.

Gänzlich unbeeindruckt von all diesen Rechnereien ist wieder einmal der routinierte „Kante“: Laut eigener Aussage spielt er seit 30 Jahren auf gleichbleibenden Niveau, da braucht er keine komischen Punkte, die ihm das bestätigen. Gegen Hans-Peter vom TSV Nord hat er noch nie gewonnen, gegen Kalle vom SV Ost noch nie verloren und gegen den langen Norddeutschen vom SC West ist es immer fünfzig-fünfzig. Alles klar!?

#18 SONDERWÜNSCHE

Eigentlich ist der Ablauf so eines Punktspieles ja ganz genau vorgesehen: Der Verband gibt ein offizielles Spielsystem vor und auf dem bürokratischen Spielberichtsbogen mit zahllosen Durchschlägen und dem herben Charme der 80er Jahre findet jeder Mannschaftsführer die Reihenfolge der einzelnen Matches vorgegeben: D A1 gegen D B2, außerdem A2 gegen B1, nicht zu vergessen A6 gegen B6 und ganz am Ende natürlich noch das Highlight D A1 gegen D B1 – ein Fest für geborene Formularausfüller!

Doch immer wieder einmal beißt sich diese so stringent und zielstrebig wirkende Theorie mit der Praxis. Dann nämlich, wenn der Manu gerne seine Spiele vorziehen möchte, weil entweder die Schwiegermutter zu Besuch kommt, sein kleiner Bruder zum dritten Mal Junggesellenabschied feiert, seine Frau bereits in den ersten Presswehen liegt oder für den morgen beginnenden dreiwöchigen Camping-Urlaub dringend noch gepackt werden muss. Oder aber schlicht und einfach, weil er seiner Frau hoch und heilig versprochen hat, heute wirklich frühzeitig zu Hause zu sein – aber das würde er den Jungs natürlich nie verraten.

Denn gestern kam er nach dem verlegten Rückrundenspiel auch erst um halb vier morgens heim, wollte dann seiner Uschi mit zweieinhalb Promille noch etwas zärtlich werden und ist dann gegen Mittag mit einem roten Handabdruck auf der linken Wange neben der Schlafcouch im Gästezimmer wieder zu sich gekommen. Also hat er der Uschi bei den gemeinsamen Kindern geschworen, heute definitiv um halb zehn zu Hause zu sein, denn sonst wird man sich demnächst wohl nur noch beim Scheidungsanwalt sehen. Oder schlimmer noch: Bei dieser Öko-Esoteriktante aus dem Nachbardorf, die macht nämlich auch Paartherapie.

Der Mannschaftsführer ist natürlich wie immer wenig begeisterst über solche Vorschläge, bringt es doch alle Abläufe durcheinander, der Gegner liebäugelt bei einer Niederlage bestimmt mit Protest und der Manu gewinnt auf jeden Fall wieder mal nix weil er so gehetzt ist. In der Tat hat der Manu an solchen Abenden meistens ein großes Problem und das heißt Fitness. Beziehungsweise die Abwesenheit genau dieser. Normalerweise stöpselt er ja nur ein bisschen im zweiten Doppel herum, ohne sich zu sehr anzustrengen, man muss ja mit seinen Kräften haushalten. Dann hat er eine längere Pause bis er im hinteren Paarkreuz zu seinem ersten Einzel antreten muss. Und das zweite Einzel ist gewöhnlich hinfällig, da man sich bereits rechtzeitig wieder eine Klatsche eingefangen hat.

Nun aber gilt es, ein Doppel und beide Einzel in Rekordzeit direkt hintereinander zu spielen. (Mannschaftsführer: „Klar können wir gegen den Tabellenführer lange mithalten! Stell dir vor wir verpassen die Überraschung nur, weil du schon heimgegangen ist und wir dein zweites Match schenken müssen…") Also will sich der Manu im Doppel nur noch in den Ausmaßen eines Bierdeckels bewegen (das gelingt), versuchen, das erste Einzel mit all seiner Routine locker-lässig gegen diesen 13-jährigen zu gewinnen (gelingt nicht) und pumpt schließlich trotzdem im zweiten Einzel wie ein Maikäfer, so dass er kurz vor der Aufgabe ist. Gott sei Dank macht sein Gegner dann ein paar schnelle Punkte mit seinen gemeinen Aufschlägen und tütet damit Manus dritte Niederlage in diesem Spiel endgültig ein. Schnell unter die Dusche und dann ab dahin, wo es heute Abend noch wichtiger ist als in der Turnhalle des TSV Breitenbach IV.

In Manus Abwesenheit zieht sich das Spiel allerdings in die Länge, denn der Gegner ist etwas hochnäsig mit drei oder vier Ersatzleuten angetreten. Da geht heute was! Umso wichtiger wäre es also gewesen, wenn der Manu ein, zwei Punkte hätte beisteuern können, aber ach! Stattdessen fällt dem Mannschaftsführer während des zweiten Einzel-Durchgangs auf, dass in der ersten Runde die falschen Paarungen gespielt wurden: Matze hätte gegen diesen Dicken spielen müssen, stattdessen hat er den wirren Senior des Gegners vernichtet. Und beim jungen Elias war es folglich genau andersrum. Nun also: Haare raufen, interne Besprechung, abwägen. Dann zum anderen Mannschaftsführer rüber, doch der sieht das ganz locker. Alles nochmal neu spielen? Spinnst du!? Kommt nicht in die Tüte, schließlich haben wir doch alle großen Durst! Weitermachen.

Folglich wird nun im Spielberichtsbogen herumgeschmiert, gestrichen, verbessert und hinzugefügt: Hier ein Tausch-Pfeil eingetragen, dort aus der 8 eine 11 gemacht, unten alles durchgestrichen und auf der Rückseite neu eingetragen – ein großes Chaos. Ein kurzer Blick auf die zahllosen Durchschläge zeigt, dass man dem Gegner leider keinen irgendwie lesbaren Spielbericht mitgeben wird. Gott sei Dank wird ohnehin alles im Internet eingetragen! Manu wird währenddessen per Handy über die weiteren Entwicklungen auf dem Laufenden gehalten, hat aber bisher noch nicht geantwortet. Gut für ihn, das war schließlich nur ein gemeiner Test, wie beschäftigt er nun wirklich ist.

Schließlich geht es an die Schlussdoppel, die Entscheidung naht. Der gegnerische Mannschaftsführer schlurft herüber und erkundigt sich nochmal, ob das Vorziehen von Manus Spielen denn wirklich rechtens war und ob der

Spielberichtsbogen denn wirklich noch lesbar ist. Man merkt, dass er mit seinem Team eigentlich verlustpunktfrei aufsteigen wollte und er bereit wäre, dafür notfalls auch einen kleinen Protest beim Verband einzulegen.

Doch beim intensiven Studieren des kaum mehr leserlichen Spielberichtsbogens wird er plötzlich blass. Ein kleiner Spurt zurück zur eigenen Bank, wo er mit seinen Mitspielern lautstark zu tuscheln und wild zu gestikulieren beginnt. Ein paar Wortfetzen wehen durch die Halle, irgendetwas mit „Doppel" und „falsch aufgestellt" kann man heraushören. Minuten vergehen. Anscheinend ist man dann doch noch zu einer Entscheidung gekommen, nochmals wird prüfend auf einem Zettel herumgerechnet, dann kommt der gegnerische Mannschaftsführer zurück zum Spielberichtsbogen. Er schnappt sich diesen sowie den wie immer kaum mehr funktionstüchtigen Kugelschreiber, murmelt irgendetwas davon, dass sein Hansi sich ganz sicher sei, dass er im vierten Satz 11:6 und nicht 11:8 gewonnen habe, und kritzelt dann schnell etwas auf dem mittlerweile ohnehin sinnlosen Bogen herum.

Als er sich völlig fertig wieder zu seinen Jungs auf die Gästebank setzt, blickt man selber kurz auf den Spielberichtbogen. Und irgendwie, also ich weiß nicht, aber ein komisches Gefühl sagt mir, naja, wie dem auch sei, ist ja auch egal – aber ich hätte schwören können, dass der Bernd Meier vor zwei Stunden noch im Zweier-Doppel angetreten ist und sein Bruder Dieter im Dreier-Doppel, doch hier steht das genau andersherum. Also zumindest, wenn das da oben am Rand wirklich ein „B" sein soll. Aber egal – im Internet wird es ja dann sicherlich alles besser lesbar sein.

#19 DAS SCHLUSSDOPPEL

Viele Spielsysteme im Kreisliga-Bereich sehen als vermeintlich krönenden Abschluss eines Punktspiels das sogenannte Schlussdoppel vor: Nach mehreren Stunden zähen Ringens auf normalerweise überschaubarem spielerischen Niveau sollen nun also vier Spieler über Sieg oder Unentschieden entscheiden. Eigentlich eine spannende Sache – gäbe es da nicht einige Hürden zu überwinden.

Zunächst hatte Spitzenspieler Mario beim Stand von 2:8 schon nicht mehr an sein Team geglaubt. Kaum hat er sein zweites Einzel beendet, packt er seine Siebensachen und geht frühzeitig duschen. Früher oder später wird sowieso einer seiner Jungs die entscheidende Pleite einfahren, da kann er auch das wenige warme Wasser, das der Hausmeister an so einem Freitagabend erfahrungsgemäß übriggelassen hat, für sich benutzen. Kaum tritt er ebenso erfrischt wie wohlriechend aus der Umkleide, um sich über die finale Höhe der Niederlage zu informieren, schallt ihm schon der zweite Aufruf zum Schlussdoppel entgegen. Völlig fassungslos wird Mario über die grandiose Aufholjagd seiner Mitspieler informiert: Selbst Norbert hat gepunktet und nun steht es schon 6:8. Im letzten Einzel des Tages liegt Hotte deutlich vorne, ein Unentschieden ist folglich absolut im Bereich des Möglichen. Also heißt es für Mario zurück in die Umkleide, um erneut in sein verschwitztes Trikot zu schlüpfen. Eklig genug, aber hinzu kommt die Aussicht, später mit allen anderen gemeinsam und dann natürlich auch noch kalt duschen zu müssen.

Zurück am Tisch entspannt sich eine Doppel-Begegnung, die überwiegend von der Spannung lebt: Mario und der Neue im Team haben sich erst vor wenigen Stunden kennen gelernt und leider kann sich Mario auch nicht mehr an seinen Namen erinnern. Vermutlich irgendetwas mit K. Klaus? Karl? Aber sei's drum, viel schlimmer ist, dass ihm Karl oder Klaus vor dem Match nicht seine Aufschlag-Zeichen erklärt hat. So kann Mario immer nur raten, welcher der zahllosen verdrehten Aufschläge wohl als nächstes vom Gegner unerreichbar zurückgeprügelt wird.

Glücklicherweise stehen auf der anderen Seite der Platte zwar die zwei technisch sicherlich stärksten Spieler des Gegners – doch was heißt das schon!? Außerdem kommen sie als das am besten eingespielte Doppel der Mannschaft auch nur auf drei gemeinsame Einsätze in den vergangen zwölf Monaten. So folgt ein leichter Unterschnittfehler auf einen dümmlich verschlagenen hohen Ball, ein idiotischer Aufschlagfehler reiht sich an einen simplen Return ins Netz.

Nur gut, dass keine Zuschauer mehr in der Halle sind. Zwar standen der Pauli sowie der ewige Hans nach ihrer Trainingseinheit noch ein wenig an der Bande und verfolgten das Geschehen aus der Ferne. Doch als sich die drohende Niederlage zu sehr in die Läge zog beziehungsweise dann sogar noch in eine Aufholjagd verwandelte, beschlossen sie, vorzeitig in die Wirtschaft weiterzuziehen – wo sie es vor Spannung sicherlich kaum mehr aushalten können und sich das Warten auf die Meldung des Endergebnisses mit ein paar Hopfenkaltschalen vertreiben müssen.

Auch sonst ist die Zahl der Zuschauer minimal. Denn während wenigstens das Auswärtsteam vollzählig versammelt ist, um ihre Jungs mit „Auf geht's, weiter so!" und ähnlich detaillierten Anfeuerungsrufen doch noch zum Sieg zu tragen, haben sich die verbliebenen Spieler der Heimmannschaft still und leise in die Umkleide verdrückt – schließlich ist auch ihnen die Heißwassersituation in der

Halle zur Genüge bekannt. Nur der Mannschaftsführer war einmal mehr zu langsam (oder zu anständig) und tut nun Dienst am Schiedsrichtertisch. Nebenan scheint Hotte das Spiel irgendwie nicht zu Ende zu bekommen.

Nach dem knapp verlorenen ersten Satz legen Mario und Karl oder Klaus ihre Schläger auf den Tisch und beratschlagen sich intensiv: War schon nicht schlecht, da geht noch was, nur nicht nachlassen – so in etwa. Zurück am Tisch beginnt der zweite Durchgang jedoch noch schwächer als der erste geendet hatte. Zunächst trifft der passionierte Angreifer Mario einen Ball nahezu perfekt, dieser tropft aber traurig vor ihm auf die Platte. Anschließend steigt dem brutal sicheren Abwehrspieler Karl oder Klaus ein einfacher Unterschnittball steil unters Hallendach. Die Spieler blicken verwundert auf ihre Beläge, kurze Irritation, dann tauschen die beiden kopfschüttelnd ihre Schläger. Lautes Gelächter in der Halle – jedenfalls bei der anwesenden Gastmannschaft.

Dieser zweite Satz geht anschließend mittelmäßig unterhaltsam weiter und am zweiten Tisch muss Hotte tatsächlich noch in den Entscheidungssatz. Inzwischen sind auch die beiden verschollenen Mitspieler aus der Dusche zurückgekehrt: Der eine frisch geföhnt und der andere wie seit Jahren intensiv nach seinem Moschus-Haarspray riechend – wobei es sich, seinem inzwischen äußerst spärlichen Haarwuchs nach zu urteilen, wohl um ein Kopfhautspray handeln muss.

Doch auch mit dieser psychologisch wichtigen Unterstützung gelingt weder unserem Traumdoppel noch Hotte im letzten Einzel die ersehnte Wende. Beim Stand von 5:9 im Schlussdoppel misslingt Hotte zum vierundzwanzigsten Mal an diesem Abend sein Rückhand-Angriffsschlag und Satz, Match sowie das gesamte Punktspiel sind verloren. Sofort unterbricht Mario das Doppel und bietet seinen Gegnern Shakehands an, packt deutlich angefressen erneut seine Sachen zusammen und verlässt, irgendetwas wie „hätten wir schon noch gedreht das Ding" murmelnd, zum zweiten Mal heute die Halle in Richtung Umkleide. Jetzt fehlte nur noch, dass ihm der unfähige Karl oder Klaus auch noch den eventuell verbliebenen letzten Rest warmen Wassers wegduscht, also besser schnell sein!

Derweil sinniert der Mannschaftsführer mit Clemens (wusste ich doch, irgendwas mit C!) darüber, ob man nächste Woche die Doppel eventuell taktisch etwas geschickter aufstellen sollte, vielleicht ein Angriffsspieler zusammen mit Noppen-Norbert im Einser-Doppel? Doch da kann der Mannschaftsführer nur müde abwinken, während er das Endergebnis in den Spielberichtsbogen einträgt: In die Verlegenheit, zwei Mal hintereinander mit der gleichen Doppelaufstellung antreten zu müssen, ist man auf Grund des fröhlich wechselnden Personals zuletzt vor drei Jahren gekommen. Und Mario wird diese Rückrunde über wohl kaum mehr Zeit haben.

#20 ABBAUEN UND DUSCHEN

Ist das Punktspiel nach langem Kampf und literweise vergossenem Schweiß endlich beendet, so gilt es für die Gastmannschaft lediglich, ihre Siebensachen in der Sporttasche zu verstauen (Schläger, Ersatzschläger, Alternativschläger, Thermos-Becher mit „isotonischen" Getränken, lächerliches Schweißband etc.) und ab unter die Dusche.

Für die Heimmannschaft jedoch steht zunächst noch die etwas ungeliebte Disziplin Abbauen auf dem Programm. Das heißt, für alle Spieler der Heimmannschaft außer Peter, denn der stürmt bereits frisch geföhnt aus der Halle und ruft seinen Jungs im Vorbeirennen noch zu: „Geh, ihr seid mir nicht bös!? Die Regierung wartet schon, aber beim nächsten Mal helfe ich bestimmt wieder mit!" Ganz bestimmt Peter, so wie die letzten vier Saisons eben auch schon.

So liegt es an der Resttruppe, alle maroden Tische so zusammenzuklappen, dass sie möglichst nicht wieder umfallen können und die nigelnagelneuen Netze in die wie immer viel zu kleinen Kartons zu verstauen. Außerdem müssen Zählmaschinen eingeordnet, kaputt getretene Bälle aufgehoben sowie die durchhängenden Banden zurück in den Geräteraum getragen werden. Schließlich will man auf gar keinen Fall die teuren Gerätschaften einer Meute von Siebtklässlern im Schulsport am nächsten Vormittag überlassen.

Ja, das müsste alles getan werden. Doch keiner rührt sich so recht, jeder Spieler geht äußerst geschäftig einer anderen Tätigkeit nach: Mannschaftsführer Basti zählt gerade zum siebten Mal auf dem Spielberichtsbogen die Sätze des heutigen Punktspiels zusammen, der Jungspund berichtet seiner aktuellen Flamme per WhatsApp ganz aufgeregt von seinen neuesten Erfolgen, Karl-Uwe putzt schon minutenlang seinen Schläger, der Sozialpädagoge im Team unterhält sich noch mit einem Zuschauer über dessen private Probleme und Hotte wühlt schon einer Ewigkeit leise vor sich hinmurmelnd in seiner Sporttasche (oder was er dafür hält) herum. Die Minuten vergehen bis dann doch alle einsehen, dass sich von selbst noch nie eine Halle aufgeräumt hat. Ächzend erhebt man sich, beginnt das zähe Aufräumritual und beneidet die Fußballer auf dem Sportplatz draußen, die nach dem Spiel natürlich nie die Tore wegtragen müssen.

Irgendwann ist die Halle dann doch wieder leer und schweren Schrittes schleppt sich die müde Bande in die Umkleide. Nur noch unter die hochverdiente Dusche und schon kann man endlich in die Wirtschaft aufbrechen. Doch leider trifft man zwischen Fußschweiß, leeren Deos und einem Haufen vergessener Sportbekleidung auf ungeahnte Hindernisse.

Karl-Uwe stellt umgehend fest, dass sein Handtuch leider noch zu Hause auf der Wäscheleine hängt, vielen Dank schon mal an die Ehefrau. Vor zwei mehr oder weniger eklige Alternativen gestellt, entscheidet er sich dagegen, Hottes bereits benutztes und daher noch feuchtes Handtuch anzunehmen – stattdessen wird er sich heute mit seinem verschwitzten Trikot abtrocknen. Dass er offensichtlich auch keine Ersatzsocken eingepackt hat, ist an diesem gebrauchten Tag auch schon egal. Vor Spielbeginn hatte er noch Glück gehabt, als er zwar zunächst feststellen musste, keine kurze Hose eingepackt zu haben, dann aber bei der verzweifelten Suche nach einem passendem Ersatz in dem Kleiderhaufen tatsächlich seine seit mehreren Monaten vermisste und zum Trikot passende Short entdeckt hatte.

Was für ein Zufall! Auf jeden Fall sollte Karl-Uwe nächste Woche sorgfältiger seine Sporttasche packen, so viel ist ihm klar.

Zum Thema eklige Alternativen sei nebenbei noch erwähnt, dass sich die Kreisliga-Duscher klar in zwei Lager aufteilen: Diejenigen mit „Adiletten“ und diejenigen ohne. Während es letzteren offenbar vor gar nichts graut, lassen erstere auch gerne mal eine Dusche ausfallen, sobald sie feststellen, dass sie ihre wichtigsten Utensilien (wichtiger noch als der Schläger!) leider zu Hause vergessen haben: „Schon mal die aktuellen Studien über die Schimmeldichte in öffentlichen Umkleiden gelesen? Nein? Dagegen ist eine holländische Champignon-Zucht Brachland...!“

Hotte wiederum hatte – als er als Erster ganz alleine unter der Dusche stand – festgestellt, dass sein Duschgel (wie bereits die ganze Saison über) leer ist. Nun denn, heißes Wasser ist ja ohnehin das Wichtigste einer Dusche. Apropos: Als die weiteren Kollegen endlich eintrudeln, kann von heißem Wasser ohnehin nicht mehr die Rede sein. Die Einschätzung schwankt zwischen „äußerst erfrischend“ und „arktisch“, je nach Warmduscher-Grad des Spielers. Die Gästemannschaft hat dem alten Boiler mal wieder alles abverlangt.

Völlig unabhängig vom Vorhandensein warmen Wassers kann man in so einer Kreisligadusche selbstverständlich immer die neuesten Tattoo- und Brustrasur-Trends verfolgen, sich über die Größe diverser Körperteile austauschen und sich bei Bedarf das Duschgel des Mitspielers ausleihen – natürlich nicht, ohne es dann lautstark zu kommentieren: „Warum nimmst du denn so ein Zeug mit Fruchtgeruch und nicht etwas richtig männliches?“

Jungspund Leon wiederum, intern auch „der Heimduscher“ genannt, wartet ungeduscht und ungeduldig in seinem Trainingsanzug auf seine Mitfahrgelegenheit. Schließlich muss er heute noch in die einzige Kneipe im ganzen Ort mit Ü35-Publikum, die vermutlich äußerst kreativ „WunderBar“, „SonderBar“ oder „BarCelona“ heißt. Auf den zum wiederholten Mal von Sören äußerst einfühlsam (ein echter Sozpäd!) vorgebrachten Vorschlag, sich doch endlich nicht mehr so anzustellen und sich hier gefälligst auch mal zu duschen, kontert Leon überraschend mit dem Hinweis, dass er, würde er regelmäßig mit alten Männern duschen wollen, ja auch ins Kloster hätte gehen können.

Sören schüttelt ungläubig den Kopf während er sich mit Gesichts- und Rasierwasser behandelt, welches, dem Geruch nach zu urteilen, vermutlich bereits vor dem letzten Krieg erhältlich war. Ganz allgemein gesprochen wird selbst in einer Männerumkleide ebenso intensiv wie heimlich das Pflegeprogramm des Nachbars beobachtet: Als Sören (intern gerne „die hohe Stirn“ genannt) dann auch noch ausgiebig mit Haarspray hantiert, muss er sich unter dem dröhnendem Gelächter der Umstehenden von Basti fragen lassen, ob es sich dabei um ein Kopfhautspray handelt.

Ja, das ist schon eine verschworene und herzliche Truppe, die hier gegenseitig versucht, nur ja nicht den Sportschuhen des Sitznachbarn zu nahe zu kommen. Da hilft auch das von Basti (intern oftmals „der Stinker“ genannt) verwendete angebliche Muskelöl nichts, mit dem er einmal mehr die ohnehin angespannte olfaktorische Lage in der Herrenumkleide malträtiert.

Karl-Uwe, sichtlich genervt von den üblichen Debatten sowie seinem nicht vorhandenen Handtuch, flüchtet sich mal wieder in die Damenumkleide. Dort gibt es erfahrungsgemäß wenigstens noch warmes Wasser, er kann sich ungesehen mit seinem Trikot abtrocknen und muss sich nackt von niemandem etwas weggucken lassen. Elfie, die einzige Dame im Verein, hat das Training ja schon vor über einer Stunde beendet, das heißt Bahn frei für Karl-Uwe, der so eine Dusche alleine durchaus zu schätz... – AAAAAAH!

Ein gellender Schrei tönt bis hinüber in die Herrenumkleide, wo sich vier Mitspieler von Karl-Uwe köstlich amüsieren. Anscheinend hatte es sich noch zu jedem herumgesprochen, dass Elfie, mit ihren 78 Jahren eventuell nicht mehr ganz taufrisch, nach dem Tischtennis-Training neuerdings direkt im Anschluss noch zum Yoga in der zweiten Halle geht und sich erst dann umzieht. Eines ist sicher: Diesen Umstand wird Karl-Uwe künftig genauso wenig vergessen, wie den Anblick, der sich ihm in der Damenumkleide bot.

#21 IN DER KNEIPE

Endlich steht der langersehnte Höhepunkt des Punktspiel-Abends an. Nein, nein, nicht das alles entscheidende Schlussdoppel – der obligatorische Besuch in der Kneipe ist natürlich gemeint! Denn was gibt es Schöneres, als in der etwas versifften Sportlergaststätte nebenan bei labberiger, in Ketchup ertränkter Currywurst und öliger „Pizza alla Cheffe" nochmals die Höhen und Tiefen des Punktspiels im Detail durchzugehen und sich dabei am Gerstensaft gütlich zu tun.

Wobei der Kneipenbesuch längst nicht (mehr) zum Standardrepertoire vieler Spieler und sogar ganzer Mannschaften gehört. Ganz allgemein gesprochen gibt es einerseits Mannschaften für die das Sportliche eines Kreisligamatches um die goldene Ananas klar im Fokus steht. Nur bei entsprechender Performance hat man sich das anschließende Bier auch verdient, bei einer üblen Niederlage fahren die beleidigten Leberwürste auch gerne einmal ebenso geschlossen wie umgehend nach Hause. Andererseits scheinen manche Mannschaften das Punktspiel nur als willkommenen Anlass zu nehmen, endlich mal wieder in die Kneipe zu kommen. Hier steht das Gesellige klar im Vordergrund und so darf niemand unter 1,8 Promille vorzeitig nach Hause gehen – wie das Spiel endete, weiß nach kurzer Zeit niemand mehr sicher zu sagen.

Zunächst gilt es also abzuwarten, wer überhaupt in der Kneipe auftaucht. Peinlich nämlich, wenn man zu zweit die vollzählig versammelte Auswärtsmannschaft unterhalten muss. Andererseits duscht Vegetarier Sören bekanntlich immer etwas ausgiebiger, kann also gut sein, dass er noch kommt. Er bestellt sich sein Fischgericht meist bereits telefonisch noch von der Halle aus und kann dann, kaum in der Kneipe angekommen, direkt loslegen. Horst muss noch den Schlüssel abgeben, hatte aber angekündigt, dann auf jeden Fall noch nachzukommen und nicht etwa schnell nach Hause zu fahren um die letzte Viertelstunde seines Herzensvereins in der Champions League zu sehen.

Es folgen die üblichen Debatten, ob 4/6 Anwesenheit nun besser oder schlechter ist als 3/5, denn der Jugendliche wird aus Prinzip nicht mitgezählt. Wird es doch einmal richtig voll, weil zwei Spiele parallel ausgetragen wurden und nun plötzlich alle noch einen wahnsinnigen Durst haben, so wird vom äußerst zuvorkommenden Personal („Holt euch doch einfach den Tisch dort drüben und im Keller stehen auch irgendwo noch ein paar alte Stühle herum“) alles Nötige organisiert, bevor dann leider fünf von 24 Getränken fehlen und Klaus-Dieter hat nun wirklich noch nie ein kleines, alkoholfreies Radler bestellt…! Dafür muss Hotte seine ökologische Johannisbeeren-Schorle nicht mal ordern, diese Bestellung kennt der Kellner nun wirklich auswendig.

Das Schöne an so einem Kneipenbesuch ist ja eigentlich das miteinander Herumsitzen und das Gespräch mit Mitspielern sowie Gegnern. Wobei „Gespräch“ ein gegenseitiges Zuhören impliziert, von dem meistens keine Rede sein kann: In erster Linie hat eben jeder Spieler das Bedürfnis, entweder seine spektakulären und völlig verdienten Siege oder seine epischen und unverhofften Niederlagen nochmal im Detail durchzugehen – wenn möglich, ohne störende Zwischenrufe. Macht gar nichts, denn der Gegenüber monologisiert ebenfalls über seine eigenen Auftritte und so entspannt sich ein für Außenstehende ebenso irritierendes wie unterhaltsames „Gespräch“.

Spieler A: „Dann hab ich im dritten Satz natürlich losgelegt wie die Feuerwehr, um ihm gleich mal zu zeigen, was eine Harke ist." Spieler B: „Ich hab mich dann reingekämpft in das Match, war halt eine enge Kiste." A: „Dann aber den Vorsprung trotzdem irgendwie wieder verspielt." B: „Bei mir war es den ganzen Satz über knapp, nie mehr als zwei Vorsprung!" A: „Dann konnte ich was für meine Statistik in der Verlängerung tun." B: „Ich hab's dann klar verloren." A: „Nächster Satz lief bombig, zumindest bis er dann wieder aufgeholt hat." B: „Auch im nächsten Satz war ich dann immer knapp vorne." A: „Irgendwie war ich heute nicht so nervenstark wie sonst." B: „Ich hab aber ein paar klasse Punkte gemacht und somit den Satzausgleich geschafft." A: „Fünfter Satz ist aber leider nicht so mein Ding zur Zeit." B: „Fünfter Satz war aber leider noch nie meine Sache." A: „War aber egal, der andere war noch ängstlicher als ich." B: „Zum Glück war ich die Ruhe selbst." A: „Am Ende hat mich aber diese Schiri-Entscheidung aus dem Konzept gebracht!" B: „Ich denke, ich hab es letztendlich verdient und eindeutig gewonnen, das sah der andere sicher auch so." Ja, schön wenn man so aneinander vorbeireden kann. Wann die beiden wohl bemerken, dass sie vom gleichen Match gegeneinander sprechen?

Natürlich steht und fällt der Kneipenbesuch mit den Spielern einer Mannschaft. Wer beispielsweise einen Heimduscher dabei hat, muss entweder immer auf seine Anwesenheit in der Kneipe verzichten („Du, das dauert 45 Minuten, bis ich daheim bin, danach lohnt es sich einfach nicht mehr!"), oder er muss eine geschlagene Stunde auf ihn warten („Keine Sorge, ich bin in maximal 20 Minuten bei euch…") oder aber man muss sich strategisch geschickt ans andere Ende des Tisches setzen – angeschwitzte Ballonseide kann selbst den Geruch von viel zu altem Frittierfett übertreffen!

Gerade Jugendliche sind beim Kneipenbesuch oftmals ein hartes Los. Entweder wären sie gerade viel lieber woanders (Heimduscher oder Partylöwen) oder haben Sorge, dass Mutti gleich auf dem Handy anruft (Tenor: Solange du deine Füße unter meinen Esstisch etc.). Oder sie sind eh nie dabei, weil sie erstens morgen eine „wichtige" Klassenarbeit haben, zweitens immer um halb zehn zu Hause sein müssen und sich drittens vorgenommen haben, diese Spelunke mit kreativem Namen wie „Der Wirtshauser" nie zu betreten. Oder aber sie sind seit Jahren Fußball-gestählt. Womit jetzt nicht etwa ein auffallend gut gebauter Oberkörper gemeint ist, sondern eine Liebe zu exzessiven Konsum diverser Alkoholika. Und seit der Noah damals dem Hubert auf der Rückbank seines Autos über den Kindersitz gereihert hat, ist nicht nur Huberts Frau etwas schlecht auf Noah zu sprechen...

Überhaupt spielt der Alkohol natürlich immer eine entscheidende Rolle. Viele Spieler hatten heute nicht nur TTR-Punkte sondern auch noch ein Bier ausgespielt. Andere bestellen immer das seit Jahren für 9,80 Euro auf der „Tageskarte" stehende SchniPoPi (Schnitzel, Pommes, Pils). Und wieder andere bestellen zu vorgerückter Stunde gerne Gemeinschaftsgetränke in großen Behältnissen um den Zusammenhalt der Truppe zu stärken und die Herpesviren in der Mannschaft gleichmäßig zu verteilen.

Unter großem Hallo kreuzt dann noch der Rest der zweiten Mannschaft auf, der nach seinem Auswärtsspiel erst noch mit dem Gegner feiern war, nun aber – die Nacht ist ja noch lang – dringend einen Absacker benötigt. Kurz darauf bringt der Wirt ungefragt eine Runde Schnaps vorbei, ein klarer Hinweis darauf, dass spätestens in zwei bis drei Stunden Schluss sein wird.

Bitter natürlich immer für Mannschaften, die unter der Woche spielen. Wankt man dann gegen halb drei aus der Kneipe und hat am Morgen Frühschicht, so dreht noch kurz der *Running Gag* von wegen „schneller schlafen" die Runde, bevor man gemütlich nach Hause fährt – gehen kann schließlich keiner mehr.

Das dicke Ende kommt dann jedoch immer am nächsten Morgen, wenn man von der Göttergattin geweckt wird mit der Frage, was die Sporttasche in der Badewanne mache und wie man eigentlich zum Thema Vorbildfunktion für die Kinder stehe. Nun gilt es natürlich, sich launige Antworten a la „Vorbildfunktion bitte erst nach 14 Uhr" zu verkneifen, die miefigen Sportklamotten kleinlaut selber in die Waschmaschine zu stecken (30 Grad? 60? 100?) und inständig zu hoffen, dass man den gestern zugesteckt bekommenen Zettel mit der Telefonnummer der bei Tageslicht immer nur bedingt attraktiven Kellnerin nicht auf dem Küchentisch hat liegen lassen.

#22 DIE ERGEBNISEINGABE

Glücklicherweise sind die ganz alten Tischtennis-Zeiten vorbei. Früher galt es nämlich für den Mannschaftsführer, einen der zahllosen Durchschläge des Spielberichtsbogens in ein eigenes Kuvert zu stecken, eine eigene Briefmarke draufzukleben (die vom Abteilungsleiter vor Saisonbeginn ausgehändigten Unterlagen waren spätestens ab Oktober immer unauffindbar) und das Ganze eigenhändig an den Spielgruppenleiter zu schicken. Anschließend musste noch der Pressewart des Kreises telefonisch über das Ergebnis telefoniert werden. Meistens diktierte man dann dessen Ehefrau den Endstand, der dann prompt sieben Wochen später im Regionalsportteil des lokalen Käseblattes falsch abgedruckt wurde.

In Zeiten des Internets ist die Ergebniseingabe nun natürlich deutlich einfacher geworden. Trotzdem drohen online immer noch einige Gefahren und Fallstricke. Zum Beispiel, wenn man seine Login-Daten vergessen hat. Oder aber wenn man sich – nach einem kurzen Telefonat mit dem unverständlicherweise wie immer genervten Abteilungsleiter – zwar wieder einloggen kann, plötzlich aber über die eigene falsche Doppelaufstellung stolpert. Oder den Ersatzspieler des Gegners nicht in der Spielerliste finden kann. Nun könnte man dies zwar auf den unleserlichen Spielbericht schieben und einfach irgendetwas eintragen, doch irgendjemand wird dann morgen sicherlich den Spielgruppenleiter anrufen und diesem sinngemäß Folgendes mitteilen: Mimimimimimi!

Selbst wenn technisch gesehen alles geklärt ist und auch keine unbekannten Ersatzspieler zum Einsatz kamen, so ist es nachts um halb zwei nach mindestens drei Bier trotzdem nicht leicht, so einen Spielbericht richtig einzugeben. Insbesondere, falls bei zahllosen Sätzen mehrere Durchstreichungen und noch mehr Tausch-Pfeile eingetragen und dann doch wieder durchgestrichen wurden, was das Verständnis der Vorkommnisse deutlich erschwert. Zu allem Überfluss war man während des Spiels ständig beim Rauchen und hat daher höchstens rudimentäre Kenntnisse des tatsächlichen Spielverlaufs. Da lobt man sich als Mannschaftsführer doch wieder die oben erwähnte gute alte Zeit, in der solche Kleinigkeiten nie jemandem auffielen, man unplausible Tabellenstände auf Tippfehler des Käseblattes schieben konnte und niemand online täglich seine Statistiken überprüfen konnte. Gerade Gert schickt spätabends gerne mal noch eine SMS mit dem Hinweis, dass er den zweiten Satz gestern 13:11 und nicht 11:9 gewonnen habe und er sich eine umgehende Korrektur wünsche, damit seine Statistiken auch korrekt sind.

Geruhsame Mannschaftsführer verschieben die Spielerfassung aber gerne auch mal auf den nächsten Morgen. Nur blöd, wenn dann die dreijährige Tochter auf dem Durchschlag fleißig Elefanten zeichnen übt (mit Edding) oder die fleißige Ehefrau bereits das Altpapier eingesammelt hat („Ach, ich dachte den Fetzen brauchst du nicht mehr!") und im Keller in die Tonne für 60 Wohneinheiten geworfen hat. Alternativ ist der Durchschlag in der Hosentasche der Sporthose in der Waschmaschine gelandet, abends im Auto des Mitspielers, der einen noch nach Hause gebracht hat und nun drei Wochen auf Mauritius weilt, verschollen, aus anderen unbekannten Gründen einfach unauffindbar – oder aber es stellt sich heraus, dass das „Durchschlagen" des Durchschlages nicht so recht geklappt hat und man nun auf einen unbeschriebenen Zettel blickt. Ein Umstand, der einem gestern Abend in der plötzlichen Abbau-Hektik gar nicht aufgefallen war und der der Tatsache geschuldet ist, dass man – nachdem man vergangene Saison aus Versehen einmal einen ganzen Spielberichtsblock auf einmal vollgeschrieben hat – nun nur noch äußerst zärtlich die Ergebnisse einträgt.

Nun gilt es natürlich umgehend den Mannschaftsführer des Gastvereins um den zweiten Durchschlag zu bitten. Dessen Kontaktdaten lassen sich zwar online schnell finden, doch seine Handynummer hat sich anscheinend bereits vor Jahren geändert, wie eine gewisse Cindy am anderen Ende der Leitung eindringlich beteuert. Da ist guter Rat teuer für so einen Heim-Mannschaftsführer und teuer wird es wohl auch, wenn er die vom Verband bestimmt bald ausgesprochene Strafe berappen muss. Schließlich wurde ihm vom Abteilungsleiter beim letzten Mal mitgeteilt, dass das Bezahlen von Strafen auf Grund von Schusseligkeit künftig aus eigener Tasche zu geschehen hat. So hadert man einmal mehr damit, vor Jahren dieses undankbare Amt überhaupt angenommen zu haben.

Da hilft es nur voll und ganz auf die Digitalisierung zu setzen: Fortschrittliche Mannschaftsführer füllen überhaupt keinen Spielberichtsbogen mehr aus sondern tragen die Ergebnisse mit ihrem Handy direkt online ein. Das ist offiziell zwar natürlich strengstens verboten, doch da sollen sich die Verbandsfritzen mal nicht so anstellen! Zwar weiß niemand sonst in der Halle wie es gerade steht und ob Uwe am zweiten Tisch noch eine Siegchance hat, aber hey! Wer wird denn wohl gegen den Fortschritt sein!? Nur blöd, wenn sich gegen Ende der Partie der Akku des Handys plötzlich verabschiedet. Oder das Mobilfunknetz zusammenbricht. Oder ein dringendes Update das Handy erst lahmlegt um anschließend einen Neustart zu produzieren, an dessen Ende der Mannschaftsführer dann an der nötigen PIN-Eingabe scheitert.

Da kann Haudegen Hans nur müde lächeln über diese neumoderne Technik: In seiner fast dreißigjährigen Karriere als Mannschaftsführer wäre ihm das nicht passiert. Stattdessen hat er heute noch ordnerweise die Spielberichte von 1978 zu Hause stehen, fein säuberlich in Klarsichthüllen abgeheftet und für alle Ewigkeiten für die wenig interessierten Nachwelt aufbewahrt. Doch als er spätabends noch die kleine Wette mit seinem Gegner aufklären will, ob er in der Saison 1988/89 nun das Hin- oder das Rückspiel zwischen ihnen gewonnen hat, da muss Hans feststellen, dass die Kugelschreiber-Tinte der späten Achtzigerjahre leider nicht ewig hält. Schade um das Bier, welches er sicherlich gewonnen hätte.

#23 DER NÄCHSTE TAG

Mit schwerem Kopf und noch schwereren Gliedern erwacht man am Morgen (oder eher schon am Mittag) nach dem Punktspiel. Gott sei Dank ist Samstag – keine Ahnung wie das die Jungs von der Dritten machen, die immer am Mittwoch ihre Heimspiele austragen und trotzdem bis in die Puppen in der Kneipe bleiben.

Dankenswerter Weise wurde man auch von der besseren Hälfte nicht frühzeitig geweckt. Allerdings findet sich auf dem Küchentisch ein wenig freundlich gehaltener Zettel mit dem Hinweis, dass sie mit den Kindern alleine zum 85. Geburtstag ihres Vaters gefahren sei, dass man doch gefälligst die beiliegende To-Do-Liste abarbeiten solle und dass man, sollte es jemals zu einem Telefonat mit einer gewissen „Jacqueline" kommen – deren Telefonnummer sich rein zufällig auf der Rückseite dieses Zettels findet –, mit einer äußerst hässlichen Scheidung rechnen könne.

Nun denn. Ein kurzer Blick auf die mehrseitige To-Do-Liste lässt wenig Erfreuliches für den weiteren Tagesablauf erahnen (Rasen mähen, Getränke einkaufen, Bad putzen, Rasieren etc.) und so schlurft man – nach dem Einwurf mehrerer Kopfschmerztabletten – ins Wohnzimmer. Schnell den Laptop hochgefahren, damit man den einzigen und damit auch wichtigsten Punkt der eigenen To-Do-Liste angehen kann: Die Prüfung des gestrigen Punktspiel-Ergebnisses sowie dessen Auswirkungen auf Tabelle und persönlichen TTR-Wert.

Schließlich steckt man mitten im Abstiegskampf, hat gestern – zumindest laut Internet – tatsächlich einen überraschenden Punkt beim Spitzenteam vom TSV geholt und hofft nun darauf, dass die ärgsten Konkurrenten vom FC ihr Spiel vergeigt haben. Doch ach! Wieder einmal ist das Ergebnis des Spiels vom FC online noch nicht zu finden. Da hilft auch eine mehrmalige Aktualisierung der angezeigten Tabelle nicht. Jede Woche das Gleiche! Mal sehen, ob sie es dieses Mal wenigstens innerhalb der vorgeschriebenen 24 Stunden schaffen, das Ergebnis einzugeben. Hatte doch vor wenigen Wochen der Spielgruppenleiter berichtet, dass er diese Saison dem FC bereits dreimal eine Geldstrafe wegen verspäteter Ergebniserfassung androhen musste und dass er beim nächsten Mal dann aber ganz sicher …

In der Zwischenzeit kann man ja mal den eigenen neuen TTR-Wert kontrollieren. Prinzipiell sollte sich nach der Bilanz von einem Sieg und einer Niederlage gestern ja wenig getan haben. Umso erschrockener ist man dann, wenn plötzlich -12 Punkte zu Buche stehen. Wie jetzt? Der ältere Herr mit den gefährlichen Noppen gegen den man so richtig schlecht aussah spielt normalerweise als Ersatz in der fünften Mannschaft des Gegners? 1014 Punkte??? Ohje! Da droht man ja in der Rangliste wieder hinter den ungeliebten „Karsten mit K“ zurückzufallen, das geht nun wirklich überhaupt nicht.

Nun ist aber wenigstens klar, warum Anton gestern nach seiner Pleite gegen den gleichen Noppen-Spieler so unfassbar deprimiert war. Klar, hätte man auch gleich draufkommen können: Anton kennt die TTR-Werte aller Spieler der Liga bekanntlich tagesaktuell auswendig und kann sich seinen neuen TTR-Stand auch immer im Kopf ausrechnen. Muss ein Mathe-Genie sein! Wie dem auch sei, gestern kam er auf jeden Fall nicht mehr mit in die Kneipe.

So analysiert man dann eben noch gemütlich auf der Couch liegend an seinem TTR-Wert herum, prüft die aktuellen Statistiken im Verlängerungs- und im Entscheidungssatz, labt sich an seinem historischen Sieg im November gegen den Star der Liga und ignoriert die ebenso historische Niederlage eine Woche später gegen den Deppen der Liga. Erneute Prüfung des Spielplans: Das Ergebnis vom FC ist immer noch nicht online.

Schnell schreibt man eine Nachricht in die WhatsApp-Gruppe des Vereins: Weiß jemand was? Hat irgendwer jemanden getroffen der irgendetwas weiß? Wie immer gibt es darauf keine Antwort. Nur „Karsten mit K" schickt wenig später mal wieder irgendeine Schweinerei herum, auf die innerhalb von Sekunden zahllose Mitglieder des Vereins mit diversen Smileys antworten. Danke.

Ein weiterer Blick ins Internet verrät immer noch keine Neuigkeiten. Ah, hatte gestern nicht noch die erste Mannschaft ihr wichtiges Auswärtsspiel um den Aufstieg-Relegationsplatz? Drei Klicks später steht dieser Aufstieg-Relegationsplatz in den Sternen, gab es doch eine üble 2:9-Packung. Verwundert über das klare Ergebnis klickt man sich durch den Spielbericht nur um festzustellen, dass alle drei Doppel im fünften Satz verloren gingen, Spitzenspieler Heiner offenkundig mal wieder kurzfristig ausfiel und zu allem Überfluss als einziger Ersatzmann der alte Adi aufgetrieben werden konnte – als Adi zuletzt ein Spiel gewann, gab es in Deutschland noch vierstellige Postleitzahlen.

Weil es sonst auch nichts weiter zu tun gibt (die Existenz der berüchtigten To-Do-Liste ist bereits wieder vergessen), kann man ja noch einen Blick darauf werfen, wie sich eigentlich die Mannschaften seines Ex-Vereins schlagen. Zwar ist diese Phase des Lebens nun auch schon wieder fast 20 Jahre her (damals gehörte man noch zu den jungen und aufstrebenden Talenten), doch ist es immer mal wieder interessant zu sehen, wie sich Manni und Hanni – alte Kumpel aus Jugendtagen – in der dritten Kreisliga schlagen. Zum eigenen Entsetzen muss man feststellen, dass inzwischen sowohl Manni als auch Hanni deutlich mehr TTR-Punkte haben als man selber. Ein weiterer kurzer Check ergibt, dass „inzwischen" in diesem Zusammenhang seit ca. fünf Jahren bedeutet und so klappt man unzufrieden den Rechner wieder zu – nicht ohne vorher einen weiteren Blick auf die immer noch nicht aktualisierte Tabelle zu werfen.

Als man wenige Stunden später von zwei auf einem herumspringenden Kindern geweckt wird, ist die Not natürlich groß. Erstens, weil man nun leider nicht mehr in Ruhe die Tabelle überprüfen kann. Und zweitens weil sich in der Zwischenzeit die To-Do-Liste bekanntlich nicht von alleine erledigt hat. Zu allem Überfluss hat auch die Gattin das in der Küche brummende Handy vernommen, anscheinend hat eine gewisse „Jacqueline" größeren Redebedarf und nun auch noch selbst die Initiative übernommen.

Kommt man dann am sehr späten Sonntagabend – nach zahllosen nächtlichen Debatten mit der Liebsten sowie noch zahlloseren Haushalts-Tätigkeiten am frühen Sonntagmorgen – endlich wieder dazu, einen Blick auf die Tabelle zu werfen, stellt man fest, dass das Spiel des FC anscheinend auf den späten April verlegt wurde.

#QUICKLIST: SÄTZE, DIE MAN BEIM SEX UND BEIM TISCHTENNIS SAGEN KANN

- Stopp!
- Mit Noppen kann ich es einfach besser.
- Du beginnst.
- Nach dem Spiel ist vor dem Spiel!
- Heute heißt die Strategie: Scharfes Auge, ruhige Hand!
- Mit dem Schläger in den Händen werden Helden zu Legenden.
- Es war ein ständiges Hin und Her.
- Versuch es mal longline!
- Oder mehr cross.
- Du bist Penholder?
- Ich bin gut mit kleinen Bällen.
- Das Licht war zu dunkel.
- Du willst frischkleben?
- Der hat mal höher gespielt.
- Ich seh den Schnitt einfach nicht.
- Hat der 3 Sterne?
- Seitenwechsel!
- Schöner Service.
- Immer diese Netzroller!
- Heute hab ich einfach kein Gefühl in der Hand.
- Chinesen sind einfach Naturtalente.
- Bei so viel Unterschnitt krieg ich keinen hoch.
- Im Einzel bin ich besser.
- Im Freibad sieht das immer so einfach aus.
- Du machst ständig falsche Aufschläge!
- Einheitliche Spielkleidung, bitte!

- Willst du etwas Bestimmtes trainieren?
- Tschuldigung!
- Ganz starker Block!
- Ich mag kein „Material".
- Einigen wir uns auf Wiederholung!?
- Boah, ich habe schon eine ganz schweren Arm…
- Heute war es wirklich sehr eng.
- Jetzt erst mal putzen.
- Ist die Dusche warm?
- Und, gehen wir noch auf ein Bier?

TEIL 2: DAS ULTIMATIVE LEXIKON DER TISCHTENNIS-SPIELERTYPEN

#1 DER ROUTINIER

Den Routinier haut so schnell nichts um, denn natürlich hat er alles schon einmal gesehen. Er hat neue Stars schnell aufsteigen und noch schneller am Tischtennis-Himmel wieder verglühen sehen. Hat neue und neueste Schlägermoden stoisch beobachtet. Hat sich von keiner Regeländerung kirre machen lassen. Er hat immer sein Spiel gespielt. Mit Noppen, versteht sich.

Der Routinier ist seit gefühlten 40 Jahren im Verein und mit Noppen spielt er seit etwa 45 Jahren, also praktisch schon immer. Das trifft sich gut, denn der Beweglichste war er noch nie und im Alter wird das natürlich jetzt auch nicht mehr besser.

Er ist zwar ein sehr sozialer Tischtennisspieler und lässt keinen Wirtbesuch aus. Doch einheitliche Spielkleidung hält er für überschätzt: Diese lila T-Shirt aus den 80ern tut es doch auch!

Auch an der Platte ist der die Ruhe selbst – es sei denn er wird provoziert. Dann kann er sich schon manchmal zu einer Gemeinheit hinreißen lassen. Wenn sich zum Beispiel so ein junger Hochnäsiger zu sehr über die Noppen beschwert, die angeblich verbotener maßen behandelt wären. Das stimmt zwar, tut aber nichts zur Sache, denn vor 20 Jahren hat das ja auch keinen gestört, oder?

Der Routinier ist schon lange nicht mehr besonders ehrgeizig, doch egal ist ihm seine Bilanz auch nicht: Für die vierte Mannschaft wäre er sich dauerhaft dann doch zu schade. Daher müssen eben doch manche Einzel mit lange eingeübten Mätzchen noch im Entscheidungssatz umgebogen werden: Plötzlich schmerzt der Rücken so stark, dass der Gegner gebeten wird den Ball immer aufzuheben. Oder er muss dringend seine Kontaktlinsen richten. Manchmal überfallen ihn auch saudumme Schwindelgefühle beim Stand von 4:7 im fünften Satz (insbesondere wenn er keine Auszeit mehr übrig hat).

Er war schon immer da und wird auch immer da sein, denn den Routinier haut so schnell nichts um – es sei denn er lässt sich nach dem Spiel in der Kneipe ausnahmsweise mal zu einem fünften Bier hinreißen. Aber das kam früher irgendwie auch öfters vor.

Da spielt er diese Saison: In der dritten Mannschaft, vorübergehend. Bis die jungen Überehrgeizigen in der Ersten sich mal wieder zerstreiten und den Verein wechseln.
Das sind seine Ziele: Ziele hat er in seinem Alter nicht mehr nötig.
Das typische Zitat: „Als ich damals in den 70ern…"
Das untypische Zitat: „Ich brauche dringend einen neuen Schläger."

#2 DER RESIGNIERTE

Der Resignierte hat schon alles versucht. Früher. Ohne Erfolg. Viel Training. Sehr viel Training. Lehrgänge. Kein Training. Gar kein Training. Er hat ein halbes Jahr ausgesetzt um sich „mental zu suchen". Gefunden hat er sich nicht. Er ist drei Monate lang wöchentlich auf Turniere gefahren im ganzen Land. Dann hat er ein ganzes Jahr ausgesetzt. Doch geholfen hat auch das nicht. Da hat er es eben sein lassen.

Der Resignierte hängt seit Jahren in den hinteren Mannschaften fest, obwohl er spielerisch durchaus weiter vorne mithalten könnte. Doch irgendwie hat es eben nie gereicht. Jede Saison aufs Neue war er die ersten zwei Spiele topmotiviert. Nach vier Einzelniederlagen hat er dann wieder aufgegeben. Ein mentales Problem? Jetzt auf jeden Fall.

Nun schlappt er drei Minuten vor Spielbeginn in die Halle, weil er sein Team nicht hängenlassen will. Aber Punkte sollen sie bloß keine von ihm erwarten! Vielleicht im Doppel, wenn sein Partner mal einen guten Tag erwischt. Doch im Einzel?

Inzwischen ist es soweit, dass er sogar gegen Jungs verliert die er wenigstens früher noch locker im Griff hatte. Doch auch das ist dem Resignierten mittlerweile Schnuppe. Seinen aktuellen TTR-Wert kennt er nicht und will ihn auch gar nicht kennen – da müsste er bloß weinen.

Damals in den 90ern war er noch eine vielversprechende Nachwuchshoffnung. Das ist Jahre her. Und dann? Tja, und dann. Er hat ja die Theorie, dass ihm damals eventuell dieser neue Schläger nicht gut getan hat. Oder aber – aber eigentlich isses ja auch egal.

Der Resignierte hat auch noch nie einen 0:2-Rückstand umgebogen. Wie denn auch, wenn man im zweiten Durchgang bei 1:3 fatalistisch wird und die Bälle nur noch ins Netz kloppt. Aber es ist eben so hart, wenn es einmal mehr nicht läuft. Wenigstens ist er bisher noch immer zum zweiten Einzel angetreten. Auch wenn es schon schwer fiel das ein oder andere Mal. Aber da lässt er sich nicht lumpen!

Gut, für seine Mannschaftskollegen ist er jetzt nicht der ganz große Gewinn. Weder spielerisch, noch motivationsmäßig. Das ist ihm auch klar. Aber was soll er denn machen? Wenn selber sein eigener Schläger gegen ihn ist! Das Netz zu schlapp. Das Licht zu grell und die Platte zu grün.

Da spielt er diese Saison: Vierte Mannschaft. Oder Fünfte? Ach, auf jeden Fall schon immer zu weit hinten.
Das sind seine Ziele: Antreten.
Das typische Zitat: „Irgendwie lief es von Anfang an nicht."
Das untypische Zitat: „Heute ist mein Tag!"

#3 DER GESELLIGE

Beim Geselligen steht – wie könnte es anders sein – natürlich das Gesellige im Vordergrund. Also, deutlichst im Vordergrund. Und einen Hintergrund gibt es eigentlich gar nicht. Gut, meistens muss man dem Anstand halber vor dem Wirtshausbesuch noch ein wenig trainieren, manchmal hat man gar ein Punktspiel. Doch für ihn ist das eher so etwas wie das Vorspiel: Brauchen hauptsächlich Frauen.

Muss er als Nummer 2 bei einem Ligaspiel noch zu seinem zweiten Einzel antreten, ist er bereits genervt, dass das alles – wieder einmal! – so lange dauert. Und was soll eigentlich immer dieses ewige Einspielen? Schließlich hat er Durst, und damit meint er jetzt nicht auf einen Energydrink. Dafür hat er immer einen lustigen Spruch auf den Lippen wenn es einmal mehr ein derbes 0:9 gesetzt hat: Wenigstens geht's schneller zum Wirt, höhö.

Was der Gesellige gar nicht verträgt sind diese Überehrgeizigen, die nach einer Niederlage keine Lust mehr auf ein Bier haben. Schließlich hat er immer Lust auf ein Bier und was soll das ganze Tamtam wegen diesen Punktspielen!? Seit 27 Jahren 2. Kreisliga, Staffel Ost – das wird sich jetzt wegen der einen Niederlage heute auch nicht ändern.

Der Gesellige kennt die Namen aller Spielerfrauen im gesamt Kreis. Und die der Freundinnen. Und was die Kinder so machen. (Auch die unehelichen.) Und auch deren Partner. Doch allein aufs private ist er natürlich nicht fokussiert: Er weiß welchen neuen Belag der Müller von Niederkirchen jetzt spielt und warum. Wieso der Maier von Ober- nach Unterdupfing gewechselt ist. Welchen Streit es um die neue Rangliste beim TSV gegeben hat. Und dass die vom FC ganz schön in finanziellen Schwierigkeiten stecken.

Kurz gesagt, der Gesellige weiß eigentlich alles was im Kreis so los ist. Weil er ein guter Zuhörer ist und immer ein offenes Ohr hat. Besonders nach der vierten Halben. Und erst recht nach der Fünften. Bei der sechsten wird es manchmal schwierig mit dem Zuhören, da wird er dann plötzlich selber richtig gesprächig.

Nicht, dass wir uns da missverstehen: Er ist jetzt keine Dorftratsche. Er kann die Dinge schon für sich behalten. Und ihm geht's ja ohnehin nicht um Inhalte. Wichtig ist dem Geselligen nur, dass man noch gemütlich zusammensitzt und einen trinkt. Dass man eben auch mal Fünfe gerade sein lässt. Und dem Kellner von der Vereinskneipe, der immer bis halb drei wach bleiben muss, ein anständiges Trinkgeld gibt.

Es versteht sich von selbst, dass der Gesellige das Lokal immer als Letzter verlässt. Da machen ihm auch die 17-jährigen nichts vor, die ihn seit Jahren unter den Tisch trinken wollen. Und wenn es dann doch nach Hause geht hält er sich an den ehemaligen bayerischen Ministerpräsidenten Beckstein – schließlich fährt er immer vorsichtig. Und im Notfall kennt er eh den Dorfpolizisten noch aus der gemeinsamen Grundschulzeit. Und der will ja auch nicht, dass die Tanja von der Sache mit der Susi damals an Silvester erfährt.

Wenn er dann im Morgengrauen zu Hause ankommt ist es auch schon egal ob die Monika noch wach ist oder nicht. Denn mit der Geselligkeit ist es dann meistens ganz schnell vorbei.

Da spielt er diese Saison: In der Dritten. Und in der Thekenmannschaft, höhö.
Das sind seine Ziele: Drei schnelle Helle.
Das typische Zitat: „Bringst mir noch eins?"
Das untypische Zitat: „Ich komme heute nicht mehr mit."

#4 DER MANISCH OFFENSIVE

Tischtennis ist ein durchaus anspruchsvolles Spiel mit einer Fülle von verschiedenen Schlägen. Nicht so jedoch für den manisch Offensiven. Er kennt nur einen Schlag und der heißt: Immer feste druff!

Langer Aufschlag? Angriff! Kurzer Aufschlag? Angriff!! Mit oder ohne Spin? Scheißegal – Angriff!!! Denn das ist ja bekanntlich die beste Verteidigung. Sagt zumindest der manisch Offensive. Mit dieser, nun ja, Taktik gewinnt er zwar nicht besonders viel, doch er ist mit sich im Reinen. Wenigstens muss er sich kein Mädchen- oder Angsthasentischtennis vorwerfen lassen.

Der manisch Offensive lässt sich äußerst schwer coachen: Ratschläge wie „Halte ihn auf der Rückhand" oder „Versuch doch mal den ersten Ball ruhig zu schupfen" verhallen seit Jahren ungehört. Er will nicht anders, aber viele glauben, er kann es auch nicht anders. Als er mit zehn Jahren anfing Tischtennis zu spielen mussten ihm die Trainer zunächst das Volley-Spiel abgewöhnen. Davon hat er sich bis heute nicht erholt.

Für ihn ist die Offensive eher so ein Lebenskonzept. Warum sich zurückhalten? Nach vier Bier nach Hause gehen? Beim Roulette nicht noch einmal alles auf Rot setzen? Nicht drei Frauen gleichzeitig anbaggern? *No risk, no fun* – noch so eine Weisheit des manisch Offensiven.

Selbst seine Aufschläge sind: offensiv. Unfassbar offensiv. Der Gegner hat sich nach einem Satz darauf eingestellt und prügelt ihm die Dinger um die Ohren? Kein Grund anders zu servieren. Auch im Doppel.

Als Teammitglied ist der manisch Offensive nur schwer auszuhalten. Nur allzu oft hat er schon klarste Führungen in wichtigen Spielen leichtfertig vergeben, sobald der Gegner anfing kurz zu servieren. Oder mit Unterschnitt. Oder in die offene Seite. Mit dem Kopf in der Hand sitzt man daneben und traut seinen Augen nicht, wenn zum zwanzigsten Mal der Ball einen Meter hinter die Platte segelt. „Mehr war nicht drin heute“ sagt er dann achselzuckend nach den Shakehands.

Da spielt er diese Saison: Überall, aber nur als Ersatzmann und wenn es um nichts geht.
Das sind seine Ziele: Satzgewinn durch elf eigene Punkte.
Das typische Zitat: „Der kommt sonst immer – IMMER!“
Das untypische Zitat: „Jetzt mach ich es eben taktisch.“

#5 DER COACH

Kürzere Angaben! Längere Schupfbälle! Longline ziehen statt diagonal! Die Angaben des Gegner erst aufhüpfen lassen! Halte ihn auf der Rückhand! Diese seitlichen Spinbälle kann man direkt angreifen! Und lass bloß diese albernen Konterbälle…

Kurz gesagt: Der Coach weiß immer einen Rat. Der Coach kennt immer noch einen Kniff. Der Coach probiert es mit jeder Taktik. Der Coach ist immer optimistisch. Der Coach versucht immer alles – bei seinen Mitspielern.

Faszinierenderweise spielt der Coach selber selten besonders hoch. Gut, technisch gesehen hat er alle Schläge drauf. Ihm beim Training zuzusehen ist ein Augenschmaus, da gehen die Topspin-Topspin-Rallyes über zwei Minuten, Kontern kann er den ganzen Abend ohne einen einzigen Fehler zu produzieren. Und den Ball muss er höchstens dann mal aufheben wenn es einen Netzroller gab.

Ja, doch dann kommt das Punktspiel. Hier läuft es für den Coach meistens eher so mittel. Zwar kann er nach jedem – verlorenen – Satz sofort knallhart analysieren woran es lag und was er besser machen müsste. Besser macht er es dann jedoch selten. Streut dafür mal einen Angabenfehler ein oder einen einfachen Schupffehler. Alles Psychologie eben.

Und wenn es gilt kommen auch die ganzen schönen Schläge nicht mehr, welche im Training so einwandfrei klappen. Zur Sicherheit nimmt er sich dann zwischen den Ballwechseln oftmals kurz die Zeit um die Schlagbewegung trocken noch einmal richtig nachzuspielen. Hilft nur leider nix.

Trotzdem ist es super den Coach in seinem Team zu haben. Ein talentierter Jugendspieler verzweifelt an Noppen? Kinderspiel: ein, zwei Ansagen, schon wird der Opa von der Platte geschossen. Ein spielerisch überlegener Mitspieler bekommt keinen Aufschlag des Gegners zurück auf den Tisch? Der Coach weiß genau, dass einfach nur die Kelle hingehalten werden muss und dann so leicht mit einem kleinen Drücker Tempo reinbekommen und schon muss sich der Gegner andere Angaben überlegen. Der offensive Alles-Zieher wird konsequent ausgeblockt? Der Coach bremst den Irren ein und führt ihn taktisch zum klaren Viersatzsieg.

Ja, der Coach ist Gold wert. Gerade auch was die Nachwuchsförderung betrifft. Keiner weiß woher er die Zeit – und die Geduld! – nimmt um den pubertierenden Pickelträgern die Grundlagen des Tischtennis-Sports beizubringen. Niemand anderes hat Lust Stunden in der Halle bei einem Jugend-Auswärtsspiel zu verbringen.

Doch steigt die erste Herren-Mannschaft – verstärkt mit zwei riesig talentierten Eigengewächsen – wenige Jahre später erstmals in die Bezirksliga auf, ist der Coach der Held der Stunde. Was selbstverständlich nicht bedeutet, dass er nun irgendeine Unterstützung bei der Weiterentwicklung der nächsten Generation erwarten könnte. Nicht, dass wir uns da falsch verstehen!

Da spielt er diese Saison: Immer dort wo die Jugendspieler erste Erfahrungen sammeln sollen.
Das sind seine Ziele: Das Klinsmann-Mantra: Jeden Spieler jeden Tag ein bisschen besser machen.
Das typische Zitat: „Bisher nicht schlecht gespielt, aber du könntest noch versuchen …"
Das untypische Zitat: „Spiel dein Spiel!"

#6 DIE NUMMER 1

Er ist der beneidete Spieler im Verein, denn: Er ist die Nummer 1. Und das seit Jahren. Unangefochten.

Dass das Talent beim Tischtennis ebenso ungleich verteilt ist wie überall sonst auch im Leben weiß jeder. Doch manche Spieler scheinen bei der Talent-Vergabe schon besonders gut bedacht worden zu sein. Und so steht die Nummer 1 jetzt eben schon seit 23 Jahren an Position eins der Rangliste seines Heimatvereins. Mit einem Vereinswechsel in die nächste Kleinstadt hätte er schon längst mal Bezirksliga spielen können, seiner Spielstärke also völlig angemessen.

Doch irgendwie hat ihn das bisher noch nie wirklich gereizt. Da wäre er eben bloß irgendeine Nummer unter vielen und würde vermutlich nur – Gott bewahre! – in der zweiten Mannschaft spielen. Da lobt er sich doch die Geselligkeit in seinem Stammverein mit den Jungs, die er seit 30 Jahren kennt und die Bewunderung aller Vereinsmitglieder von jung bis alt. Denn er schlägt sie alle, egal ob offensiv oder defensiv, mit Noppen oder Anti, mit Talent oder ohne, mit Ehrgeiz oder nicht – er schlägt sie alle, immer.

Nach 37 Titeln in Folge bei den diversen Vereinsturnieren ist er letztes Jahr extra an dem einen Wochenende in Urlaub gefahren, um den anderen Jungs auch mal die Chance zu geben. Gesagt hat er ihnen das so aber natürlich nicht. Nicht, dass er sie gefürchtet hätte! Auch nicht das ganz frische Talent, das ihn neulich mit seinen gerade mal knapp 16 Jahren doch glatt zwei Mal an einem Abend im Training nass gemacht hat. Aber gut, unter echten Wettkampfbedingungen während so eines langen Turniernachmittages hätte das natürlich sicherlich ganz anders ausgesehen. Allein schon mit seiner Erfahrung und Routine hätte die Nummer 1 da sicherlich wieder einen Pokal mit nach Hause genommen.

Ja, diese Pokale. Seine Frau ist da schon lange keine Bewunderin mehr, sondern ärgert sich bloß, wenn die Nummer 1 wieder mal vom Baumarkt kommt und ein neues Regal im Keller an die Wand bohrt. Schließlich muss irgendwer das ganze Zeug später wieder abstauben! Daher ist er nun auch gar nicht mehr so erpicht darauf, alle Vereinsturniere auch wirklich zu gewinnen. Als er kürzlich tatsächlich mal im Halbfinale scheiterte, da hatte er zwar vorher bereits diese Schulterverletzung erwähnt, aber ob die nun wirklich so schwerwiegend war …

Ganz entspannt ist die Nummer 1 auch jedes Jahr bei der Erstellung der Rangliste für die kommende Saison. Denn während seine Kumpels noch TTR-Punkte zählen und hoffen nicht in hintere Mannschaften zu rutschen, ist er natürlich Realist genug um zu wissen: Ich bin und bleibe die Nummer 1, komme was da wolle. Und meistens kommt ja auch nicht viel. Gut, vor fünf Jahren hatte der Markus mal eine ultra-überragende Vorrunde gespielt, so dass sie beide dann punktemäßig vor dem letzten Spiel gegen den ungeschlagenen Tabellenführer mit den beiden ehemaligen Regionalliga-Spielern im vorderen Paarkreuz gleichauf lagen. Also praktisch gleichauf, der Markus hatte eventuell ein oder zwei Pünktchen mehr zu dem Zeitpunkt.

Leider hatte die Nummer 1 dann ein paar Tage vor dem Spiel dieses unangenehme Zwicken im Lendenwirbel verspürt, und da es ohnehin um nichts mehr ging, wollte er da keinerlei Risiko eingehen. Das haben auch alle Mitspieler verstanden, und der Markus hat sich von den beiden bitteren Pleiten mit insgesamt nur 13 gewonnenen Punkten auch schnell wieder erholt gehabt und war in der Rückrunde wieder die erwartet durchschnittliche Nummer 2. Leider ist er dann zur neuen Saison zum Lokalrivalen gewechselt, aber das ist natürlich eine andere Geschichte.

Da spielt er diese Saison: Da wo er immer spielt: In der Ersten auf Eins.
Das sind seine Ziele: Die Jungs mitziehen.
Das typische Zitat: „Turnierfavorit? Ach ich weiß nicht, der Armin hat mich zuletzt im Training öfters mal richtig gefordert."
Das untypische Zitat: „Keine Ahnung in welcher Mannschaft ich nächste Saison spiele."

#7 DER MATERIALSPEZIALIST

Eines muss man ihm lassen: So große Rabatte wie der Materialspezialist bekommt wirklich niemand beim Schlägerkauf. Klar, denn schließlich ist er Stammkunde bei Manni, dem Fachhändler seines Vertrauens, mit dem er ganze Nachmittage lang die neuesten Entwicklungen aus den Holz- und Belag-Manufakturen dieser Tischtennis-Welt debattiert und dem guten Mann regelmäßig die Hälfte seines Wochenumsatzes beschert. Schließlich gibt es da immer noch ein Verbesserungspotential, und sei es noch so klein. Der Materialspezialist ist eben ein Optimierer.

Nun gehört er spielerisch zwar selten zur absoluten Spitze in seinem Verein, doch kann er es als einziger erkennen, wenn seine Mitspieler mit den falschen Schlägern antreten. Der Horst-Dieter bräuchte dringend etwas Offensiveres, der hätte doch so eine schöne Vorhand. Carstens Noppe ist völlig überflüssig, der kann doch technisch eigentlich was mit der Rückhand, ein netter Unterschnitt vielleicht. Und zu Sepps Belägen aus den frühen Achtzigern ist wirklich jedes Wort bereits gesagt – nur noch nicht von jedem.

Für die Jugendspieler des Vereins ist der Materialspieler in etwa so wichtig wie der Besitzer des nächsten Handyshops oder der Kerl, der ihnen hinter dem Pausenhof das Gras vertickt: Er ist der Mann mit Nachschub. Der Typ mit dem heißesten Scheiß eben. Na schön, im Internet kann man auch alles bestellen, aber irgendwie sucht der Leon immer noch nach dem Schläger mit 100 von 100 möglichen Punkten bei Tempo, Kontrolle und Effet gleichzeitig. Denn bei seiner letzten Bestellung hat er zwar gemeinsam mit dem Luca das Taschengeld der letzten fünf Monate ausgegeben, doch irgendwie kam er dann mit diesem neuen Schläger überhaupt nicht klar – vielleicht war der 4,5mm Schwamm auf beiden Seiten eventuell etwas zu viel? Dann doch lieber den Materialspezialisten zu Rate ziehen.

Denn Rat weiß dieser immer. Und ein neuer Schläger wirkt bekanntlich bei allen Tischtennis-Spielern wie ein hochwirksames Placebo – zumindest in den ersten drei Trainingsspielen. Was natürlich dann wiederum auch der Grund ist, warum der Materialspezialist jede Woche mit einem neuen Schläger aufkreuzt: Irgendwann muss man einfach die Dosis erhöhen.

Außerdem hat der Materialspezialist bei Misserfolg immer eine gute Ausrede parat, denn, klar, der Schläger, so konnte das ja gar nichts werden, er braucht jetzt endlich mal ein neues Holz, das aktuelle ist nach vierwöchiger Dauerbelastung schon völlig abgespielt.

Also fährt er am Montag nach der samstäglichen bitteren Pleite gegen seinen Angstgegner gleich wieder zu seinem Lieblings-Tischtennisshop, wo ihn Manni schon mit einem „Expresso" erwartet und ihm – natürlich nur im Vertrauen – von dem ganz heißen Eisen berichtet, welches er gerade von seinem Lieferanten hereinbekommen hat: Ein Holz mit Carbon und Glasfasern verstärkt, ultraleicht und gleichzeitig knallhart im Angriff. Gut, diese orangen Applikationen wäre jetzt vielleicht nicht jedermanns Sache, aber … Papperlapapp, unterbricht ihn da der Materialspezialist, das Ding wird gekauft, ganz klar. Damit kann er endlich seinen Vorhand-Cross-Topspin richtig einsetzen, davon ist er überzeugt. Und wenn nicht, dann kommt er eben nächste Woche wieder vorbei.

Da spielt er diese Saison: In der Zweiten vorne – aber vielleicht reicht es mit dem neuen Vorhandbelag ja endlich einmal für die erste Mannschaft?
Das sind seine Ziele: Die optimale Holz-Belag-Kombination.
Das typische Zitat: „Irgendetwas stimmt mit diesem Schläger einfach nicht!"
Das untypische Zitat: „Und dann hab ich mir den Belag einfach im Internet bestellt..."

#8 DER STÄNDIGE ERSATZMANN

Seit er mit seinen 59 Jahren wieder alleinstehend ist, hat der Sepp eine sagenhafte Verwandlung durchgemacht. Vom normalen Stammspieler, der er über Jahrzehnte hinweg war, hin zum ständigen Ersatzmann. Die halbe Mannschaft ist Mitte November im Urlaub in wärmeren Gefilden? Sepp kann einspringen. Der Dauerstudent muss sich schon wieder auf seine allerletzte Prüfung vorbereiten? Sepp spielt gerne. Heute hat kurzfristig ein Mitspieler wegen Grippe abgesagt? Sepp hat Zeit, ganz klar. Fünf Spieler sind in der Halle aber der sechste Mann steht seit vier Stunden auf der Autobahn im Stau? Sepp ist eh im Training, da kann er auch kurzfristig einspringen.

Ja, ohne den ständigen Ersatzmann müsste man wohl in jedem Verein und in jeder Mannschaft öfters mal zu fünft antreten. Wenn überhaupt. Doch auf ihn kann man zählen wenn sonst keiner da ist, auf ihn ist Verlass wenn man sonst verlassen wäre, und überhaupt scheint er beinahe jeden Tag Tischtennis zu spielen und nie müde zu werden.

Natürlich munkelt man, dass der Sepp eben sonst keine Hobbys habe seit die Alte weg sei. Und dass er langsam seine Uhr ticken höre, so lästert man. Und dass er sich über die ein oder andere Verletzung von vor ihm in der Rangliste stehenden Spielern manchmal sogar freue, so heißt es

Aber: Wenn man sich die Finger wund telefoniert, gesimst, gemailt und gewhatsappt hat, sprich: wenn man einfach niemanden sonst findet, der 80km zum Auswärtsspiel beim unschlagbaren Tabellenführer mitfahren möchte, dann ruft man eben den ständigen Ersatzmann an – auf dem Festnetz, weil so ein Wischtelefon kommt ihm nicht ins Haus!

Der ständige Ersatzmann zählt seine Punktspieleinsätze in Zehner-Schritten und so langsam hat er auch alle Mannschaften durch. Gut, eine tatsächliche spielerische Verstärkung ist er jetzt nicht gerade, schließlich spielt er nicht von ungefähr seit Urzeiten in der fünften Mannschaft. Allerdings erwischt er mit seinen langen Noppen auch in höheren Ligen immer mal wieder einen unbedarften Jungspund, den er dann von links nach rechts laufen lässt. Und als Störspieler im Opferdoppel hat er auch schon den ein oder anderen Überraschungs-Punkt für diverse Teams erringen können.

Das Beste aber am ständigen Ersatzmann ist seine Performance in der Wirtschaft. Hier ist er wirklich nach jedem Training oder Spiel bis zum Ende dabei und ein Weißbier hat er dort noch nie verschont. Aber selbst wenn er anschließend erst um fünf in der Früh im Bett war – beim Punktspiel der Ersten in der Bezirksliga am Samstagmorgen um 11:00 Uhr ist er auch nach nur drei Stunden Schlaf wieder am Start, das versteht sich ja von selber. Denn irgendjemand fehlt immer!

Da spielt er diese Saison: Offiziell? In der Fünften. Aber eben auch in der Zweiten, der Dritten, der Vierten und einmal sogar in der Ersten – Bezirksliga!
Das sind seine Ziele: Die magische 100-Einzel-in-einer-Saison-Marke.
Das typische Zitat: „Klar, da hab ich Zeit!"
Das untypische Zitat: „Du, nächste Woche wird mir das echt zu viel…"

#9 DER ABTEILUNGSLEITER

Es versteht sich natürlich von selbst: Irgendeiner muss es tun. Und doch tut es immer der Gleiche. Denn alle anderen Mitglieder der Tischtennis-Abteilung haben selbstverständlich keine Zeit, dafür aber jede Menge hervorragende Ausreden. Die hätte der Abteilungsleiter zwar auch, doch will sie niemand hören.

So übernimmt er denn auch bei der diesjährigen Wahl wieder schweren Herzens das Amt – als einziger Kandidat, versteht sich. Und für die 16. zweijährige Amtsperiode in Folge. Der Abteilungsleiter ist eben eher der gutmütige Typ. Und: Einer muss es ja machen!

Zwar hatte seine Frau beim letzten Mal noch mit der Scheidung gedroht, sollte er sich erneut aufstellen lassen. Da herrschte dann zwei Wochen dicke Luft – im Verein, nicht zu Hause. Schließlich gab es absolut keinen Alterativkandidaten, und die gesamt Abteilung war schon ziemlich sauer, dass sie einfach so hängen gelassen wird. Nach 30 Jahren. Und da es ja doch jemand machen muss, hat sich der alte Abteilungsleiter dann wieder dazu überreden lassen, auch der neue Abteilungsleiter zu werden. Dieses Mal hat seine Frau dann gar nichts mehr zur anstehenden Wahl gesagt, sie kennt das ja schon.

Die Aufgaben des Abteilungsleiters sind ebenso vielfältig wie anstrengend: Sich um das Eintreiben der Jahresbeiträge kümmern. Einen Schlüsseldienst organisieren. Regelmäßig neue Platten, Netze, Bälle und Trikots bestellen. Und wann gibt es eigentlich endlich die lange versprochenen Trainingsanzüge?

Dann gilt es natürlich diverse Sitzungen zu besuchen und einer muss es ja tun. Also geht der Abteilungsleiter im

September zum Kreistag, fährt in November zum Bezirkstag und im Januar steht immer der landesweite Verbandstag an (da ist er natürlich Abgeordneter seines Kreises, einer muss es ja sein). Im Februar folgt die Vollversammlung des Hauptvereins, und im April gibt es auch noch die Tischtennis-Abteilungsversammlung.

Wegen des geplanten Baus des neuen Vereinsheims nimmt er in regelmäßigen Abständen an den überaus spannenden Sitzungen des Gemeinde-Bauausschusses teil, denn auch das muss ja jemand machen. Und auf Grund der angespannten Hallensituation (immer Ärger mit den Fußballern oder dem Hausmeister) telefoniert er dann noch einmal wöchentlich mit der Stadtverwaltung. Denn, klar, einer muss sich drum kümmern, damit der Spielbetrieb reibungslos läuft.

Damit dem Abteilungsleiter nicht langweilig wird, gibt es aber auch sonst noch jede Menge zu tun: Da gilt es, diverse Sommerfeste und Weihnachtsfeiern sowie kleine Turnierchen zu organisieren. Der Heiko hatte ihm zwar bei seiner letzten Wahl in die Hand versprochen, ihn da regelmäßig zu unterstützen. Aber der ist eben beruflich zurzeit sehr stark eingespannt und hat ja jetzt auch noch Nachwuchs bekommen.

So telefoniert der Abteilungsleiter also abends noch regelmäßig seine Schäfchen ab, um die Betreuung für das nächste Spiel der Jugendmannschaft zu organisieren. Er schlichtet Streit zwischen den Mannschaften, wenn mal wieder eine neue Rangliste gebastelt werden muss. Hilft ja nix, irgendwer sollte sich da eben drum kümmern. Und er kontaktiert seinen Kumpel im Verband, wenn mal wieder die Ligeneinteilung für kommende Saison skandalös ist oder sich ein Spielerwechsel unschön in die Länge zieht.

Und dann kommt er dienstags immer noch ins Training. Doch meistens findet er da gar keine Zeit zum Spielen, denn es gibt jede Menge Gespräche zu führen und Dinge zu klären. Schließlich soll der Abteilungs-Laden ja am Laufen bleiben. Und eins ist klar: Irgendjemand muss sich halt drum kümmern.

Da spielt er diese Saison: Irgendwo in der Dritten, wenn überhaupt. Da lässt er gerne den anderen Spielern den Vortritt.
Das sind seine Ziele: Beim nächsten Mal nicht mehr gewählt werden (klappt allerdings nie).
Das typische Zitat: „Von dir fehlt noch der Vereinsbeitrag für dieses Jahr."
Das untypische Zitat: „Meine To-Do-Liste ist zur Zeit leer."

DIE DREI GROSSEN LÜGEN
des Zuschauers

Der war nur ganz knapp im Aus!

War aber richtig so!!

Der Nächste sitzt!!!

#10 DER EDELFAN

Der Edelfan hat früher selbst mal Tischtennis gespielt. Also sehr viel früher, um genau zu sein. Und wenig bis gar nicht erfolgreich, um ganz genau zu sein. Manch einer zweifelt sogar, dass es sich dabei wirklich um die Sportart Tischtennis handelte. Aber nun gut.

Jetzt ist der Edelfan vor Ort in der Halle. Immer. Selbst bei Punktspielen der dritten Jugend-Mannschaft ist er anwesend, um seinen Verein – gerne auch lautstark – zu unterstützen. „Der kann nix!", „Halt ihn auf der Rückhand!", „Schiri, bitte, klarer Stoppball!!!" – der Edelfan hat eben immer einen passenden Ratschlag zu Hand. Und zwischendrin nimmt er einen Schluck von seinem Bier. Gerüchten zu Folge ist dies der einzige Grund, warum er ständig in der Turnhalle anzutreffen ist: Zu Hause sieht es die werte Gattin – vorsichtig formuliert – äußerst ungern, wenn er ein Bier trinkt. Oder drei. Oder auch mal sieben, aber nur, wenn es was zu feiern gibt. Einen Derby-Sieg etwa. Oder ein Unentschieden gegen den amtierenden Meister. Oder einen knapp verpassten Sieg gegen einen der Aufstiegsfavoriten. Oder auch einen deutlich verpassten Sieg gegen keinen Aufstiegsfavoriten.

Das Gute am Edelfan ist, dass er sich auskennt, dass er ein absoluter Fachmann ist. Einerseits im technischen Bereich, da kann er dir in vier kurzen Sätzen (unterbrochen von zwei, drei Schlucken Bier) anschaulich erklären, warum die jahrelange Nummer 1 des Vereins bereits an seiner Leistungsgrenze angekommen ist, auch wenn dem Edelfan selbst die Ausführung eines normalen Topspins zu seiner aktiven Zeit immer ein Rätsel geblieben war. Andererseits weiß er, was im Kreis los ist, wo eine Mannschaft demnächst wohl zurückgezogen wird, wer der Favorit für den Kreismeistertitel ist und wer für den Kreisvorsitzenden. Dass der TuS Breitenbach einen neuen Stammspieler bekommen hat und dass dem FC Heuberg demnächst ein herber Verlust droht.

Ja, alle freuen sich, dass der Edelfan immer da ist. Schließlich wäre sonst gar nichts los, sieht man mal von den Eltern ab, die ihre Nachwuchsstars vom Training abholen wollen. Daher wird darüber hinweggesehen, dass der Edelfan ab und zu auch nervt, wenn er sich bei jeder hitzigen Stoppball-Diskussion wichtigtuerisch einmischt. Wenn er sich lauthals über die – anwesende! – unattraktive Freundin des Gegners an Platte drei lustig macht. Wenn er schmutzige Witze erzählt, während es gegen den Abstieg geht. Oder wenn er sich bei Matchball weithin vernehmbar ein neues Bier öffnet. Aber eigentlich ist man schon froh, dass er da ist. Gehört halt dazu. War schon immer da. Wird immer da sein. Passt schon – Prost! Ach ja, und nicht vergessen: Morgen spielt die Dritte, da sind dringend zwei Punkte fällig.

Da spielt er diese Saison: Nirgendwo. Nur Skat oder Schafkopf.
Das sind seine Ziele: Die Zweite muss mit dieser Mannschaft einfach aufsteigen, ganz klar.
Das typische Zitat: „Gestern gab's einen Ballwechsel, Wahnsinn, das war so…"
Das untypische Zitat: „Morgen komm ich nicht."

#11 DER SCHREIHALS

Beim Schreihals muss es einfach raus. Es muss einfach. Lautstark. Äußerst lautstark.

Es muss irgendwann in der Jugend angefangen haben und offenkundig hat dem 14-jährigen Schreihals damals kein Trainer Einhalt geboten. Großer Fehler. Denn nun hat er sich über die Jahre so daran gewöhnt, all seine Emotionen hinauszuschreien in die viel zu kleine Halle, dass es jetzt natürlich kein Zurück mehr gibt.

Das geht los bei 3:1 im ersten Satz: Kommt hier der erste Topspin des Matches so wie gewünscht, steigt ein Urschrei (den man auch für den Brunftschrei eines einsamen Gorillas halten könnte) an die Hallendecke. Kommt er nicht, so ist es eben ein markdurchdringender Schrei des Schmerzes, als wäre gerade das WM-Finale unglücklich verloren gegangen.

Über die weiteren Punkte und Sätze hinweg nehmen Emotionen sowie Lautstärke selbstverständlich kontinuierlich und gleichermaßen zu. Manchmal geht es mit dem Schreihals dann völlig durch und er beginnt sich – und ab und zu sogar den Gegner – zu beschimpfen. Wiederum äußerst lautstark und bestimmt.

Anscheinend scheint er auch gar nicht zu merken, wie albern und störend sein Auftreten aus Sicht von allen anderen Beteiligten ist, an diesem Mittwochabend um 19:30 Uhr beim bedeutungslosen vorletzten Punktspiel in der 3. Kreisliga West.

Doch da kann er einfach nicht aus seiner Haut: Die Wut muss raus. Der Jubel auch. Der Hass auf diesen Sport. Der Hass auf diesen Fehler. Die Freude an dem gerade Geleisteteten. Die Erleichterung über den gewonnenen Satz. Die rasende Wut nach einem Netzroller des Gegners. Und nach einem Kantenball erst! Und überhaupt.

Einmal hat der Schreihals seine achtjährige Tochter mit beim Punktspiel – Ehefrau wollte zu „Bauch-Beine-Po“ und die ansonsten kindersittende Nachbarstochter hatte offenkundig ihren Terminkalender schlecht geplant. Alles hilft nichts, die Kleine sitzt mit Malbuch neben den Tischen und beobachtet ihren Papa. Da muss sich der Schreihals natürlich zurückhalten: Nahezu regungslos muss er zusehen, wie ihn ein spielerisch limitierter, aber sich emotional enorm pushender Gegenspieler wahnsinnig provoziert und gleichzeitig an die Wand spielt. Doch der Schreihals bleibt dieses Mal ganz ruhig. Verliert schweigend so hoch wie nie zuvor. Stille Shakehands. Packt seine sieben Sachen, und seine Tochter ein und fährt still nach Hause.

Beim Training tags darauf holt er dann jedoch alles nach. Die Jüngeren unter uns werden sich nicht mehr erinnern. Die Älteren unter uns brauchen seitdem ein Hörgerät.

Da spielt er diese Saison: Da wo es tendenziell um wenig geht.
Das sind seine Ziele: GEWINNEN!
Das typische Zitat: „Whoooooooaaaaaaa…… Choooo!! Come on!! Weiter so!!!“
Das untypische Zitat: „Ey Jungs, sorry, dass ich da vorhin etwas lauter geworden bin.“

#12 DAS MULTITALENT

Es gibt einfach begabte und weniger begabte Tischtennis-Spieler: Die einen machen Karriere in der ersten Mannschaft und haben auch schon das ein oder andere Turnier gewonnen. Die anderen krebsen in den hinteren Mannschaften herum ohne jemals auch nur irgendetwas zu reißen. Und dann gibt es noch das Multitalent.

Das Multitalent ist, wie der Name schon sagt, universal begabt. Das ist ein Gabe – aber eben auch ein Problem. Denn wie soll man es koordiniert bekommen, wenn man parallel zu Punktspielen für die Tennis-, die Tischtennis- und die Fußballabteilung antritt? Noch dazu, wenn man eher auf der chaotischen Seite des Lebens steht?

Schon in der Jugend konnte das Multitalent leider nie mit zu den ohnehin ungeliebten Samstags-Auswärtsspielen nach Buxtehude mitfahren – denn am Samstag ist eben Fußball, und Fußball hat bekanntlich Vorrang. Immer. Auch mit Ende 39. Wird ja auch ernsthaft betrieben, dieser Sport, mit Training, Saisonvorbereitung und Pipapo.

Gut, da ist das Multitalent jetzt auch nie dabei. Denn im Sommer läuft die Tennis-Saison, und da wollen die Ü35-Senioren den schon lange angestrebten Bezirksklassen-Aufstieg mit seiner Hilfe klarmachen. Das will das Multitalent natürlich auch (obwohl ihm diese ganze Ligenstruktur tendenziell unklar und suspekt ist) – allerdings kommt ihm da immer noch der Stadtmarathon dazwischen, für den er sich natürlich intensiv wochenlang vorbereiten muss. Zwischen Mai und August treffen die Zelluloid-Spezialisten das Multitalent folglich allenfalls beim Sommerfest.

Gut, dass die Tennis-Saison vorbei ist, wenn im Herbst die Tischtennis-Spieler wieder in ihre stickige Hallen zurückkehren. Nur blöd, dass die Fußballer da gleichzeitig ihr alljährliches „Trainingslager“ auf Malle abhalten. Aber das ist ohnehin egal, denn um diese Zeit des Jahres surft das Multitalent immer einen Monat auf den Riesenwellen vor der australischen Küste.

Wie dem auch sei, wenn er da ist, spielt das Multitalent natürlich immer. Das heißt – falls er Zeit hat und nicht schon anderweitig verplant ist: Pokerrunde, Angelschein, Bergführer-Kurs und das Training der Basketball-Mädchen machen sich eben auch nicht von alleine.

Zum Glück haben die Fußballer immer eine lange Winterpause, da kann das Multitalent dann an den grünen Platten so richtig Gas geben und dabei helfen, die Klasse zu halten. Also, nach der Alpenüberquerung auf dem Fahrrad in der ersten Januarwoche, klar – so viel Zeit muss sein.

Da spielt er diese Saison: 2. Kreisliga (Tischtennis). 1. Kreisklasse (Tennis). Und natürlich Bezirksliga (Fußball).
Das sind seine Ziele: Fit werden für den Ultra-Triathlon auf Hawaii!
Das typische Zitat: „Dienstag? Echt blöd, da hab ich jetzt den Fußballern schon zugesagt…“
Das untypische Zitat: „Heute hab ich leider keine Lust auf Sport.“

#13 DER BESCHEISSER

Moralisch gesehen ist der Bescheißer natürlich selten auf der richtigen Seite im Leben. Aber das ist ihm überwiegend eines: scheißegal! Er will in erster Linie nur auf einer Seite des Lebens stehen: Der Siegerseite. Koste es, was es wolle.

Für den Bescheißer scheint es eine Art Sport zu sein, Netzbälle zu sehen, wo keine waren, Bälle von Kanten weghauchen zu sehen, die zentimeterweit am Tisch vorbeigeflogen sind, sowie Störbälle zu erahnen, sobald der Gegner auch nur irgendwie die Oberhand während eines Ballwechsels zu übernehmen droht.

Und schon wird rege Gebrauch gemacht von allen sich bietenden Möglichkeiten, ein Match auf höchstens semi-legale Weise zu gewinnen. Alles zusammen mit einem treuherzigen Augenaufschlag und der oftmaligen Versicherung: „Ich würde es doch sagen, wenn es anders wäre!" Klar, würdest du. Wenn es jetzt nicht gerade dein eigenes Match wäre. Auf Messer Schneide. Im fünften Satz. Bei 8:9.

Beizukommen ist dem Bescheißer nur schwer: Denn auf frischer Tat ist es äußerst selten gleichzeitig von mehreren Spielern zu ertappen, mangels Videobeweis oder Super-Slow-Motion im Kreisligatischtennis. Und so steht meist Aussage gegen Aussage und da bleibt der Bescheißer dann immer ganz ruhig. Denn er weiß ja: Im Unrecht ist er sowieso, da hilft nur nach außen cool bleiben und den anderen unflätig herumbrüllen zu lassen.

So lässt er alle noch so guten Argumente (nie und nimmer war der dran!) des Gegners einfach an sich abperlen, ignoriert alle Vorschläge zur Güte (Wiederholung) und blockt alle Eskalationsversuche (Ruf nach neutralem

Schiedsrichter) vehement ab. Irgendwann ist nämlich auch der uneinsichtigste Widerpart so frustriert von der nicht stattfindenden Debatte, dass der Bescheißer einmal mehr zu seinem Recht kommt. Beziehungsweise: Vielleicht nicht zu seinem Recht, aber zu seinem Punkt allemal.

Getreu dem Motto „Ist der Ruf erst ruiniert, lebt es sich ganz ungeniert!" treibt der Bescheißer diese Spielchen seit Jahren im Bezirk „West-Mitte III". Da hat noch keine Ermahnung seines Abteilungsleiters geholfen, keine Ansage eines zufällig vor Ort weilenden Oberschiedsrichters, keine Krokodilstränen eines überforderten 17-jährigen und kein Herumkrakeelen des Hells-Angels-Mitglied vom TuS Schwalle. Ein guter Ruf ist nur etwas für Leute, die sich den leisten können. Die spielen dann aber meistens eben auch nicht im ersten Paarkreuz, nicht wahr!?

Nur in einer Situation ist der Bescheißer baff: Wenn er selbst beschissen werden soll. Wenn sich also tatsächlich auf der anderen Seite der Platte ein noch größerer Ignorant einfindet, der sich weigert, die völlig richtigen Aufschläge des Bescheißers zu akzeptieren und ihm daher ständig Punkte abzählt. Völlig grundlos auch noch! Skandalös!! Und wie dreist!!! Dass es heutzutage solche Leute in der Kreisliga gibt, bestärkt den Bescheißer nur wieder in seinem Weltbild: Geschenkt wird einem nichts, sieh zu, wo du bleibst – und das mit allen Mitteln. Also dann wieder nächste Woche, weil heute ist der Sack da drüben anscheinend wirklich nicht zu einer billigen Wiederholung des Ballwechsels zu bewegen. Stures Arschloch!

Da spielt er diese Saison: Sehr weit vorne.
Das sind seine Ziele: Gewinnen – koste es was es wolle!
Das typische Zitat: „Der war noch drauf, hab ich klar gesehen."
Das untypische Zitat: „Okay, dann eben Wiederholung."

#14 DAS NATURTALENT

Das Naturtalent erscheint eines Tages einfach so in der Halle. Zunächst will ihn der greise Trainer nach Hause schicken, denn er ist sage und schreibe acht Jahre alt und kann daher kaum über die Tischkante gucken.

Trotzdem besiegt er sofort – den allerdings bekanntermaßen völlig talentfreien – Finn. Im dritten Training kann er bereits regelmäßig die ersten Spieler der zweiten Jugendmannschaft schlagen. Und spätestens nach einem halben Jahr ist er klar der beste Spieler im Verein unter 18 Jahren.

Kurze Zeit später gewinnt er überlegen sein erstes Bambini-Turnier und wird vom plötzlich sehr hektischen Verbandsabgeordneten sofort in den Förderkader des Bezirks aufgenommen. Mit elf Jahren tritt er dank einer Ausnahmegenehmigung das erste Mal in der Herrenmannschaft seines Vereins an und kann einmal mehr sofort die ersten Gegner niederringen.

Als er Wochen später völlig überraschend die Herren-Kreismeisterschaft der D-Klasse gewinnt, ist sein Talent kaum mehr zu verstecken: Die großen Vereine der Region interessieren sich plötzlich für ihn! Schade nur, dass er nun auch noch mit Fußballspielen angefangen hat und dort mindestens genauso talentiert ist. Außerdem geht er seit einer Woche mit der süßen Anna aus der 7c.

Daher hat er leider keine Zeit mehr fürs Tischtennis Training, was ihn aber auch nicht weiter stört. Interessanterweise stagniert das Naturtalent spielerisch trotzdem nicht, sondern bleibt weiterhin unangefochten die Nummer eins in seiner Jugend-Landesliga. und spielt auch bei den Herren einen Wahnsinnsbilanz.

Zwei Tage später beschließt er mit nur 13 Jahren, dass Tischtennis langweilig ist – und hört von heute auf morgen einfach auf.

Da spielt er diese Saison: Erste Jugend und zweite Herren.
Das sind seine Ziele: Spaß haben.
Das typische Zitat: „Topspin? Nie gehört. Hab ich schon immer so gespielt."
Das untypische Zitat: „Gegen den gewinne ich bestimmt nicht."

DIE DREI GROSSEN LÜGEN
bei der Mannschaftsführersuche

Keine Zeit.

Kein Handy.

Dann hör ich auf!

#15 DER PHLEGMATIKER

Der Phlegmatiker könnte, wenn er nur wollte. Denn das weiß jeder im Verein: Technisch war er schon als Kind sehr begabt. Aber ebenso hat jeder von Anfang an gesehen: Ihm fehlt der Biss. Es ist ein Kreuz, wie der Bayer sagt.

Theoretisch hätte der Phlegmatiker eine krachende Vorhand. Wenn, ja, wenn er nur diesen einen Schritt zur Seite machen würde. Dann stünde er richtig zum Ball. Aber: Viel zu anstrengend! Lohnt sich ja auch kaum, für so einen Punkt. Ach so, war gerade Satzball? Dann eben beim nächsten Mal. Am liebsten wäre ihm sowieso, das Spiel könnte Unentschieden enden und alle friedlich nach Hause gehen. Immer dieser blöde Wettkampf!

Allgemein gesprochen ist dem Phlegmatiker eben einfach alles egal. Denn er weiß, es gibt nur eine Möglichkeit: Sieg oder Niederlage. Also ist es ohnehin wurscht, ob er sich anstrengt oder nicht. Und dann entscheidet er sich eben meistens für: nicht anstrengen.

Und genau so spielt er auch. Da steht er an der Platte wie ein Schluck Wasser. Hängende Schultern. Hat seine Trainingsjacke nicht einmal ausgezogen. Hat sich kaum warm gespielt. Weiß nicht, wer sein Gegner ist. Kennt den Spielstand seines Matches nie. Und auch nicht wie das gesamte Punktspiel für seine Mannschaft gerade so läuft. Ach so, heute spielen wir tatsächlich gegen den Erzfeind TSV Niederhausen? Das ist ihm neu.

So wird der Phlegmatiker seit Jahren mit durchgezogen. Braucht immer wenige Tage vorhereine telefonische Extraeinladung zum Spiel. Erscheint nie zu sozialen Veranstaltungen. Und ist auch sonst tendenziell uninteressiert an dem, was da so um ihn herum geschieht – oder auch nicht geschieht. Ach! Morgen ist auch noch ein Tag – aber vermutlich kein besserer. Was soll's.

Da spielt er diese Saison: Da ist er sich ehrlich gesagt gar nicht mal so sicher. Dritte Herren, vierte Kreisliga? Oder andersherum?
Das sind seine Ziele: Ziele sind ihm egal.
Das typische Zitat: „Aaaaaach......"
Das untypische Zitat: „Tscho!"

#16 DER TRAININGSWELTMEISTER

Der Trainingsweltmeister hat da einfach einen anderen Ansatz. Dieses ganze Wettkampf-Gedöns und dieser ganze brennende Ehrgeiz ist nichts für ihn. Er geht am liebsten jede Woche gemütlich zwei Mal ins Training, macht dort ein paar nette Übungen mit den ebenfalls immer anwesenden üblichen Verdächtigen, setzt sich dann noch auf ein Bier mit in die Kneipe und geht dann zufrieden nach Hause.

Schon Trainingsspiele sind ihm ein Graus. Da schüttet sein Körper sofort jede Menge Stresshormone aus, wenn es um ein Bier oder auch nur um Ruhm und Ehre geht.

Am Schlimmsten für den Trainingsweltmeister ist es jedoch, wenn der Mannschaftsführer betteln kommt. Leider hat er sich auch dieses Jahr wieder breit schlagen lassen, sich „für den Notfall" auf die Rangliste setzen zu lassen. Und das hat er nun davon: Jede Menge Urlauber und Langzeitverletzte zwingen den Mannschaftsführer dazu, auf den Trainingsweltmeister zurückgreifen zu müssen – worauf beide sicherlich keine Lust haben.

So kommt es, dass der Trainingsweltmeister nach drei schlaflosen Nächten mit zittriger Hand alle seine Einzel verliert und im Doppel mehr Fehler macht als die drei anderen Spieler am der Platte zusammen. Das Match geht dann insgesamt knapp und bitter verloren, obwohl eigentlich viel mehr drin gewesen wäre.

Und wie verarbeitet der Trainingsweltmeister dieses Erlebnis? Ganz einfach, am Dienstag um 19.30 Uhr in der Turnhalle. Da ist nämlich wieder Training. Ganz in Ruhe. Und ohne lästiges Zählen von Punkten.

Da spielt er diese Saison: Nur wenn es unbedingt sein muss.
Das sind seine Ziele: Höchstens drei Einsätze.
Das typische Zitat: „Also wenn du einen anderen findest…"
Das untypische Zitat: „Morgen kann ich leider nicht trainieren."

#17 DER PSYCHOTRICKSER

Der Psychotrickser mag nicht der trainingseifrigste oder engagierteste Tischtennisspieler sein, ehrgeizig ist er jedoch schon. Sehr sogar. Doch wo andere über das spielerische Element zu kommen versuchen, setzt der Psychotrickser eben lieber auf Psychologie.

Er würde nun nicht so weit gehen, aktiv noch Bälle auf der Kante zu sehen, die dort niemals waren wie der Bescheißer. Doch gegen den ein oder anderen psychologischen Trick gibt es aus seiner Sicht nun wirklich nichts einzuwenden.

So kommt es, dass sich der Psychotrickser umso mehr Zeit lässt zur Konzentration vor seinem Aufschlag, je genervter sein Gegner davon zu sein scheint. Dann werden zum dritten Mal ausführlich die Schuhbänder überprüft, der Schläger abgewischt, die Platte von imaginärem Staub gereinigt und 35mal der Ball geprellt, bevor er sich auch nur an den Tisch stellt.

Auch bei Aufschlag des Gegners gilt es, den anderen immer wieder aus seiner einstudierten Routine zu reißen. Sei es mit minutenlangem Schweiß aus der Stirn Gewische, ausdauernden Streck- und Dehnübungen oder einem kaum bis gar nicht unterdrückten riesigen Gähnen.

Weitere beliebte Psychologie-Methoden kommen dann in kniffligen Situationen wie bei Satzball oder hohem Rückstand zum Einsatz: Das reicht von völlig nutzlosen Diskussionen mit dem Schiedsrichter über völlig übertriebene Beschwerden über die Lautstärke der Zuschauer bis zu lautstarken und gerne sehr aggressiven Beschimpfungstiraden sich selbst gegenüber inklusive optionalem Umtreten der ein oder anderen Bande.

Hat der Psychotrickser auf diese Art und Weise einmal mehr einen spielerische klar überlegenen Gegner erst zur Weißglut gebracht und dann auch noch knapp bezwungen, schlurft er mit treuherzigem Blick zurück zur Bank und murmelt, dass er selbst nicht wisse, wie er diesen Sieg heute wieder eingetütet habe – denn auch nach dem Match ist eben alles Psychologie.

Da spielt er diese Saison: In der ehrgeizigsten Mannschaft.
Das sind seine Ziele: Die neuen Erkenntnisse aus dem Buch „Der Psychologe in dir" anwenden.
Das typische Zitat: „Moment, ich hab da noch was im Auge."
Das untypische Zitat: „Klar, leg einfach los."

#18 DER KNALLHARTE OPTIMIERER

Der knallharte Optimierer spielt jede Saison nur bei ca. 50% der Ligaspiele mit. Höchstens. Denn leider ist er in schöner Regelmäßigkeit bereits verhindert – die Arbeit, die Kinder, die gebrechlichen Eltern, ihr versteht das schon, nicht wahr?

In Wahrheit – und das weiß nun wirklich jeder im Verein – pickt sich der knallharte Optimierer nur die Rosinen aus dem Spielplan heraus. Und das bedeutet, dass er gegen Spitzenmannschaften, persönliche Angstgegner und unangenehme Noppenspieler genau so selten „Zeit hat" wie bei weiten Auswärtsfahrten, Samstagsspielen, schlechten Lichtverhältnissen in des Gegners Halle oder vermeintlich zu langsamen Bällen. Oder falls ihm einfach nur droht, gemeinsam mit einem schwachen Ersatzspieler als Opferdoppel eingesetzt zu werden.

Geht es jedoch gegen offensichtlich leichte Gegner bei einem Heimspiel am frühen Freitagabend, so ist er oft der Erste in der Halle und baut hochmotiviert schon mal eine Platte auf. An der er sich dann bis Spielbeginn intensiv einspielt, während seine Mitspieler weitere Platten, Banden, Zählgerate, Tische, Stühle und Bänke durch die Gegend tragen.

So kommt es, dass der knallharte Optimierer in ausnahmslos jeder Saison eine klar positive Bilanz hat und bei den TTR-Punkten schon seit langem weit über seiner eigentlichen Spielstärke rangiert. Wobei ihm die Einführung eben dieser TTR-Punkte schon ein bisschen wehgetan hat: Für Siege gegen Blinde bekommt man nun nämlich kaum mehr Punkte gutgeschrieben – skandalös!

Früher hatte er sich nämlich mit seiner damals noch aufstellungs-relevanten Siegquote von immer mindestens 93% Schritt für Schritt bis in die erste Mannschaft in der 1. Kreisliga hochgespielt – auch wenn er dort dann lediglich zu 25% aller Spiele antreten konnte und deshalb schnell wieder in die zweite Mannschaft zurück komplimentiert wurde.

Da spielt er diese Saison: Nur zu Hause.
Das sind seine Ziele: Wenn möglich „zu null".
Das typische Zitat: „Ah, wirklich schade, ausgerechnet beim Spitzenspiel bin ich leider verhindert."
Das untypische Zitat: „Plan mich einfach immer ein."

DIE DREI GROSSEN LÜGEN
beim Vereinswechsel

Ich sehe da einfach eine bessere Perspektive für mich.

Ohne mich werdet ihr doch nicht gleich absteigen.

Ich hoffe wir bleiben in Kontakt.

#19 DER NEIDISCHE

Der Neidische ist einer der wenigen Tischtennis-Spieler, der nicht praktisch ausschließlich auf sich selbst fokussiert ist. Und genau das ist sein Problem.

Denn anstatt sich über eigene Siege zu freuen oder sich über eigene Niederlagen zu ärgern, schaut der Neidische immer erst, was eigentlich die sogenannte Peer-Group abgeliefert hat. Diese besteht wahlweise aus gegnerischen Spielern oder auch aus Mitspielern, die der Neidische irgendwie für vergleichbar hält: ähnlich alt, ähnlich groß, ähnlich talentiert, ähnlich lange dabei, ähnlich (un)erfolgreich, ähnlich ehrgeizig.

Aktuell besteht die Peer-Group aus Peter und Hans-Dieter. Blöd nur, dass Peter anscheinend seit Monaten eine Lauf hat. Denn das macht den Neidischen beinahe wahnsinnig vor Neid. Er könnte gerade noch so damit zurechtkommen, wenn nicht kürzlich auch noch Hans-Dieter damit begonnen hätte, immer mal wieder einen eigentlich Unschlagbaren zu schlagen. Da wird der Neidische beinahe grün vor Neid. Wortwörtlich. A-u-s-g-e-r-e-c-h-n-e-t Peter und Hans-Dieter!

Denn womit bitteschön haben die sich das verdient!? Mehr Training? Wohl kaum. Mehr Talent? Wirklich nicht. Also muss es an den Gegnern liegen. Und da hat der Neidische bekanntlich immer Pech: Bei allen anderen sind die Gegner plötzlich außer Form, sichtlich unmotiviert oder einfach nur schlechter als gedacht. Wie kann das sein? Warum und wieso? Warum ist die Welt so ungerecht? Und das auch noch ausgerechnet zu ihm!

Da spielt er diese Saison: Neidliga B.
Das sind seine Ziele: Besser sein als die Peer-Group.
Das typische Zitat: „Wie hat Peter gespielt?"
Das untypische Zitat: „Mensch, das freut mich aber für dich!"

#20 DIE QUOTENFRAU

Die Quotenfrau, man ahnt es schon, zeichnet sich in erster Linie dadurch aus, dass sie eine Frau ist – selten genug im Kreisliga-Tischtennis. Da talentierte Damen normalerweise früh zu einem Verein mit Damenmannschaft in der Nähe wechseln, ist die Quotenfrau normalerweise nur mit überschaubarem Talent gesegnet: Es reicht zwar um irgendwo in der dritten oder vierten Mannschaft mitzuspielen und dem ein oder anderen aufstrebenden Jugendlichen hin und wieder eine peinliche Pleite zuzufügen dank ihres unangenehmen und völlig spinlosen offensiven Konterspiels. Doch für die Stars der Abteilung ist sie meistens kein ernstzunehmender Gegner.

Stattdessen engagiert sie sich ohne allzu großen sportlichen Ehrgeiz als gute Seele des Vereins: Backt Kuchen für das Sommerfest, hilft beim Jugendtraining mit, übernimmt die ein oder andere Funktionärsrolle die sonst keiner will und heiratet früher oder später den Kapitän der zweiten Mannschaft. Einige Jahre später tauchen dann natürlich auch ihre vier Kinder im Jugendtraining auf, mit denen sie regelmäßig zu Turnieren und Lehrgängen fährt.

Eigentlich kommt die Quotenfrau mit all ihren männlichen Mitspielern und Gegnern gut aus. Bis auf die Momente in denen ihr brüllender und fluchender – weil kurz vor dem Verlieren stehender – Gegner plötzlich ihren sonst tief schlafenden Ehrgeiz weckt. Dann wird bei guten Punkten doch mal die Faust geballt und „Cho!" gerufen. Solange bis der völlig verzweifelte Kontrahent dann eben doch zum ultimativen mittel greift: Ballonabwehr.

Da spielt sie diese Saison: Bei den Herren 3.
Das sind ihre Ziele: Ein super organisiertes Sommerfest.
Das typische Zitat: „Ergebnisse sind nicht so wichtig, im Sportverein geht es doch mehr ums Soziale."
Das untypische Zitat: „Und dann hab ich den einfach von der Platte gefegt!"

#21 DER VEREINSCLOWN

Am Vereinsclown ist eigentlich ein Comedian verloren gegangen. Sagt er zumindest. Gut, für das ganz große Mario-Barth-Niveau hat es vielleicht nicht gereicht, aber für semi-witzige Gags ist er allemal gut. Also für Gags über die er selbst lachen kann zumindest.

Mit dem Vereinsclown ist ein seriöses Training folglich praktisch unmöglich. Jeder noch so unlustige Ballwechsel, jeder noch so humorfreie Kommentar und jedes gänzlich unspaßige Ereignis wird von ihm sofort als Vorlage für einen Flachwitz verwendet. Im besten Fall. Im schlechtesten Fall folgt eine Mischung aus sexistischem Polenwitz und lauwarmer lachfreier Zote.

So kommt es, dass der Vereinsclown auch als Teammitglied äußert unbeliebt ist. Während er als Schiedsrichter schon gar nicht mehr eingesetzt wird (es gab da mal so einen Vorfall mit einem angeblich vollkommen spaßbefreiten Gegner), kann man ihm das Zuschauen leider nicht verbieten. Allerdings besteht dieses dann aus andauerndem Gegluckse und Gekicher, vermischt mit immer wieder aufkommenden brüllenden Gelächter.

Hinzu kommt, dass sich der Vereinsclown Selbstironie auf die Fahne geschrieben hat und sich daher oftmals einen Spaß daraus zu machen scheint, seine Spiele auf die unmöglichste Art und Weise zu verlieren, nur um hinterher einen Witz auf eigene Kosten machen zu können: „Mensch guckt doch nicht so ernst Leute – ist doch nur Tischtennis! Oder ist jemand gestorben? Höchstens der Traum vom Klassenerhalt. Hahahahahahahaha!“

Da spielt er diese Saison: Hinter Mailand. Hahahahahhaahahahha!
Das sind seine Ziele: Lieber einen Mitspieler verärgert als einen guten Gag verpasst!
Das typische Zitat: „Kennst du den schon? Kommt ein Tischtennis-Spieler zum Arzt…"
Das untypische Zitat: „Find ich auch nicht lustig!"

#22 DAS EWIGE TALENT

Schon sehr frühzeitig in seiner Tischtennis-Karriere hat das ewige Talent etwas ganz besonders gezeigt: jede Menge Talent. Genauer gesagt: wahnsinniges Ballgefühl, Intuition für den richtigen Schlag zur richtigen Zeit, taktische Finesse sowie eine große Lernfähigkeit. Schon als er als gerade mal Zehnjähriger plötzlich im Training auftauchte, war sich der langjährige Jugendcoach sicher: der wird mal ein Großer.

Was im Kreisliga-Tischtennis so viel bedeutet wie: der spielt mal Bezirksliga. Oder gewinnt mal die Vereinsmeisterschaft. Oder sogar beides! Doch dann kam irgendwie immer alles anders.

Zwar ist das ewige Talent – anders als zahllose seiner Jugendfreunde – bis heute dabei geblieben. Doch der ganz große Durchbruch lässt eben auch bis heute auf sich warten.

Die Gründe dafür, dass aus dem riesigen eine ewiges Talent wurde, sind dabei vielfältig: Zunächst spielte er parallel noch Tennis, ein Problem für die Ausprägung einer sauberen Technik. In der Pubertät dann die üblichen Ablenkungen und Prioritätenverschiebungen (Mädchen, Alkohol, weiche Drogen). Während der Zivi-Zeit eine längere Verletzungspause (zu schwer gehoben im Altenheim). Dann längere Abwesenheit während des Studiums ohne regelmäßiges Training.

Nach der Rückkehr in die Heimat stand dann plötzlich die Familienplanung größeren Tischtennis-Erfolgen im Weg. Heute tut selbiges ein Schmerbauch. Zwar sind die Kinder nun aus dem Gröbsten raus und es bleibt wieder mehr Zeit für das liebste Hobby. Doch spielerisch geht es mit Anfang 40 eben leider schon wieder abwärts für das ewige Talent. Und körperlich ohnehin.

Von der Bezirksliga ist er so weit entfernt wie die Erde vom Mars und bei der Vereinsmeisterschaft steht als bisher bestes Ergebnis ein glücklicher fünfter Platz zu Buche. Der wird mal ein Großer? Nun, Vorhersagen sind eben schwierig, gerade wenn sie die Zukunft betreffen.

Da spielt er diese Saison: Immer noch nicht in der Bezirksliga.
Das sind seine Ziele: Immer noch die Bezirksliga.
Das typische Zitat: „Vielleicht ja nächste Saison…"
Das untypische Zitat: „Ich hab schon alles erreicht!"

#23 DAS NERVENBÜNDEL

Verlässlich ist beim Nervenbündel nur eins: die Unzuverlässigkeit. Wobei: Eigentlich ist er in seiner Unzuverlässigkeit ja auch zuverlässig.

Auf jeden Fall macht sich das Nervenbündel schon bevor seinen Matches fertig. Selbst. Da braucht er gar keinen Input von außerhalb. Und wessen Glas mental immer halb leer ist, wird eben an der Platte auch nicht aus dem Vollen schöpfen können.

So kommt es, dass das Nervenbündel bereits bei der kleinsten spielerischen Delle gegen einen eigentlich klar unterlegenen Gegner ins Grübeln kommt. Und schon klappen die einfachsten Schläge nicht mehr, versagt jedes strategische Denken. Und zu allem ohnehin fehlenden Glück kommt dann oftmals auch noch das Pech hinzu.

Wer nun meint, dass sich das Nervenbündel gegen nominell klar stärkere Gegner leichter tun würde, hat die Sachlage nicht zu Ende gedacht. Zwar kann das Nervenbündel zunächst befreit und ohne selbst auferlegten Druck aufspielen. Doch kaum gibt es eine kleine Führung oder gar die konkrete und realistische Chance auf einen Satz- oder sogar Matchgewinn, schon kommt ihm wieder das große Zittern. Und das ist manchmal nicht nur im übertragenen Sinne gemeint.

So kommt es, dass sich das Nervenbündel seit Jahren nahezu immer unter Wert verkauft. Selbst das Aufsuchen eines Online-Sportpsychologen brachte außer einer immens hohen Rechnung bisher noch keine zählbaren Fortschritte. Selbstbewusstsein lässt sich leider nicht kaufen, weiß der Tischtennis-Volksmund. Lediglich teure neue Schläger, die aber immer noch von einem Spieler in der

Hand geführt werden müssen. Und dies oftmals eben mit einem leichten Zittern – die Nerven!

Da spielt er diese Saison: Kreisliga D.
Das sind seine Ziele: Stabile Leistungen auf überschaubarem Niveau.
Das typische Zitat: „Den muss ich doch eigentlich ganz einfach schlagen können, also normalerweise."
Das untypische Zitat: „Mir alles wurscht."

#24 DIE LEGENDE

Er war einfach schon immer da. Schon bei Gründung des Vereins. Vermutlich sogar schon davor. Damals, als man noch in einem Keller bei der AOK Rundlauf spielen musste, bevor man dem Hauptverein beitreten dürfte. Damals, vor den zahlreichen Kreis- und Regelreformen. Damals, als noch ehrliche Aufschläge gemacht wurden. Ja, manchmal schwelgt die Legende in alten Erinnerungen. Doch warum auch nicht?

Bekannt ist die Legende in Stadt und Landkreis wie ein bunter Hund. Teils auf Grund seiner nie wieder erreichten sportlichen Erfolge in den 70ern, teils weil er einfach mit jedem schon einmal zu tun hatte: Er kennt den Bürgermeister und dessen Frau, den Hallenhausmeister und dessen Hund, den Kreisvorsitzenden und dessen Geliebte. Und alle kennen ihn.

Die Legende hat bereits in allen Mannschaften seines Vereins gespielt, in allen Hallen im Umkreis von mehreren hundert Kilometern Punktspiele bestritten, alle weiterführenden Turnier absolviert, alle Auf- und Abstiege mitgemacht und diverseste Funktionärsposten in Verein sowie Verband innegehabt. Kurz: Er hat einfach alles schon gesehen.

Für seine 78 Jahre ist er noch sehr fit, braun gebrannt vom Tennisspielen im Sommer, ständig im Training und stets engagiert für die Allgemeinheit. Dass die Legende irgendwann einmal nicht mehr da sein sollte, kann sich einfach niemand vorstellen. Am allerwenigsten er selbst.

Da spielt er diese Saison: Auf allen Feldern.
Das sind seine Ziele: 1000 Punktspiel-Einsätze.
Das typische Zitat: „Damals…"
Das untypische Zitat: „Die Legende lebt."

#25 DER ASIATE

In vielen Vereinen gibt es einen Asiaten, welcher bei jedem Gegner sofort einen nahezu Pawlowschen Reflex auslöst: „Ohje, die haben einen Chinesen!" Nun ist zunächst zu bemerken, dass jener Chinese in einer Vielzahl von Fällen tatsächlich ein Vietnamese, Japaner, Koreaner oder gar Thai ist. Darüber hinaus gibt es den Asiaten – genau wie alle anderen Spieler – in zwei Ausprägungen: als guten und schlechten Tischtennis-Spieler.

Der gute Spieler ist erst kürzlich nach Europa gekommen und kann weder Sprache noch kennt er sich mit den hiesigen Gepflogenheiten aus. Nichtsdestotrotz hat er sich beinahe umgehend beim örtlichen Sportvereinerein im Tischtennis-Training blicken lassen, wo natürlich sofort seine wahnsinnig gute Spielstärke erkannt wurde. Angeblich war er sogar mal Teil des chinesischen Jugendkaders, auch wenn er eventuell eher aus Taiwan stammt. Aus strategischen Gründen wurde der Asiate aber trotzdem nur in der dritten Mannschaft gemeldet. So kann er nämlich gleich drei Mannschaften zum lang ersehnten Aufstieg verhelfen. Zwar muss ihm der einzige des Englisch mächtigen Mitspieler immer alles übersetzen und ihm erklären, wann er wo zu spielen hat, doch das wird sich schon finden.

Zusätzlich kann der starke Asiate durch seine niedrige Einstufung bei sämtliche regionalen und überregionalen Turnieren glänzen und bei diversen Kreis- und Bezirksmeisterschaften Ruhm und Ehre für sich und seinen Verein erringen. Da ist es dann auch zu verschmerzen, dass er spätestens nach einer Saison auch einen Verein mit einer angemessenen Spielstärke gefunden hat und sich künftig in der Verbandsliga tummeln darf. Unterhalten hat sich mit ihm bisher sowieso niemand.

Der schlechte Asiate wiederum ist ein Wald-und-Wiesen-Tischtennisspieler wie du und ich. Doch da ein großer Teil seiner Gegner zunächst einmal einen Heidenrespekt vor „dem Chinesen" hat und somit immer schnell mit 0:2 in Rückstand gerät bevor er merkt, dass nicht alle Penholder-Spieler nahezu unschlagbar sind, spielt der Asiate im ersten Jahr eine durchaus überzeugende Bilanz. Im zweiten Jahr hat sich das dann schon sehr relativiert und er konzentriert sich wie alle seine Mitspieler auf das Soziale nach dem Spiel.

Seine schnelle Auffassungsgabe sowie sein gutes Reaktionsvermögen bei der Getränkebestellung in der Kneipe helfen ihm dabei, sich super zu integrieren in der dritten Kreisliga C. Nach wenigen Jahren kann er den örtlichen Dialekt beinahe fehlerlos imitieren, seine Kinder sind deutsche Staatsbürger und seine Frau Kassenprüferin der Abteilung. Bis auf seine Tischtennis-Spielstärke hat sich also alles verbessert.

Da spielt der gute Asiate diese Saison: Überall.
Das sind seine Ziele: Einbürgerung in einem Zwergstaat und Teilnahme an den übernächsten Olympischen Spielen
Das typische Zitat: „…"
Das untypische Zitat: „I don't want to play."

Da spielt der schlechte Asiate diese Saison: In der Vierten.
Das sind seine Ziele: Deutsch lernen.
Das typische Zitat: „Prost!"
Das untypische Zitat: „I don't want to play."

#26 DER BLUTIGE ANFÄNGER

Warum genau der blutige Anfänger überhaupt eines Tages beim Training aufgetaucht ist, ist eigentlich allen schleierhaft. Vermutlich in dem zweifelhaften Versuch, ein bisschen mehr Sport zu treiben und so etwas gegen den wachsenden Hüftspeck zu unternehmen. Und da hat er sich eben daran erinnert, dass er ja früher mit seinem Kumpel im Freibad gerne Tischtennis gespielt hat. Hat seinen Kaufhof-Schläger aus dem Keller geholt, seine einzige Sporthose sowie seine Wanderschuhe (mit dunklen Sohlen!) eingepackt und ist kurz vor Ende des Trainings in der Sporthalle erschienen.

Damit ist auch bereits alles über sein Spielniveau gesagt. Zwar stört es ihn nicht weiter, selbst gegen die schwächsten Spieler des Vereins absolut chancenlos zu sein, doch als Trainingspartner ist er offensichtlich nicht besonders beliebt – kommen doch kaum einmal Ballwechsel zu Stande welche diesen Namen verdienen.

Doch wenn die Not groß ist und mal wieder niemand Lust auf ein weit entferntes Auswärtsspiel hat, kommt der blutige Anfänger gar zu seinen ersten Punktspieleinsätzen. Zwar gelingen ihm dabei nur sieben Punkte (insgesamt in zwei Einzeln und einem Doppel), doch in der Kneipe gilt er anschließend dennoch als Stimmungskanone.

So geht es einige Jahre dahin: ein TTR-Wert im beinahe nicht messbaren Bereich, der Rekord der meisten Niederlagen am Stück bei den Vereinsmeisterschaften und eine kreisweite Bekanntheit wie einst der britische Skispringer „Eddy the Eagle“. Das Konzept von Unterschnitt und Überschnitt ist für ihn nach wie vor ein Buch mit sieben

Siegeln und Aufschläge gelingen ihm ausschließlich direkt aus der Hand.

Doch eines Tages ist es tatsächlich soweit: Auf der anderen Seite des Tisches steht bei einem Punktspiel aus der Not geboren ein zwölfjähriger Jugendspieler, dessen Talente offenkundig in Bereichen ohne Ball liegen müssen – und ohne Bewegung. So gewinnt der blutige Anfänger nach umkämpften fünf Sätzen und unter lautem Jubel seiner Mitspieler tatsächlich sein erstes offizielles Spiel und begießt diesen Tag ausgiebig mit Gerstensaft.

Doch als in der Woche drauf ein offensichtlicher Nichtskönner zum ersten Mal im Training aufkreuzt und verzweifelt einen Spielpartner sucht, verdreht der nicht mehr ganz so blutige Anfänger nur genervt die Augen und winkt ab – muss das wirklich sein?

Da spielt er diese Saison: In der letzten Mannschaft. Wenn überhaupt.
Das sind seine Ziele: Sich sportlich zu betätigen.
Das typische Zitat: „Wie jetzt – Unterschnitt?"
Das untypische Zitat: „Und dann hab ich den einfach von der Platte geblasen."

#27 DER INVALIDE

Angefangen hat alles mit einem eingewachsenen Zehennagel vor etwa 20 Jahren. Dann folgten diverse kleinere Zipperlein, zwei Hüft-OPs, ein Tennisarm, ein Bänderriss, sogar eine Platzwunde (Topspin bis an die Stirn hochgezogen) und natürlich der Klassiker: Rücken. Doch psychisch ist er völlig in Ordnung, klar.

Dass der Invalide beinahe am gesamten Körper bandagiert und nur mit zahllosen Salben eingeschmiert an die Tischtennisplatte tritt, vorher noch sein Riechsalz benutzt und sich ausführlich stretchen muss lässt allerdings bei manchen Gegnern Zweifel daran aufkommen. Andere wiederum wundern sich, dass der Mann überhaupt noch Sport betreiben kann mit diesem maroden Körper. So schwanken die Ansichten zwischen ehrlichem Mitgefühl und *Running Gag* der Liga, bzw. eher Humpelnder Gag der Liga. Zwischen Unglücksrabe und Hypochonder. Zwischen armen Tropf und Nervensäge.

Allerdings weiß der Invalide durchaus auch Kapital aus seinem Zustand zu schlagen. So greift er sich in kniffligen Situationen gerne einmal ans Herz um eine eigentlich nicht erlaubte zweite Auszeit zu erhalten, lässt sich zwischen den Ballwechseln enorm viel Zeit um sich angeblich zu strecken und zu dehnen („Sonst schaff ich keinen weiteren Satz mehr und komme morgen früh nicht aus dem Bett!") und verteidigt seine prinzipiell unterhalb des Tisches und daher praktisch unsichtbar und verdeckt begonnenen Aufschläge mit seiner krummen Rückenhaltung: „Nennt man Skoliose. Willst du ein Attest sehen?"

Fakt ist, dass der Invalide spielerisch immer noch gefährlich ist und man sich von dem 50-jährigen Geist im

Körper eines 70-jährigen nicht einlullen lassen darf, sonst setzt es ganz schnell eine üble Klatsche. Und dann hat man hoffentlich nicht seinen vorpubertären Sohn als Zuschauer mit dabei gehabt, der einen anschließend bösartig fragt, wie zum Geier man nur gegen diese Mumie verloren habe.

Da spielt er diese Saison: Dritte Mannschaft. Wenn er denn spielt.
Das sind seine Ziele: So viele Einsätze wie es seine angeschlagene Konstitution eben zulässt.
Das typische Zitat: „Der Arzt meinte ja…"
Das untypische Zitat: „Klar bin ich fit!"

#QUICKLIST: INHALT EINER TISCHTENNIS-TASCHE

- Trikot
- Sporthose
- Zwei weiße Sportsocken
- Eine vergessene miefige Sportsocke vom letzten Mal
- Turnschuhe
- Albernes Stirnband
- Schläger
- Ersatzschläger
- Zweiter Ersatzschlager
- Belagkleber
- Belagroller
- Belagputzmittel
- Putzschwamm
- Bälle
- Getränke
- Frische Unterwäsche
- Föhn
- Duschgel
- Deo
- Haargel
- Scheiße, Handtuch vergessen!

TEIL 3: DIE PHASEN EINER TISCHTENNIS-KARRIERE

#1 DER KNIRPS

Nach einigen ersten erfolgsversprechenden Rundlaufeinheiten in Nachbars Garten besucht ein Knirps – nennen wir ihn Toni – kurze Zeit später erstmals das Training der örtlichen Tischtennis-Abteilung. Einer der anwesenden Väter – selbst ehemaliges Vereinsmitglied – hatte ihn überredet, da Toni im Gegensatz zu allen anderen anwesenden Kindern („Laaaangweilig!") sichtlich viel Spaß an der Sache hatte. Mama hat noch schnell die Trainingszeiten gegoogelt, konnte aber außer einiger verwackelter Schnappschüsse aus den Neunzigern (sicher an Hand der Sportmode zu datieren) keinerlei weitere Informationen auf der Homepage des Hauptvereins finden.

Zu Tonis großer Irritation wird im Verein zwar nicht mehr Rundlauf gespielt, aber auch im traditionellen Eins-gegen-Eins kommt er für sein Alter von sechs Jahren – und insbesondere für seine geringe Größe – äußerst gut zurecht. Und Mama sitzt ja auch eineinhalb Stunden hinten in der Halle auf der unbequemen Turnhallenbank, passt auf alles auf und knipst den Speicher ihres Handys voll.

Mit dem greisen und natürlich etwas hüftsteifen Trainingshelfer gelingen ihm bereits nach kurzer Zeit die ersten längeren Ballwechsel und nach einigen anständigen Trainingseinheiten muss er bei eigenem Aufschlag (oder „Angabe", wie Toni immer noch sagt) den Ball auch nicht mehr mit der Hand einwerfen. Umgehend überredet ihn der Trainer, nun auch offiziell dem Verein beizutreten und meldet ihn sofort sicherheitshalber für die Mannschaftsspiele an – man weiß ja schließlich nie wann einer der ohnehin wenig zuverlässigen heutigen Stammspieler urplötzlich die Lust am Tischtennis verliert und daher von heute auf morgen dringend ein Ersatzspieler benötigt wird!

Eigentlich will der kleine Toni ja nur etwas Spaß mit dem Ball haben und baldmöglichst „das Schmettern" lernen – der Maxi von nebenan kann das nämlich schon längst! Anscheinend gibt es beim Tischtennis auch noch zahllose andere Fachbegriffe und Schläge, doch am meisten hat es Toni eben „das Schmettern" angetan, denn das ist ziemlich cool. Damit wäre er auf dem Pausenhof sicherlich der Held! Und da im Fußballverein gerade Aufnahmestopp herrscht und seine Eltern ohnehin wenig Lust verspüren, jeden Samstagvormittag mit all den anderen Irren brüllend auf dem heimischen Sportplatz zu verbringen, hat Toni sein Glück nun eben beim Tischtennis gefunden. Da hat der Bub wenigstens ein Dach über dem Kopf und muss nicht frieren, die Punktspiele sind Freitagnachmittag und der Trainer ist auch kein Choleriker mit Bundesliga-Ambitionen.

Natürlich sind Toni zunächst viele Details wie der Mechanismus beim sogenannten Königsspiel, das weitere Vorgehen beim Spielstand von 10:10, die genaue Seitenwechsel-Regel beim Doppel sowie das Spielsystem beim Punktspiel noch komplett schleierhaft, doch das wird sich schon finden. So macht der Kleine unbeschwert von Bilanzen, TTR-Punkten, Tabellenständen, Erzfeinden, Auf- und Abstiegen sowie ähnlichen Übeln des Kreisligasports fröhlich spielerische Fortschritte: mit seiner Mischung aus lehrbuchmäßigem Vorhandschlag und einem eher unkonventionellen Rückhandslice der Marke „Freestyle" ist er bereits nach kurzer Zeit ein mehr als ernstzunehmender Gegner für die ebenso talentfreien wie bewegungsfaulen Jugendlichen. Urplötzlich will aus unerfindlichen Gründen keiner von denen mehr gegen ihn spielen.

Mit seinem engagierten Trainer besucht Toni die ersten Mini-Turniere in der Umgebung und kann dort beachtliche Erfolge erringen. Obwohl – oder vielleicht auch gerade weil – er mit dem Schläger immer noch nicht ganz das Netz erreichen kann und daher von den größeren Jungs gerne mal unterschätzt wird. Auch der regionale Tischtennisstützpunkt-Koordinator hat beim Zusammenstellen seiner Kaderliste bereits vorsichtig bei Tonis Trainer (und Tonis Mama) angeklopft, was es mit diesem Knirps denn genau auf sich habe.

Hat da etwa ein Riesentalent den Weg in die muffige Turnhalle des TSV gefunden? Ein kommender Timo Boll gar? Könnte der Trainer sich mit einem frühzeitigen Beratervertrag etwa ein Millionenvermögen schaffen, würde es sich nur um die Sportart Fußball und nicht um die Sportart Tischtennis handeln? Gibt es womöglich einen familiären Tischtennis-Hintergrund, der Tonis Talent und Affinität zum kleinen weißen Ball erklären würde? Und wie wird sich das Ganze in den nächsten Jahren nur weiter entwickeln?

Vermutlich werden es wir nie erfahren, denn wenn irgendwann in zwei oder drei Jahren der Aufnahmestopp in der Fußballabteilung beendet ist, wird der kleine Toni kaum mehr am grünen Tisch zu halten sein. Denn der ein bisschen coole Maxi spielt zwar immer noch Tischtennis, doch der super coole Lars spielt eben Stürmer und trägt das Trikot eines gewissen „Messi“. Und das ist schließlich alles was zählt, wenn man auf dem Pausenhof der Held sein will. Wer hat schon einmal ein Trikot mit der Beflockung „Boll“ gesehen? Der Toni jedenfalls noch nie. Und „Ovtcharov“ kann er gar nicht erst aussprechen.

#2 DAS TALENTIERTE KIND

Der zwölfjährige Finn hat wirklich alles zu bieten was man im Kreisliga-Tischtennis gewöhnlich nicht findet: Ballgefühl, Bewegungstalent, eine Sportlerfigur, gesunden Ehrgeiz und Trainingseifer. Allerdings fragt man sich: Wie lange noch? Denn die Pubertät naht mit großen Schritten und sein bester Kumpel Paul hat schon einen Oberlippenflaum und geht seit kurzem mit der blonden Lena, weil die hat schon Brüste.

Noch aber fährt Finn von solcherlei Dingen gänzlich unbeeindruckt regelmäßig zwei Mal die Woche mit dem Fahrrad (inklusive Helm) ins Training, hört dort auf seinen Trainer und versucht sich sportlich zu verbessern, trägt brav seine Brille mit Sportband und macht keinen Quatsch in der Umkleidekabine, versteckt sich nicht auf der Toilette wenn zum Warmwerden drei Runden in der Halle gelaufen werden und ist sich auch nicht zu schade, beim Balleimertraining der anderen Kinder hinten die Bälle wieder einzusammeln. Kurz: Finn ist der Traum eines jeden Talentscouts.

Er weiß schon, wo er online Spielergebnisse und Tabellen nachlesen kann (damit weiß er deutlich mehr als der ein oder andere Senior im Verein), er kann die Schnittvarianten gegnerischer Aufschläge lesen (damit kann er jetzt schon mehr als die gesamte fünfte Herrenmannschaft), er kennt sich mit Belägen, Schwammstärken und unterschiedlichen Bällen aus (damit kann er mehr als jeder Materialspieler) und er kann schon seit längerer Zeit bis elf zählen (damit kann er mehr als der ansonsten noch talentiertere Tischtennis-Knirps). Was er nicht kann: Gegen

Noppen spielen. Macht aber auch nichts, denn in der Jugendkreisliga B trifft man solche Spieler nur sehr selten an und gegen Routinier Wilfried hätte er bei seiner ersten Teilnahme an der Herren-Vereinsmeisterschaft so oder so hoch verloren.

Hoch motiviert klappert Finn am Wochenende mit seinem hochmotivierten Coach und seinem noch höher motivierten Papa diverse ambitionierte Turniere in der Umgebung ab und sammelt dabei jede Menge Urkunden und Sachpreise. Mama hat zwar die wichtigsten Urkunden eingerahmt und an Finns Kinderzimmerwand gehängt (und alle übrigen Urkunden sorgfältig foliert, gelocht sowie ordentlich in durchnummerierten Ordnern abgeheftet). Doch was jetzt aus den 13 gewonnenen Schlägerhüllen, den zahllosen Duschgels (3in1!), den unzähligen Seifenblasendosen und all den anderen sinnlosen Sachpreisen wird, bleibt vorerst ungeklärt. Außerdem ist auch kein Platz mehr für weitere Regale an der Wand, auf denen all die überaus großen und unfassbar hässlichen Pokale ausgestellt werden könnten.

Da sich Finn in der Jugend-Kreisliga unter all den durchschnittlich untalentierten Spielern sichtlich langweilt und seit zwei Jahren keinen Satz mehr abgegeben hat, darf er mit einer extra beim Verband beantragten Ausnahmegenehmigung bereits ein wenig in den Herren-Spielbetrieb reinschnuppern. Dort wird er von all den Senioren und Familienpapas zwar beim Einspielen zunächst höflich belächelt, doch nach so einem kläglich mit 2:11 verlorenen Eröffnungssatz gegen einen Zwölfjährigen sieht sich der ein oder andere mit puterrotem Gesicht (ob vor Anstrengung oder aus Scham bleibt offen) dazu genötigt, im zweiten Satz andere Saiten aufzuziehen. Schön zu beobachten jedoch, dass Finn sich gegenüber jeglichen gemeinen Aufschlägen, unfairen Psychotricks, Diskussionen mit dem Schiedsrichter und sonstigen Mätzchen gänzlich unbeeindruckt zeigt. Er spielt einfach sein Spiel, besiegt ungerührt den ein oder anderen Gegner der sein Opa sein könnte, und macht dabei seinen natürlich immer anwesenden Papa mächtig stolz.

Die große Frage ist jetzt natürlich: Was wird aus Finn und seinem Tischtennis-Talent? Während der Coach und sein Papa darüber debattieren, ob es in einigen Jahren mal für die Verbandsliga oder doch sogar eventuell für die Regionalliga reichen könnte (mit klarer Tendenz nach oben), debattieren die Lästerzungen im Verein lediglich darüber, ob Finn schon mit 13 oder erst mit 15 von heute auf morgen mit Tischtennis aufhören wird. Jahrelanges Engagement in der Jugendförderung macht eben sarkastisch und ein Schüler-Kreismeistertitel hält die Motivation auch nicht ewig aufrecht.

Klar ist aber, dass Finn zumindest nicht zum Fußball wechseln wird. Sein Ballgefühl beschränkt sich nämlich eindeutig auf die Hände und beim Schulsport-Fußball hat ihm ein Klassenkamerad kürzlich ein solches Veilchen geschossen, dass Mama schon beinahe in die Notaufnahme fahren wollte. So etwas kann beim Tischtennis glücklicherweise nicht passieren – worüber sowohl Finn als auch Mama sehr froh sind. Aber die Mama vermutlich noch ein bisschen mehr.

#3 DER PUBERTIERENDE JUGENDLICHE

Der pubertierende Jugendliche – nennen wir ihn Luca, denn so heißen die meisten Jungs in dem Alter heutzutage – hat beim Tischtennisspielen das gleiche Problem wie derzeit auch sonst in seinem Leben: eben die Pubertät.

Die Pubertät führt dazu, dass er mit alberner (weil spärlicher) Behaarung an Beinen und im Gesicht unsicher an der Platte herumsteht, sich ständig seine zu langen Kopfhaare aus der Stirn schüttelt und sich möglichst wenig bewegen möchte. Denn bewegen ist nicht cool. Schon gar nicht, wenn man 14 ist und Tischtennis spielt. Denn Tischtennis ist ja auch schon an sich nicht cool, das ist zunächst einmal das Grundproblem.

Was macht Luca also beim Tischtennis? Nun, entweder hat ihn sein ebenfalls Tischtennis spielender Vater vor einigen Jahren dazu gezwungen, um drohendem Übergewicht bei beiden entgegenzuwirken. Alternativ hatte er schon als Kind oder Knirps zu spielen begonnen (damals machte das noch Spaß, denn man konnte am Montag auf dem Pausenhof beim Rundlauf glänzen) und irgendwie den Absprung verpasst als es begann, keinen Spaß mehr zu machen. Oder er hat erst letzte Woche damit angefangen, weil alle coolen Jungs aus seiner Klasse eben auch ins Training gehen – eine höchstens theoretische Möglichkeit, denn siehe oben: Tischtennis ist nicht cool. Doch egal was der Grund für Lucas – zumindest körperliche – Anwesenheit im Tischtennis-Training ist, kann man beinahe sicher sein: zum Fußball spielen hat's halt definitiv nicht gereicht!

Nun steht er also an der Platte mit der Körperhaltung eines nassen Sackes, dem Ballgefühl eines Braunbären und dem Selbstvertrauen eines Maulwurfs und weiß eigentlich nicht wohin mit seinen Beinen, wohin mit seinen Armen und wohin mit diesem komischen kleinen weißen Ball, der noch dazu ständig dieses fiese Dings hat, na! Ach ja, Unterschnitt. Erschwert wird diese Mühsal auch noch durch die Anwesenheit eines Netzes, eines Gegners und eines überambitionierten Trainers, der ständig durch die Halle blökt: „Wechsel, Kontern, Königsspiel, bewegt euch endlich, longline, cross!" Wobei nur die allerwenigsten dieser Begriffe Luca auch nur ansatzweise irgendetwas sagen.

Weder Spiel- noch Tabellenstand seiner Mannschaft interessieren Luca besonders, während der Matches seiner Teamkollegen drückt er eifrig auf seinem überteuerten Smartphone herum und wenn er zu seiner eigenen Überraschung tatsächlich aufgerufen wird, latscht er mitten durch den Ballwechsel am Nachbartisch, weshalb er sich mal wieder einen saftigen Anpfiff seines Trainers anhören muss. Und dies, nachdem er bereits zu Beginn des Trainings einen ersten Anpfiff bekommen hatte, da er – wie beinahe immer – einen Teil seiner Ausrüstung zu Hause vergessen hatte. Und ohne Turnschuhe, kurzer Hose oder gar Schläger trainiert es sich eben allenfalls so mittel. Auf Lucas dezenten Hinweis, dass das mit dem eigenen Schläger ja auch nicht sooo wichtig sei und er mit Jans Ersatz-Schläger überhaupt keinen Unterschied … – jedenfalls hat der Trainer dann einen kompletten Tobsuchtsanfall bekommen und mit Schaum vor dem Mund nur noch unverständliches Zeug gebrüllt. Der arme Luca! Ja, man hat's nicht leicht in der Pubertät, gerade wenn man Tischtennis spielt.

Nach Möglichkeit versucht Luca ohnehin, den Einsatz bei Punktspielen zu vermeiden. Denn regelmäßige Niederlagen gegen Achtjährige oder sogar gegen Mädchen sind fürs Selbstwertgefühl nun wirklich nicht förderlich. So kommt es, dass Lucas Mannschaftsführer oftmals von immer äußerst kurzfristig anberaumten Mathearbeiten, Besuchen bei der Oma oder gar Hausarrest überrascht wird beim verzweifelten Versuch, für Freitagnachmittag eine schlagkräftige Truppe zum Heimspiel zusammenzustellen.

Auch die Vereinsmeisterschaft oder gar die Kreismeisterschaft, zu der der Jugendtrainer seine ganze unmotivierte Truppe mitschleift – Zitat: „Aus Niederlagen lernt man sogar noch mehr als aus Siegen!" – sind Luca ein absoluter Graus. Wer schon einmal die Urkunde für den 23. und damit letzten Platz aus der Hand eines halbsenilen aber gütig lächelnden Kreisjugendwartes erhalten hat und bei den Sachpreisen damit automatisch nur noch das unbeliebte Überbleibsel auswählen konnte (das Sachbuch „Sexualaufklärung für spätpubertäre Jugendliche" von Dr. Hans Wurst, ein Klassiker!) weiß, wovon die Rede ist.

Mit einer interessanten Mischung aus Neid und Belustigung beobachtet Luca im Training die wirklich talentierten Jugendlichen, die seit ihrer frühesten Kindheit stundenlanges Systemtraining am Balleimer machen, in Trinkpausen taktische Finessen des halblangen Aufschlages mit Seit-Unterschnitt diskutieren, sich nachmittags YouTube-Videos mit den Highlights der letzten Tischtennis-Mannschafts-WM anschauen statt heimlich nach oben-ohne-Fotos irgendwelcher Popsternchen zu googlen und auch optisch auf der Nerdigkeits-Skala ziemlich weit oben stehen. Auch sie werden so schnell sicherlich keine süßen Mädchen aus ihrer Klasse mit ihren sportlichen Aktivitäten beeindrucken können – aber wenigsten stauben auf ihren Regalen daheim im Kinderzimmer einige größere und kleinere Pokale vor sich hin.

#4 DER ÜBERMOTIVIERTE 17-JÄHRIGE

Wer trotz intensiver Pubertät auch nach dem 16. Geburtstag tapfer Mitglied der Tischtennis-Abteilung seines Vereins bleibt, ist entweder Masochist, übermäßig talentiert oder aber sichtlich übermotiviert. Beim 17-jährigen Finn ist übermäßiges Talent durchaus im Bereich des Möglichen, mit Sicherheit ist aber letzteres der Fall: Übermotivation. Und so ist er zusammen mit seinem kongenialen Kumpel Ferdinand der einzige, der von den anfangs 25 Kindern, die mit elf Jahren plötzlich und unverhofft vor Jahren das Tischtennis-Training stürmten, der immer noch dabei ist. Und zwar topmotiviert.

Finn und Ferdinand zeichnen sich gar durch eine gewisse Übermotivation aus, die dem ein oder anderen alteingesessenen (und daher gemütlichen) Tischtennis-Spieler ein bisschen auf die Nerven geht. Sie sind bei jedem Jugend-Training anwesend obwohl natürlich keiner der achtjährigen Knirpse auch nur zwei Ballwechsel mit ihnen zustande bringt. Stattdessen üben sie, angeleitet von ihrem äußerst ehrgeizigen Trainer Edmund, meistens die Feinheiten des Topspin-Topspin-Offensivspiels an einer abgetrennten Platte (zack-zack-zack-zack-cho, zack-zack-zack-cho, zack-zack-zack-zack-zack-zack-zack-cho!) oder nehmen sich stundenlang den Balleimer zum Aufschlagtraining zur Brust. Selbstverständlich bleiben sie auch zum anschließenden Herren-Training noch vor Ort, besiegen munter einige Mitglieder der zweiten Mannschaft und trainieren immer noch, als sich die ersten Routiniers nach dem Duschen bereits in die Vereinskneipe begeben.

Dieses Prozedere wird, solange es nicht von Punktspieleinsätzen in der Jugend-Landesliga (zu denen leider auch zwei talentfreie Achtjährige mitfahren müssen) gestört wird, auch im zweiten Training der Woche wiederholt. Hinzu kommen dann noch einige Freitagabend-Einsätze bei den Herren (um ein bisschen Bezirksliga-Luft zu schnuppern), samstags fährt man gerne zu Meisterschaften (irgendein Jugend-Ranglistenturnier ist immer) und sonntags finden oftmals noch ganztägige Tischtennis-Lehrgänge in der nahen Großstadt statt. Allein die Möglichkeit, ab Montag in der Schule in der großen Pause auch noch beim Rundlauf mitzuspielen, wird von den beiden seit einiger Zeit nicht mehr genutzt.

In ihrer sonstigen Freizeit, also etwa in der Schule oder wenn die Sporthalle tatsächlich mal geschlossen oder gar von den brüllenden Fußball-Trotteln belegt ist, sehen sich Finn und Ferdinand hunderte von Tischtennis-Clips auf YouTube an, studieren neue innovative Trainingsformen und schmökern im aktuellen Katalog des Tischtennis-Händlers ihres Vertrauens – schließlich gibt es immer irgendeinen neuen Belag oder ein neues Holz, mit dem man nochmal einen Leistungssprung von zwei bis drei Prozent herauskitzeln könnte.

Eigentlich müssten sich Finn und Ferdinand ja auf ihre nahenden Abschlussprüfungen vorbereiten, aber die große Chance auf so eine Tischtennis-Bezirksligakarriere wollen die beiden eben nicht ungenutzt verstreichen lassen. Dies gibt immer wieder Anlass zu regen Debatten am heimischen Esstisch, doch eigentlich ist die Familie sehr stolz auf Finn: Zahllose Pokale schmücken schon Papas Hobbyraum (das Kinderzimmer ist bereits vollgestellt), Mama kommt mit dem Waschen der verschwitzten Trikots zwar kaum mehr hinterher, steckt Finn aber heimlich ein bisschen

Geld für die teuren neuen Beläge zu, Opa ist stolz wie Bolle wenn er von den Erfolgen seines Enkels im Regional-Sportteil der Zeitung liest (mit Foto!) und Oma kommt sogar ab und zu heimlich zum Zuschauen vorbei – nur Finns kleine Schwester Anna findet, dass Tischtennis ein Luschen-Sport sei und er so nie ein Mädchen für den Abschlussball finden werde.

Das mit dem Abschlussball ist tatsächlich so eine Sache, denn heimlich hat Finn schon ein kleines Auge auf Annas beste Freundin Lisa geworfen während Ferdinand Finns Schwester mehr als nur nett findet. Und wie jeder erfahrene Tischtennis-Jugendtrainer weiß, gibt es vor und während der Pubertät zwar jede Menge Gründe Spieler wieder zu verlieren (Fußball, Tennis, kein Talent, gar kein Talent, keinen Bock mehr, gar keinen Bock mehr, Hausarrest, herausgefunden dass Tischtennis uncool ist, etc.), doch für diejenigen, die so lange durchgehalten haben wie Finn und Ferdinand gibt es anschließend nur noch zwei Gefahren: Mädchen und Muskeln.

Klar, dass einerseits das plötzliche Vorhandensein einer Freundin die Art der Freizeitaktivitäten drastisch verändert. Hiermit ist allerdings nicht der klassische Trainerspruch „kein Sex vor dem Spiel" gemeint, sondern der Umstand, dass plötzlich überhaupt keine Zeit mehr für eben dieses Spiel ist. Oder für das Training. Von Turnieren am Samstagnachmittag mal ganz zu schweigen.

Andererseits ist aber auch das plötzliche Interesse an Kraftsport mit dem Ziel von überdimensioniertem Muskelaufbau ein großes Problem. Zwar ist es nur zu verständlich, wenn der spätpubertäre Hänfling endlich mehr für seinen sogenannten „Body" tun will (vor allem um der Abwesenheit einer Freundin entgegenzuwirken) als nur Vorhand-Topspin zu trainieren. Andererseits hat dieses

Hobby sowohl zeitliche als auch körperliche Auswirkungen auf die Tischtennis-Karriere: Statt Sporthalle heißt es nun Fitnessstudio und statt Schnellkraft heißt es nun nur noch Kraft – eine ganz fatale Entwicklung für Freunde des schnellen weißen Plastikballes!

Doch noch ist es nicht soweit für Finn und Ferdinand, noch stehen sie regelmäßig in der Halle und ohne den Blick nach links oder rechts zu bewegen geht es zack-zack-zack-zack-cho, zack-zack-zack-cho, zack-zack-zack-zack-zack-zack-zack-chochocho!!! Gottseidank hat Trainer Edmund neulich Anna und Lisa rechtzeitig auf der Zuschauertribüne entdeckt und sie unbemerkt schleunigst aus der Halle komplimentiert. Damit hat er sich, den beiden Jungs und dem gesamten Tischtennis-Sport zumindest eine Gnadenfrist von ein paar Monaten erkauft. Und so geht es einfach immer weiter: Zack-zack-zack-zack-zack-cho, zack-zack-zack-zack-cho, zack-zack-zack-zack-Ballonabwehr-zack-Ballonabwehr-Fehler-choooo!!!

#5 DER ABWESENDE STUDENT

Ein neuer Lebensabschnitt bringt jede Menge Veränderungen mit sich, selbst für den passionierten Kreisliga-Tischtennisspieler Chrissy: Er verlässt gegen Ende seiner Teenagerjahre die Schule und seine Kleinstadt und zieht fürs Studium in die nächstgrößere Metropole. Da er sich um allesmögliche Andere als sein Lieblings-Hobby kümmern muss und in der neuen Heimat noch dazu keinen Tischtennis-Spieler kennt, bleibt er seinem Jugendverein natürlich vorerst erhalten. Außerdem will er seine „Jungs" doch nie im Stich lassen – großes Ehrenwort! Den seit Jahren immer wieder äußerst knapp und unglücklich verpassten Bezirksliga-Aufstieg schaffen wir schließlich nur gemeinsam.

Da Chrissy nur am Wochenende nach Hause fährt (Mama kocht am besten und wie eine Waschmaschine funktioniert muss er auch erst noch herausfinden) kommt er natürlich unter der Woche nicht regelmäßig zum Trainieren. Dies wirkt sich leider sofort auf seine Leistung aus: die bisher so steile TTR-Kurve eines talentierten und trainingseifrigen Jugendlichen erfährt einen jähen Knick, während seinem Kumpel Andy (der Azubi in der örtlichen Sparkasse geworden ist und weiter sieben Tage die Woche zu Hause wohnt) sogar der kaum erwartete Sprung in die erste Mannschaft gelingt.

Chrissy hingegen kann nur freitags spielen – und das auch nur, wenn er nicht gerade die ultimative Erstsemesterparty in der Großstadt verpassen würde, keine extrem coole Projektarbeit seine Zeit frisst und keine wichtige Klausur ansteht, auf die er sich in nächtlichen Sessions tagelang intensiv vorbereiten. Das Studium – und damit die

Zukunft – muss da schon ein bisschen Vorrang haben vor Amateur-Sport in der Kleinstadt, klar, das versteht auch jeder. Nur schade halt für alle, dass trotz Chrissys gegenteiliger Beteuerungen zu Saisonbeginn ständig ein Ersatzspieler gebraucht wird und vom avisierten Aufstieg bereits an Halloween keine Rede mehr ist.

Im zweiten Jahr reduzieren sich Chrissys Wochenendbesuche dann bereits merklich. Mamas Kochkünste können doch nicht mit all den hippen großstädtischen Burger-Läden mit veganen Avocado-Bratlingen mithalten und das Studentenwohnheim hat tatsächlich eine funktionierende Waschküche, deren Bedienung für einen angehenden Akademiker mittelfristig kein Problem darstellt. Hinzu kommt, dass beim Uni-Sport tatsächlich Tischtennis auf ansprechendem Niveau gespielt wird und Chrissy sich somit direkt vor Ort sportlich betätigen kann ohne stundenlang mit der Bummelbahn nach Hause ins Ländliche gondeln zu müssen. Zu guter Letzt: Jedes Wochenende steht eine andere legendäre Uni-Party an – und da gilt natürlich was für Seminare höchstens ab und zu gilt: Anwesenheitspflicht! Als Chrissy selbst die ihm bisher so heilige Vereinsmeisterschaft am Samstag vor Weihnachten sausen lässt, ahnt Abteilungsleiter Franz bereits nichts Gutes.

Im dritten Jahr kommt es wie es kommen muss: Dank seiner neuen Großstadt-Freundin kommt Christian (wie er inzwischen genannt werden will) außer zu Weihnachten am Wochenende praktisch nicht mehr in die alte Heimat. Längst haben seine Jungs einen siebten festen Spieler in die Aufstellung schreiben müssen und erneut frühzeitig den Aufstieg verpasst, Christians Amt als dritter Kassenprüfer wurde neu besetzt und die letzten Vereins-Zugänge kennt er höchstens noch dem Namen nach aus dem Spielbericht im Internet – wenn überhaupt, denn die Zeit ist wirklich knapp für so einen Vollzeit- und Vollblutstudenten.

Zwar schaut Christian dann doch mal auf einen Sprung zum Abteilungs-Sommerfest vorbei (Freibier!), doch kennt er weder die Abschlussplatzierungen seiner ehemaligen Mitkämpfer noch kann er in den Gesprächen mit ihnen besonders gut verbergen, dass er die meisten davon mittlerweile eigentlich für Einfaltspinsel vom Lande hält, während in ihm ein hochgebildeter Weltbürger heranwächst – und das nach einem maximal mittelguten Abschluss als BWL-Bachelor, für den gerade einmal ein Modul in Philosophie im Nebenfach belegt werden musste um den eigenen Horizont zu erweitern.

Spätestens nach zwei weiteren Jahren als mausetote Karteileiche trudelt Abteilungsleiter Franz dann unangekündigt ein Wechselantrag auf den Schreibtisch. Für eine Vorwarnung per Textnachricht hat es wohl leider nicht mehr gereicht. Noch nicht einmal ein „Alles Gute beim neuen Verein" kann Franz seinem ehemaligen sportlichen Ziehsohn hinterherschicken – anscheinend hat sich außer seinem Charakter zuletzt auch noch Chrissys Handynummer geändert.

#6 DER EHRGEIZIGE ENDZWANZIGER

Wenn die intensive und anstrengende Lebensphase von Ausbildung und Studium zu Ende ist und sich der Kreisliga-Tischtennis-Spieler nach einigen stressigen ersten Jahren kurz vor dem 30. Geburtstag endlich gemütlich in seinem Berufsleben eingerichtet hat, kann er auch wieder mehr Zeit in sein eigentlich liebstes Hobby investieren. Nein, nicht Netflix – Kreisliga-Tischtennis natürlich.

So geht es auch dem 28-jährigen Stefan, der nach einigen Jahren mit Anfang Zwanzig mit zunächst wenigen und dann irgendwann gar keinen Punktspieleinsätzen mehr zuletzt wieder richtig angegriffen hat: Eines Tages ist er nämlich an der Supermarktkasse seinem alten Weggefährten aus Jugendtagen begegnet, der immer noch aktiv in seinem Verein ist und ihn umgehend zu einer Trainingseinheit eingeladen und zu einem Duell herausgefordert hat. So hat Stefan das Tischtennis-Fieber wieder gepackt und er hat sich spontan erstmal einen neuen Schläger gekauft, denn mit dem alten war wirklich nichts mehr zu gewinnen. Toll, dass dies heutzutage einfach so im Internet mit ein paar kurzen Klicks erledigt ist und man nicht stundenlang in vergilbten Katalogen blättern oder der Material-Koryphäe des Vereins wochenlang auf den Zeiger gehen muss, wann dieser endlich wieder eine telefonische Sammelbestellung für alle interessierten Abteilungsmitglieder auf den Weg bringt.

Aufgrund des – von ihm gänzlich unbemerkt – eingeführten TTR-Wertes und seinem generellen sportlichen Ehrgeiz reist Stefan nun seit einigen Monaten von Race-Turnier zu Race-Turnier durch seinen Tischtennis-Bezirk (und sogar darüber hinaus) und kann im Internet tagtäglich seine dementsprechenden Leistungssteigerungen quantitativ verfolgen – tolle Sache!

Da er privat noch ohne jegliche familiäre Verpflichtungen ist und seine derzeitige LAP (Lebensabschnittspartnerin) am Wochenende oft im Schichtdienst arbeiten muss, hat Stefan in seiner Freizeit sehr viele Möglichkeiten zu jedem noch so obskuren und weit entfernten Turnier zu fahren (z.B. zu der „ABC Supermarkt Challenge Cup 2000 *powered by* XYZ GmbH" beim ca. 400km entfernten SV Hinterdupfingen, gespielt nach Mitternacht, mit grünen Schlägern und über sieben Gewinnsätze). Und dank seines sehr ordentlich bezahlten Jobs hat er auch genug Kohle um an tagelangen Trainingslehrgängen im fernen und nahen Ausland teilzunehmen, kostenpflichtige Online-Videos anzusehen sowie Unsummen in neues Schlägermaterial oder völlig überteuerte Sportbekleidung zu investieren.

So hat Stefan innerhalb von kürzester Zeit wieder sein ehemaliges spielerisches Niveau erreicht, wenn nicht gar übertroffen. In der Hinrunde – direkt nach seinem ersten Trainingsbesuch – wurde er noch pauschal in der fünften Mannschaft als Ersatzspieler gemeldet und schließlich bis hinauf zur ersten Mannschaft wirklich überall – und auch durchaus erfolgreich – eingesetzt. Nach der Winterpause war es dann nominell bereits die dritte Mannschaft und zur neuen Spielzeit wird es schon die zweite Mannschaft sein – Tendenz weiterhin steigend. Hätte Stefan nicht jahrelang pausiert, was für einen Kreisliga-Tischtennisgranate wäre nur aus ihm geworden!? Vielleicht sogar eine Bezirksligagranate?

Seine Mitspieler freuen sich derweil nicht nur darüber, eine klare sportliche Verstärkung sowie einen gemütlichen, verlässlichen und jovialen Kneipengänger zurück bekommen zu haben: Stefan hat sogar umgehend dienstags das Jugendtraining übernommen als der bisherige Trainer kurzfristig ausfiel (Hüft-OP, klassisches Kreisliga-Leiden), begleitete den überdurchschnittlich talentierten Knirps zu den überregionalen Schülermeisterschaften, hat die Weihnachtsfeier mitorganisiert und selbst Glühwein angerührt, war eine große Hilfe beim Frühjahrsputz in der Halle, dem Sortieren des Geräteraums sowie beim Aufbauen der neuer Tische und hat auf dem Sommerfest stundenlang am Grill gestanden und Bratwürste für die Kids gewendet. Zudem ist er sich auch nicht zu schade, als Funktionär große Verantwortung zu übernehmen: Auf der Jahreshauptversammlung wurde Stefan erst kürzlich einstimmig (bei einer Enthaltung) zum Vize-Turnierwart gewählt!

Ja, Stefan ist nun wieder einer der wenigen Vereinsmitglieder, die den Laden wirklich am Laufen halten. Und so ist Abteilungsleiter Franz schon angst und bange vor dem Moment, in dem Stefan seine Tanja eines Tages heiraten und dann sicherlich auch bald schwängern wird. Erfahrungsgemäß geraten dann nämlich wieder andere Dinge im Leben in den Vordergrund als das hitzige Funktionärs-Derby der benachbarten Tischtennis-Kreisauswahlen, die Mini-Bezirksmeisterschaft, die Abteilungs-Jahreshauptversammlung, die aktuelle Bestellung von Trainingsbällen oder eben dieser notorische TTR-Wert.

Und bei aller Liebe Stefans zum Kreisliga-Tischtennis: allzu lange sollte der Antrag vermutlich nicht mehr dauern. Das hat ihm Tanja schon recht deutlich gemacht, als er kürzlich mit einer vor Stolz geschwellten Brust und mit einem riesigen Fresskorb als Titelprämie völlig fertig vom letzten Turnier nach Hause kam und sich eigentlich nur noch faul auf die Couch legen wollte – und das am Valentinstag.

DIE DREI GROSSEN LÜGEN
auf der Vereinshomepage

Jede Menge Lesenswertes.

Die besten Fotos.

Wird laufend aktualisiert.

#7 DER UNPÄSSLICHE FAMILIENPAPA

Nach einer tischtennistechnisch sehr intensiven und spannenden Zeit mit Ende Zwanzig beginnt für Konstantin demnächst ein neuer Lebensabschnitt. Nach zahllosen wochenlangen Fernreisen, in Unterhaltungselektronik investierte Unsummen sowie – natürlich – einem Karrierehoch in der Kreisliga-Tischtennismannschaft seiner Wahl, hat er nun doch tatsächlich vor eine Familie zu gründen. Beziehungsweise, was heißt schon vorhaben: viel mehr schwanger als Konstantins Verlobte Jessy geht eigentlich gar nicht.

Die Auswirkungen auf Konstantins Tischtennis-Karriere haben seine Mitspieler bereits in den letzten Wochen der vergangenen Saison miterleben, ja sogar miterleiden müssen: Statt sich wie vereinbart regelmäßig zum Training zu treffen, um irgendwie doch noch den anvisierten und durchaus möglichen Aufstieg in die Bezirksliga zu erringen, schob sich Konstantin mit seiner Jessy stundenlang durch Babyläden und klickte sich durch die Kinderbekleidungs-Seiten auf Amazon, besuchte zahlreiche Geburtsvorbereitungskurse und stellte sich mental bereits auf einen neuen Lebensabschnitt ein. Nun hat der örtliche SC zwar immer noch keine Bezirksliga-Mannschaft (das alles entscheidende Einzel im alles entscheidenden Punktspiel verlor Konstantin sang- und klanglos in drei kurzen Sätzen), dafür haben Konstantin und seine Liebste aber eine absolute Basisausstattung für den sehnlichst erwarteten Nachwuchs im Wert eines Mittelklasse-Kleinwagens.

Wer von seinen Mitspielern nun etwa geglaubt hatte, dass sich diese Fixierung auf das Häusliche und Familiäre zumindest einige Monate nach der Geburt des Babys wieder legen würde, sieht sich nun leider heftig getäuscht. Zwar war Konstantin die ersten Punktspiele der neuen Saison physisch anwesend, doch konnte von einer konzentrierten Leistung an der Platte wirklich nicht die Rede sein. Übermüdung dank nächtlicher Schreierei, elterliche Sorgen bei der kleinsten Temperaturschwankung des Kindes sowie die ausführliche Planung der Kita-Bewerbung ließen ihn ständig mehr als nur leicht abgelenkt wirken.

Und als dann der kleine Paul auch noch das Zahnen beginnt und sich die üblichen Sechsmonats-Koliken ankündigen, muss Konstantin seinem wenig überraschten aber natürlich auch wenig erfreuten Mannschaftsführer beibringen, dass er vorerst für den Rest der Vorrunde höchstens noch als Ersatzspieler in Frage kommt. Und dies auch nur im absoluten Notfall – und wenn der Kleine Bengel nachts wenigstens ein paar Stunden Schlaf zugelassen hat.

Nun, aus diesem „vorerst" sind inzwischen fünf Jahre geworden. Zwar vermisst Konstantin ein bisschen die regelmäßige Bewegung an der Platte (sieht man auch) und das noch regelmäßigere Bierchen anschließend zusammen mit ein oder zwei Currywürsten mit Pommes (sieht man kaum), doch irgendetwas ist eben immer in so einer jungen Familie – und insbesondere immer irgendetwas Wichtigeres als die 1. Kreisliga, Staffel 2B im Kreis Nordwest. Gerade weil nach dem kleinen Paul dann eben noch Zwillinge folgten. Und ein Hund. Und ein chronisch erkältetes Meerschweinchen.

Wenigstens auf dem Abteilungs-Sommerfest ist Konstantin kürzlich tatsächlich mit Kind und Kegel vorbei gekommen. Aber nach eine kleinen alkoholfreien Radler, veganen Bratwürsten und einem sauberen Tobsuchtsanfall des kleinen Luca gefolgt von einem einwandfreien Tobsuchtsanfall des kleinen Sandro war dann auch dieser nette Abend außer Haus bald wieder vorbei.

Eigentlich geht Konstantin völlig auf in seiner Rolle als Familienpapa: buddelt stundenlang im Sandkasten, arbeitet nur noch Teilzeit, säubert liebevoll die Töpfchen der Kleinen und kann von regelmäßigen und vor allem ungestörten Kuscheln mit seiner Jessy nur noch träumen. Aber manchmal ertappt er sich dann doch dabei, wie er heimlich davon träumt, einen Freitagabend mal wieder mit einer eineinhalbstündigen Anfahrt bei starkem Schneefall mit Tempo 50 nach Hinternordingen zu verbringen, sich stundenlang auf viel zu kleinen Turnbänken den Hintern platt zu sitzen, ein verkorkstes Einzel gegen einen absolut schlagbaren Gegner unglücklich zu verlieren, mit der Mannschaft so zum wiederholten Mal den erhofften Aufstieg oder Nichtabstieg zu verpassen, anschließend bis weit nach Mitternacht in der örtlichen Dorfkneipe zu versumpfen und am nächsten Mittag mit einem miesen Kater vom Allerfeinsten bei Joe auf der Couch aufzuwachen und auf dem Handy 23 Anrufe in Abwesenheit zu haben. Ach, früher war einfach alles besser!

#8 DIE ZWEITE (ODER DRITTE) LUFT IN DEN VIERZIGERN

Seitdem Carstens drei Kinder in der Pubertät sind und ihren Vater nur noch nachts als Discotaxi benötigen, hat Carstens Kreisliga-Tischtenniskarriere einen klaren Aufwärtstrend zu verzeichnen. Zwar ist er mit seinen 45 Jahren nicht mehr so lernfähig wie mit 16, nicht mehr so fit und agil wie mit Mitte 20 und nach zahllosen dringend nötigen familiären Investitionen (Stichwort: Immobilienkredit!) nicht mehr so finanzstark wie mit Anfang 30 um sich maximal alle drei Monate den allerheißesten Scheiß auf dem Schlägerbelag-Markt kaufen zu können – doch mit Trainingseifer und Spaß an der Sache lässt sich vieles ausgleichen. Beispielsweise eine hohe Stirn. Und eine Brille. Sogar weitgehend fehlendes Talent, so munkelt man jedenfalls.

Nach Jahren mangelnder Freizeit dank Kleinkindern weiß Carsten nämlich seine wiedergewonnene Freiheit auszunutzen: Zweimal die Woche ins Training ist ohnehin das Mindeste, dazu kommt freitags das obligatorische Punktspiel, eventuell kann er mal dienstags in den Bezirksliga-Mannschaften aushelfen, ein Pokalspiel absolvieren und am Wochenende oft noch ein Turnier einstreuen – seinen Schläger fasst er inzwischen häufiger an als seine Kathi. Und zärtlicher. Nix für ungut, die ist ohnehin ständig tagelang mit ihrer Kegeltruppe unterwegs, und so hat Carsten eben endlich wieder Lust auf und Zeit für Tischtennis. Und zwar jede Menge. Und sei es eben auch nur Kreisliga-Tischtennis.

Hinzu kommt, dass er seinen durchaus vorhandenen sportlichen Ehrgeiz jahrelang leider beim Mensch-ärgeredich-nicht-Spielen hat zügeln müssen um einen größeren Familienzoff zu vermeiden. Und selbst an der verbogenen Tischtennis-Platte im Garten mit dem schiefen Netz, dem abblätternden Anstrich und der einen fehlenden Ecke hatten seine gemeinen Aufschläge technisch gesehen zwar den erwünschten Effekt, führten aber nicht zu bewundernden Blicken eines Achtjährigen, sondern zu regelmäßigen cholerischen Heul- und Schreianfällen – normalerweise unter den wachsamen Augen und vor allem Ohren der Nachbarschaft.

Da hieß es sich zusammenzureißen, die Bälle hoch (aber nicht zu hoch!) zurückzuspielen, dem Jüngling Mühsam „das Schmettern" beizubringen, zu applaudieren wenn drei Ballwechsel in Folge zu Stande kommen, Rundlauf mit neun ebenso talentfreien wie disziplinlosen und regelunkundigen Nachbarskindern bedingungslos großartig zu finden und auch sonst niemanden sportlich zu enttäuschen. Zwar hat Carsten mal die Nachbarschaftsmeisterschaft gewonnen, aber da waren alle anderen teilnehmenden Papas am Vatertag auch sichtlich angeschickert (oder einfach nur rotzevoll), darauf kann er sich nun wirklich nichts einbilden. Nun aber kann er völlig verantwortungsfrei in der vierten oder dritten Kreisliga (in der zweiten Kreisliga klappt das für Carsten definitiv nicht mehr) wieder jeden dahergelaufenen minderjährigen Gegner von der Platte blasen, wenn ihm danach ist – und wenn es seine spielerischen Fähigkeiten hergeben.

An eben diesen Fähigkeiten arbeitet Carsten daher mit dem Eifer eines 17-jährigen und mit der Erfahrungen eines Mittvierzigers – eine beinahe unschlagbare Kombination und definitiv besser als umgekehrt. Carstens Spielniveau geht folglich seit einiger Zeit kontinuierlich nur nach oben, fast schon steil nach oben muss man konstatieren. Und auch wenn sich das vielleicht nicht immer in den gewünschten Ergebnissen widerspiegelt (ach, die Nerven! Und, nun ja, die Ausdauer…), so ist es doch eine sehr erfreuliche Entwicklung. Bald schon hofft er darauf, erstmals Stammspieler in der Ersten werden zu können. Zumindest wenn Hajo dank seiner vier Kinder im Grundschulalter weiterhin so selten Zeit hat zu trainieren.

Zu guter Letzt genießt Carsten nach jahrelanger Quasi-Abstinenz auch wieder das Gesellige während und vor allem nach den Spielen. Endlich kann er praktisch folgenlos bereits zwischen den Sätzen das ein oder andere Kampfbier zischen sowie anschließend stundenlang in der Kneipe die vergangene Partie analysieren (und alles andere natürlich auch), ohne dabei ein schlechtes Gewissen zu haben weil morgen früh um acht Flohmarkt in der Kinderkrippe oder Kommunion oder irgendein semiwichtiges E-Jugend Fußballspiel ist. Morgen früh ist gar nichts, außer Ausschlafen bis halb elf und dann ein spätes Frühstück. Und da stört es Carsten auch nicht, dass er morgens um halb fünf einen Anruf seiner Ältesten erhält, ob er sie wohl vom „Sinners Club“ abholen könne – schließlich war es ohnehin langsam Zeit nach Hause zu fahren und die örtliche Dorfdisco mit dem fragwürdigen Namen liegt glücklicherweise praktisch direkt auf dem Heimweg vom Vereinsheim.

#9 DER GESELLIGE MITTFÜNFZIGER

Nach zahllosen sehr oder gar extrem ehrgeizigen Tischtennis-Jahren erreicht jede Tischtennis-Karriere einmal eine Phase, in welcher der Ehrgeiz etwas nachlässt. Oder sagen wir: etwas mehr nachlässt. Dies ist oftmals in den Fünfzigern der Fall, wenn der Körper eben auch etwas nachlässt. Oder gar etwas auseinandergeht, auf jeden Fall aber definitiv nicht mehr der Körper eines Zwanzigjährigen ist – oder wenigstens der eines Dreißigjährigen.

Da hilft es nur, die eigene Situation richtig einzuschätzen und sich mehr auf anderes als nur spielerische Stärken zu besinnen. Auf das Coaching der Mitspieler beispielsweise, das Training der Jugend, das ein oder andere semiwichtige Funktionärsamt (Gerätewart, Turnierwart, Seniorenwart, etc.) – oder, wem dies alles viel zu stressig erscheint, der konzentriert sich einfach auf das Gesellige. Auf die dritte Halbzeit eben. Nach dem Spiel, in der Kneipe. Oder wo auch immer.

So kann es vorkommen, dass man nach dem Training oder Spiel in geselligen Runden im Vereinsheim weit nach Mitternacht oftmals einen Haufen (maximal) Zwanzigjähriger antrifft, die einen einzigen Grauhaarigen (und ebenso –bärtigen) umringen und sich in bierseliger Stimmung Vereins-Legenden aus den Achtzigern erzählen lassen: Von fröhlichen Gelagen trotz eher unfröhlichen Spielausgängen, von angeblich knapp verpassten Landesliga-Aufstiegen und ebenso unverdienten Bezirksliga-Abstiegen, von unvergessenen Vereinsmeisterschaften mit epischen Spielverläufen, von Abschlussfahrten ins tiefste Osteuropa

(15km hinter die deutsch-tschechische Grenze), von stundenlangen Heimfahrten in sehr zweifelhaftem Allgemeinzustand von Auto und dessen Fahrer, von Intrigen gegen die damalige – offenkundig unfähige – Abteilungsleitung, von längst untergegangenen Vereinen in längst abgerissenen Turnhallen, kurz: von einer Zeit eben, als der gesellige Mittfünfziger noch ein feierwütiger (maximal) Zwanzigjähriger war.

Nun arbeitet er daran, ein beinahe ebenso feierwütiger Mittfünfziger zu werden und lässt sich, als die Kneipe zusperrt, sogar zu einem Ausflug in die örtliche Disco „Universum" überreden. Kurz nachdem er einen völlig überteuerten Eintritt für viel zu laute und vor allem viel zu schlechte Musik gezahlt hat (kennt denn hier keiner mehr die „Stones"?) nimmt er dort, als sein eben wirklich nicht mehr zwanzigjähriger Körper es vehement einfordert, erstmal eine Mütze Schlaf sitzend an einem Bistrotisch – und das, obwohl auf diesem Tisch eine wirklich äußert aufreizend gekleidete Zwanzigjährige tanzt. Wenigstens kann er seiner Doris am nächsten Nachmittag – kurz nach dem Frühstück – wahrheitsgemäß beteuern, dass er die jungen Dinger in der „Disse" selbstverständlich keines Auges gewürdigt habe.

Im nächsten Tischtennis-Training ist der Disco-Ausflug dann natürlich das Topthema der anwesenden Spieler: Der gesellige Mittfünfziger muss wieder und wieder erzählen wie irritiert die Putzkraft war, als ihm auf der Toilette fünf Tischtennisbälle aus der Trainingsjacke purzelten und über den Fliesenboden hüpften und er sie hektisch wieder einzusammeln versuchte (3 Sterne-Bälle!), wie ihn der Barkeeper scherzhaft nach seinem Ausweis fragte als er das zwölfte und dann auch noch das dreizehnte Bier bestellte und wie ihn doch tatsächlich eine Ü30- oder Ü40-oder gar

Ü50-Dame (so genau lässt sich das nicht mehr rekonstruieren) zum Tanzen aufforderte – trotz sichtlicher Schlagseite, trotz leicht muffelnder Sportbekleidung und trotz der gackernden begleitenden (maximal) Zwanzigjährigen im Hintergrund, die kurz davor waren Haltungsnoten hochzuhalten. Glücklicherweise konnte er mit Verweis auf seine maroden Bandscheiben eine nun aber wirklich dringend anstehende Heimfahrt ankündigen – und das war noch nicht einmal gelogen. An den weiteren Verlauf des Abends (inklusive seiner Heimfahrt) hat er allerdings eine höchstens noch rudimentäre Erinnerung: Es kann sogar sein, dass man anschließend noch bis in die Morgenstunden beim „Carlos" versackte. Oder auch nicht.

Beim nächsten Spiel, da schwört der Mittfünfziger trotz aller Geselligkeit Stein und Bein, wird er lieber wieder anschließend in der Vereinskneipe versumpfen. Vielleicht noch einen Skat kloppen oder drei „Laternen-Maß" herumgehen lassen, ausführlich das vergangene Spiel analysieren oder einen Ausblick auf den Rest der Spielzeit wagen und von ihm aus kann er auch gerne nochmal alte und sogar sehr alte Geschichten wieder aufwärmen als wären sie erst vorgestern geschehen. Aber auf keinen Fall wird er wieder mit den Jungens in die Disco mitkommen. War alles gut und schön und auch sehr lustig, doch seine an der Garderobe konfiszierte Sporttasche ist dann leider nicht mehr aufgetaucht.

#10 DER BRANDGEFÄHRLICHE ROUTINIER

Zugegeben, Horst ist nicht mehr der Jüngste. Er ist daher nicht mehr so flink auf den Beinen wie vor 30 Jahren, geistig nicht mehr so fit wie vor 20 Jahren und auch nicht mehr so trainingseifrig wie noch vor zehn Jahren. Aber unterschätzen – unterschätzen sollte man ihn wirklich nicht.

Dass Horst vor einigen Jahren auf Noppen umgestiegen ist, versteht sich von selbst. Überraschend war eher, dass er Zeit seines Lebens eigentlich nie damit gespielt und sich auch immer dagegen verwehrt hatte, dass Senioren ja angeblich nur dank außergewöhnlichen Belägen mit den Jungen mithalten können. Aber dann setzte eben auch beim ehemaligen Nahezu-Leistungssportler (lief seinerzeit die 100m in 11,2 Sekunden und kann sogar seit Ende der 70er einen Einsatz in der Tischtennis-Oberliga vorweisen) der körperliche Verfall ein und was soll man sagen – bei der Wahl, zwölf Kilo abzunehmen, sich künftig vegan zu ernähren und jeden Morgen 120 Sit-ups zu machen oder doch lieber einfach Noppen auf die Rückhand zu kleben um weiterhin spielerisch konkurrenzfähig zu sein, fiel die Wahl eben recht leicht. Und seit Horst letztes Jahr auch noch begann, während des Spiels den Schläger zu drehen, ist er für manche U30-Spieler nahezu unschlagbar.

Es kommt aber auch auf die Tagesform an, gerade auf die mentale. Denn manchmal hat Horst auch einfach keine Lust dazu, sich in epische 45-minütige Duelle verstricken zu lassen, mit Ballonabwehr und Aufschlag-Finten und dem ganzen Pipapo. Da lässt er es einfach über sich geschehen, dass sein Gegenüber eben einen irre schnellen und Effet-vollen Vorhand-Topspin vorzuweisen hat sowie über einen bärenstarken Rückhandschuss verfügt und ihn daher locker-leicht von der Platte fegen kann.

Aber wehe, er wird gereizt. Von so einem jungen Schnösel mit Schweißarmband, verdeckten Aufschlägen und minutenlangem Aufwärmprogramm vor dem Spiel beispielsweise, der mit gerümpfter Nase schon beim Betreten der Halle das 80er-Mobiliar sowie die abgespielten Tische mit den durchhängenden Netzen gemustert hat. Oder von so einem arroganten Drecksack, der eigentlich zwei Ligen höher spielen müsste, aber durch Inaktivität irgendwie abgewertet wurde und daher in der Kreisklasse B gelandet ist, Horst bei der Begrüßung nicht in die Augen sieht und einen Händedruck wie ein feuchter Waschlappen hat. Oder von so einem ambitionierten Enddreißiger, der seine halbe Familie zur Anfeuerung mitgebracht hat, die ständig bei Netzrollern und Kantenbällen klatscht. Ja, da kennt Horst nichts, dann wird er brandgefährlich. Spielerisch, aber eben auch psychologisch.

Dann täuscht er schon mal Herzprobleme vor, wo keine sind. Wischt sich stundenlang seine Brille sauber zwischen zwei Rallyes. Wechselt zwischendrin verbotenerweise seinen Schläger, nur um dann doch wieder mit dem alten Modell weiterzuspielen. Nimmt sich einfach eine zweite Auszeit mit dem Hinweise auf den nicht-existenten §4, Absatz 3 der Senioren-Tischtennis-Spielverordnung aus dem Jahre 1984 (2. Fassung!). Oder fordert noch während des Ballwechsels vehement Zeitspiel nachdem er drei Topspin-Bälle des Gegners eigentlich souverän abgewehrt hat.

Ja, da möchte man Horst wirklich nicht im vermutlich vorentscheidenden Einzel des wohl vorentscheidenden Topspiels der Liga begegnen oder im Achtelfinale eines ganztägigen Einzel-Turniers, bei dem man sich selbst frühzeitig und völlig zu Recht zum Topfavoriten auserkoren hat. Denn das kann ebenso unschön wie denkwürdig werden und unter Umständen sogar blamabel. Für einen selbst, für Zuschauer und andere Außenstehende, für Schiedsrichter, Mitspieler oder auch für den zufällig erscheinen Hallenhausmeister oder die nebenan trainierenden U13-Volleyballmädchen, die plötzlich als Störfaktoren nicht nur identifiziert sondern auch angesprochen respektive angebrüllt werden. Mehrfach.

Bei der anschließenden Analyse in der Vereinskneipe ist Horst dann aber wieder die Ruhe in Person, kann sachlich beschreiben woran es haperte oder wie er seinen Gegner doch noch niederringen konnte, möchte sich nicht mit billigen Ausreden (Platte zu glatt, Netz zu tief, Licht zu dunkel, Hallenboden zu rutschig) zufriedengeben, entschuldigt sich bei allen Anwesenden intensiv für – eventuelles! – Fehlverhalten und gibt nach Verabschiedung der Gäste im Kreis seiner Mitspieler freimütig zu, dass alles doch nur Show gewesen war. Allgemeines Gegröle, Schulterklopfen, Schnapsrunde, Legendenbildung.

Doch so ganz sicher ist sich am nächsten Tag niemand mehr, ob Horst nicht doch kurz vor einem Herzinfarkt stand, als ihm bei 9:9 im fünften Satz der Gegner eine viel zu hohe Einladung zum finalen Schlag zuspielte und er beim Abschluss durch den eintretenden Hausmeister (sowie dessen kläffenden Hund) gestört wurde, der jovial in die Runde fragte, ob er denn bald die Halle zuschließen könne. Zunächst schoss Horst den Ball dann nämlich 40cm an der Platte vorbei, wurde kreidebleich im Gesicht und griff sich umgehend ans Herz. Erst nach etwa 15 Minuten war er wieder etwas bei Sinnen und hatte auch schon wieder Farbe im Gesicht. Glücklicherweise waren zu dieser späten Stunde bei seinem anschließenden Tobsuchtsanfall keine Minderjährigen mehr anwesend.

#11 DER TISCHTENNIS-OPA

Seitdem Adalbert die 75 Lebensjahre überschritten hat, hat er endgültig beschlossen sportlich künftig etwas kürzer zu treten. Er spielt also nicht mehr in zwei Mannschaften Stammspieler und zusätzlich Ersatz in drei weiteren Mannschaften wenn die Studenten mal wieder Prüfungsphase haben oder auf Erasmus-Semester sind, Pokalspiele sind in seinem Verein aus unerfindlichen Gründen seit Jahren ohnehin kein Thema, zu den bekannten Turnieren wie Kreis- und Bezirksmeisterschaften oder gar diesen neumodischen Turnierserien fährt er schon lange nicht mehr und im ersten Paarkreuz oder im Einser-Doppel möchte er eigentlich auch nicht aufgestellt werden. Doch Tischtennis spielt er trotzdem nach wie vor für sein Leben gern, nicht dass da jemand etwas missversteht.

Trotz zahlloser Wehwehchen an Armen und Beinen, die mit unzähliger Bandagen bekämpft werden (mit äußerst überschaubarem Erfolg), zuletzt deutlich verminderter Sehfähigkeit gerade in der Mitteldistanz an der Platte, einem großen und daher unpraktischen Hörgerät, erhöhtem Bluthochdruck als dem Klassiker der Senioren-Krankheiten sowie – das ist das Schlimmste – der vom Arzt verordneten Alkohol-Abstinenz (an die er sich an allen Tagen hält, die nicht auf „g" enden; außer mittwochs) trifft er sich jeden Dienstag mit seinem Freund aus Jugendtagen, Friedhelm, zum Training. Dort spielen sie ihre vermutlich zehntausendste sowie gleich im Anschluss ihre zehntausend und erste Partie gegeneinander mit dem gleichen Ehrgeiz wie vor 59 Jahren und hängen höchstens noch ein gemeinsames Doppel dran, bevor sie sich dann vorzeitig zum Duschen verabschieden und noch auf ein Bier in die Kneipe gegenüber gehen. Gegessen wird jedoch nichts mehr, es ist ja bereits nach 17 Uhr! Gegen die ganzen ebenfalls im Training anwesenden Jugendlichen treten beide nicht mehr so gerne an, die sind ihnen zu motiviert, zu schnell, zu gut – kurz: zu jung.

Doch prinzipiell ist Adalbert bei Punktspielen nach wie vor im Einsatz, wenn auch seit letzter Saison in der hintersten Mannschaft in der untersten Liga. Denn hier kann er immer noch gut mithalten, den ein oder anderen 16-jährigen mit seinen Noppen ärgern, seinen 45-jährigen Mitspielern großväterliche Ratschläge erteilen („Das Trikot gehört in die Hose, junger Mann!") und sich daran erfreuen, dass er seine Abende nicht alleine zu Hause vor dem Fernseher verbringen muss, sondern auf viel zu niedrigen Bänken in einer miefigen Schulturnhalle mit lauwarmen Duschen und dem in der Umkleide konservierten Schweißfußgeruch der letzten vier Jahrzehnte.

Zusätzlich hilft er seit Jahren beim Kinder-Training mit, indem er sich mit einer Engelsgeduld auf eine Seite einer Platte stellt, auf deren anderer Seite bis zu zehn Knirpse in einer Schlange darauf warten, der Reihe nach einen Ballwechsel mit ihm ausführen zu dürfen. Wer den Ball dabei zwei Mal in Folge übers Netz spielen kann, scheint zu den großen Talenten im Verein zu gehören. Wer es überhaupt schafft sich korrekt in dieser Reihe aufzustellen, ebenso. Für Adalbert jedenfalls ist das jede Woche eine große Freude zu sehen, wie viel Spaß diese Kinder am Tischtennis-Sport haben (wenn sie sich nicht gerade kreischend durch die Halle jagen und gegenseitig mit Tischtennis-Bällen abschießen), haben sich seine Enkel doch trotz seinem intensiven Zureden nur für so profane Sportarten wie Fußball und Tennis interessiert.

Auch zu den sozialen Anlässen wie regelmäßigen Vereinsturnieren, Sommerfesten, den klassischen Ausflugsfahrten und – leider immer öfter – Beerdigungen von Adalbert seit einer Ewigkeit freundschaftlich verbundenen Sportkameraden aus dem ganzen Tischtennis-Bezirk ist Adalbert immer anwesend. Ja, gerade auf ihn ist absolut Verlass, wenn mal wieder zwei helfende Hände gesucht werden, sei es um Bier zu zapfen, als Abteilungs-Delegierter auf die öde Vereinsversammlung zu gehen oder mitten im tiefsten Winter mittels einer langen Autofahrt den fürchterlich unergiebigen Bezirkstag zu besuchen, Sponsoren für die große Sommerfest-Tombola zu organisieren oder gar spontan als Auswärtsfahrer für die dritte Jugendmannschaft einzuspringen. Nur beim Kuchenbacken ist er raus, seit seine Helga nicht mehr ist und das sind nun auch schon wieder über 15 Jahre.

Sogar für die von den sehr jungen Spielern der „Ersten" gegründete Pokerrunde hat er sich einmal überreden lassen. Doch da war ihm dann doch zu viel Hektik drin, er konnte noch nicht mal in Ruhe sein Kaltgetränk genießen, von den ganzen englischen Fachbegriffen hat er keinen einzigen verstanden und als er am Ende des Abends mehr als 50 Euro verloren hatte und die Jungens nur schelmisch grinsten, wollte er fast schon die Gründung einer Rommee- und Canasta-Runde vorschlagen. Doch dann hat Adalbert einfach beschlossen, dass er so alt dann doch noch nicht ist.

#12 DER TISCHTENNIS-GREIS

Der Übergang vom Tischtennis-Opa zum Tischtennis-Greis ist fließend aber unaufhaltbar. Irgendwann gegen Ende des achten Lebensjahrzehnts ist es einfach soweit: Der Körper will nicht mehr so wie der Geist. Wobei auch Johanns Geist langsam etwas müde ist vom 24. Versuch endlich in die 2. Kreisklasse aufzusteigen oder vom wiederholten – und vermutlich erneut nicht von Erfolg gekrönten – Bemühen, nach einem völlig überraschenden Aufstieg die Klasse eins höher tatsächlich mal zu halten.

Pokale, Vereinsmeisterschaften, Ranglisten, Turnierserien oder neue Beläge interessierten Johann zuletzt eigentlich nur noch höchstens peripher. (Wobei man festhalten muss, dass neue Beläge schon in den letzten gefühlt 30 Jahren nicht mehr auf Johanns Agenda standen.) Zum Mannschaftsabend und zum Vereinsausflug ist er aber immer noch gerne gegangen, denn die soziale Seite am Tischtennis-Sport hat ihm schon immer am meisten zugesagt.

Aber die ganzen Regeländerungen der letzten Jahre, bunte Beläge, Plastikbälle, Kreisreformen, das ganze Zeug mit diesem Internet – so richtig kam Johann da schon seit einiger Zeit nicht mehr hinterher. „Online" sind alle Ergebnisse jederzeit einsehbar? Er wartet schon die letzten fünf Jahrzehnte darauf, dass die Lokalzeitung dienstags immer „Ergebnisse & Tabellen vom Tischtennis" abdruckt, mehr Aktualität braucht Johann nicht.

Also hat er nach Ende der vergangenen Saison mit nunmehr 78 Jahren und gar nicht mal so schweren Herzens einfach beschlossen, seinen Tischtennis-Schläger mehr oder weniger spontan an den Nagel zu hängen und seine doch sehr lange Karriere (über 60 Jahre beim SV-DJK Grün-Weiß

Schwarzberg!) zu beenden. Wobei er sich an den alten Schlager-Text hielt, dass man ja niemals so ganz gehe: Seinem – nun nur noch ehemaligen – Mannschaftsführer Peter hat er versprochen, dass dieser ihn im Falle eines Falles, also im wirklich außergewöhnlichsten Notfall, falls man sonst ein Spiel wirklich kampflos herschenken müsse und es in der Liga wirklich noch um Alles gehe, doch nochmal als Ersatzspieler anrufen und aufstellen könne.

Von diesem Angebot macht Peter in den ersten Monaten der neuen Saison so regen Gebrauch, dass Johann sich nach sechs Einsätzen aus den ersten sieben Punktspielen der achten Mannschaft des SV-DJK gezwungen sieht, das Thema bei Peter freundlich aber bestimmt anzusprechen und dem ganzen einen Riegel vorzuschieben. Schließlich hatte er seiner Gisela hoch und heilig versprochen, nun sportlich endlich deutlich kürzer zu treten, um nun mehr Zeit zu zweit im eigenen Garten verbringen zu können, bei einem Gläschen Weißweinschorle und einer Partie Rommé oder Canasta. So werden Johanns Einsätze in der Rückrunde tatsächlich deutlich seltener um schließlich eine Saison später praktisch ganz aufzuhören. Spielerisch war es zuletzt ohne regelmäßiges Training dann eben auch nicht mehr so prickelnd, und die Bälle heben sich auch nicht mehr so einfach auf wie noch vor vier oder fünf Jahren. Ach, die Bandscheiben..!

Doch ab und zu hilft alles nichts, dann wird Johann einmal pro Saison eben doch noch gebraucht bevor man mit einem Mann weniger antritt oder sogar gar nicht. Da zeigt sich einfach Johanns gute Seele, er lässt seine alten Freunde nicht hängen und stellt sich zur Not mehr schlecht als recht doch nochmal an die Platte, auch wenn er dann eher als Platzhalter auf dem Spielberichtsbogen angesehen werden muss. Denn sein letzter Spielgewinn ist nun auch schon wieder die eine oder andere Spielzeit her.

Wenn dann so ein hoch- bis übermotivierter junger Spieler mit beinahe exponentiell steigendem TTR-Wert zum vereinbarten Treffpunkt zur Auswärtsfahrt für das Spitzenspiel der 4. Kreisliga kommt und schon aus der Ferne Johanns schlohweißen Schädel sowie seinen Ballonseide-Trainingsanzug aus den Achtzigern leuchten sieht, dann weiß dieser Jungspund umgehend, dass es heute für seine Mannschaft eher nichts zu holen geben wird und er sich den erhofften Aufstieg in die gegelten Haare schmieren kann.

Johann freut sich jedoch trotzdem, nach wie vor die nachkommenden Jugendlichen seines Herzensvereins beobachten zu können, nebenbei die Erfolge der ersten Mannschaft auf Verbandsebene teils vor Ort live miterleben zu können und immer wieder mit seinen ehemaligen Mitspielern zu plaudern. Und da ihm der Wettkampf schon ein bisschen abgeht, er eigentlich viel lieber Bier als Weinschorle trinkt und von dem ewigen Kartenhalten an den zahllosen Rommé-Nachmittagen schon ganz zittrige Hände bekommt, ist er nun kürzlich der Schachabteilung seinem SV-DJK beigetreten. Die großen Vorteile: Hier gibt es keine schnellen Bälle, man kann auch während einer Partie sitzen, der Bezirksliga-Aufstieg erscheint machbar und das Zeug mit dem Internet wird sich schon auch noch irgendwie finden – irgendwann.

#13 DER PENSIONIERTE EDELFAN

Als Richard wenige Tage nach seinem 87. Geburtstag von seiner Roswitha freundlich aber bestimmt zum Beenden seiner Tischtennis-Karriere gezw…. nun ja, dezent überredet wird (sie hatte auf seinen anhaltend zu hohen Bluthochdruck verwiesen und ihm wenig subtil mit einer sehr sehr späten Scheidung gedroht), gibt er schweren Herzens und viel zu früh den zahllosen Signalen seines Körpers nach. Ausschlaggebend ist letztendlich aber weniger Roswitha (von solchen leeren Versprechungen wie Scheidungen hatte sich Richard schon mit 60 Jahren nicht blenden lassen), sondern die Unmöglichkeit, sich passende neue orthopädische Sportschuhe zu kaufen und diese auch noch als Kassenleistung absetzen zu können.

Irgendwann ist also jede Tischtennis-Karriere einmal vorüber, was jedoch nicht heißt, dass damit automatisch das Interesse am Tischtennis erlahmt. Ganz im Gegenteil.

So pilgert Richard nun weiterhin jeden zweiten Freitag zum Verbandsliga-Heimspiel seiner „Ersten“, jeden anderen zweiten Freitag zum Bezirksliga-Spiel seiner „Zweiten“ und an Montagen, Dienstagen, Mittwochen und sogar Donnerstagen so den diversen Kreis- und Bauernliga-Spielen aller weiteren Mannschaften. Tatsächlich hat er nun sogar mehr Zeit für sein Zuschauer-Dasein, seit er nicht mit selbst an der Platte stehen muss. Sogar das ein oder andere Jugendspiel hat er bereits besucht, bevor sich einige esoterische Helikopter-Eltern über die Anwesenheit dieses doch sehr alten Mannes beschwerten, welcher angeblich einen negativen Einfluss auf das Karma ihres offensichtlich so talentierten Sohnemannes Sören-Malte habe.

Richard ist abends also mehr als ausgelastet, kennt – dank des regelmäßigen Studiums der Regionalsportseiten des örtlichen Käseblattes – alle Tabellenplätze und Bilanzen seiner ehemaligen Mitspieler auswendig, erfährt dank alter Kontakte von sämtlichen anstehenden Spieler-Wechseln in der näheren Umgebung und hat immer noch irgendeinen Funktionärsposten im Verband inne. Manchmal, wenn die Anfahrt nicht allzu weit ist oder ihn sein Schwiegersohn fahren kann, macht er sogar eine Auswärtsfahrt mit.

Zudem ist Richard bei allen besuchten Spielen ein sehr euphorischer Fan. Da kann es schon mal vorkommen, dass er sich mit einem Gegner anlegt, der unerlaubtes Coaching („Schieß ihn ab!") während des Satzes praktiziert, dass er eifrig eigene Punktgewinne per Netzball bejubelt und nach bösen Blicken ebenso entschuldigend wie ungerührt auf seine Sehschwäche verweist, dass er seinen Vereinskollegen wertvolle Tipps von der Tribüne herunterruft („Der Johnny da drüben konnte schon vor 30 Jahren nichts!") und dass er der Verzweiflung nahe ist, wenn wichtige angepeilte Saisonziele (vorderes Mittelfeld) nicht eingehalten werden können („Das wird doch wieder nichts dieses Jahr…") Kurz: Beim Fußball würde man Richard einen Ultra nennen.

Aus irgendeinem Grund ist Richard jedoch nie bereits zu Spielbeginn in der Halle sondern schleicht sich gewöhnlich während der Eingangsdoppel auf die Zuschauer-Tribüne. Geht der Blick eines der Spieler im zweiten oder dritten Satz zwischen zwei Ballwechseln nach oben zur Tribüne, ist dann zumeist schon Richard mit seiner unverkennbaren Haarmode von kurz nach dem Krieg zu sehen, der mit beiden Daumen nach oben „seine Jungs" begrüßt. Manchmal kann es auch ein bisschen später werden bis

Richard auftaucht. Unruhig werden die jungen Recken jedoch, wenn selbst im Entscheidungssatz des Doppels oder gar während des ersten Einzels weit und breit noch nichts von Richard zu sehen ist. Schließlich möchte niemand, dass sich die gesamte Tischtennis-Abteilung demnächst zu einem sehr unschönen Ereignis auf dem örtlichen Friedhof treffen muss. Meist jedoch ist Roswitha die angebliche Schuldige, die Richard nicht rechtzeitig vom Abendessenstisch hat aufstehen lassen. Wobei böse Zungen behaupten, dass er nur mal wieder beim Biathlon im Vorabendprogramm vor dem Fernseher eingenickt sei.

Nach dem Spiel ist Richard dann immer der erste in der Kneipe (klar, er muss ja nicht duschen) und hat schon das erste oder zweite Bier intus und das Spielgeschehen mit dem sichtlich uninteressierten Wirt analysiert, bevor seine Helden langsam und abgekämpft eintrudeln. Es folgt nochmal eine messerscharfe Kurzanalyse des Tagesgeschehens („Heute warst du aber schwach, Thomas!") oder ein paar aufmunternde Worte („Irgendwann wird es auch bei dir mal klappen, Hansjürgen…") bevor sich Richard vorzeitig nach Hause verabschiedet. Er braucht schließlich seinen Schönheitsschlaf, isst nach 18 Uhr nur noch Joghurt, muss in seinem Alter eben auf seine Gesundheit achten und will sich heute Abend doch auch noch um seine Roswitha kümmern – zwinker, zwinker!

#QUICKLIST: WEIT VERBREITETE ZÄHLTISCHE

- Das neueste Premiummodell einer der bekannten Tischtennis-Marken
- Ein sichtlich angeranztes Modell aus den frühen Neunzigern
- Die Holzvariante Marke Eigenbau mit allem Schnick und Schnack
- Der Bock aus dem Turnunterricht
- Der Kasten aus dem Turnunterricht
- Zwei Kästen aus dem Turnunterricht übereinander
- Keiner

TEIL 4: DAS GANZE DRUMHERUM

#1 KURZES LEXIKON WICHTIGER TISCHTENNIS-BEGRIFFE

Lexikon der Spielertypen hin oder her – Tischtennis besteht aus mehr als nur Spielern. Endlich bringen wir Struktur in das ganze Chaos an Begriffen, die so in den Turnhallen herumschwirren.

- *Abteilungsleiter, der:* Freundliche Bezeichnung für den aktuellen Depp vom Dienst.
- *Abteilungsversammlung, die:* Alljährliche Veranstaltung nach Saisonende, bei der der ▶*Abteilungsleiter* gewählt und Leberkäs gegessen wird. Anschließend lockere Diskussion in ungezwungener Atmosphäre.
- *Anti, der*: Extrem polarisierender Schlägerbelag, ähnlich wie ▶*Noppen.*
- *Aufschlag, der:* Völlig überschätzte Disziplin, meist mit leicht gereiztem Unterton in Verbindung mit dem Spruch „Der kann ja nur A." genannt.
- *Banane, die:* bevorzugtes Nahrungsmittel während eines Spiels von Ernährungsbewussten. Alternative: ▶*Wurstsemmel.*
- *Bleifreies, das:* Zweitliebstes Erfrischungsgetränk von Amateurspielern.
- *Boll, Timo:* Vorbild für alle. Außer für Spieler mit ▶*Noppen.*
- *Damenmannschaft, die:* —Dieser Eintrag fehlt.—
- *Dritte, die:* Mannschaft bei der das Gesellige klar im Vordergrund steht. Saisonziel ist immer der Nichtabstieg. Erster Ersatz für die ▶*Zweite.*

- *Duschen, das*: Teils ungeliebte Gemeinschaftsbeschäftigung nach Spielen und Training da die ►*Turnhalle* dafür oft nur leidlich ausgerüstet ist. Viele Spieler d. daher lieber daheim.
- *Entscheidungssatz, der*: Nur etwas für Spieler mit Nerven wie Drahtseilen. Kaiserdisziplin.
- *Erste, die:* Liebevolle Bezeichnung für die ehrgeizigste Herrenmannschaft.
- *Gerstensaft, der:* Universales Sportlergetränk.
- *Hausmeister, der:* Trotz wechselnder Besetzung Schrecken aller Jugendlichen. Trägt immer zu mindestens 50% Schwund bei der ►*Jugend* bei. Ganz harte Exemplare schalten im vierten Satz des Schlussdoppels auch gerne mal die ►*Turnhallen*-Beleuchtung aus.
- *Jugend, die:* Nachwuchsförderzentrum, leider meist nicht in Internatform geführt. Früher war bei der J. natürlich alles besser.
- *Kantenball, der*: Königsdisziplin beim Tischtennis. Kommt meist beim Stand von 9:9 und ist selten verdient. Gerüchteweise wird er vor allem von Spielern der ► *Ersten* beherrscht.
- *Netzroller, der*: Kleiner Bruder vom ►*Kantenball*, jedoch nicht ganz so tödlich. Trotzdem ähnlich beliebt wie ►*Schläger*-drehende ►*Noppen*-Spieler.
- *Noppen, die:* Polarisierender Schlägerbelag, gehasst oder geliebt aber nichts dazwischen.
- *Nummer 1, die:* Respektvolle Bezeichnung für aktuell offiziell besten Spieler im Verein, schlägt sich in der ►*Rangliste* nieder. Nicht gezwungenermaßen mit dem ►*Vereinsmeister* identisch, meistens aber schon.

- *Paarkreuz, das*: Unterabteilung der ▶*Rangliste*. Bestimmt die Gegner beim Punktspiel.
- *Quotient, der:* Vorgänger des ▶*TTR*, etwas ungerecht aber auch ohne Studium der höheren Mathematik verständlich.
- *Rangliste, die:* Maßgeblich für die Mannschaftszusammensetzungen. Steht daher selbstverständlich nie zu Diskussion. Bezieht sich meist auf den ▶*TTR*.
- *Rollaufschlag, der*: Unterart des ▶*Aufschlags* und oft probates Mittel gegen ▶*Noppen*.
- *Rückschlag, der*: Versuch, den ▶*Aufschlag* zurück zu spielen. Oft bleibt es beim Versuch, sehr ärgerlich.
- *Pokerturnier, das:* Großer Hafen für Spieler der hinteren Mannschaften, die hier auch einmal Chancen auf einen Titel haben.
- *Schläger, der*: Werkzeug jedes Tischtennis-Spielers. Oft alleiniger Schuldiger an bitteren Pleiten.
- *Schlussdoppel, das*: Elfmeterschießen beim Tischtennis.
- *T-Shirt, rosa:* Mit Vorliebe von den etwas älteren Spielern getragenes Accessoire. Hauptsächlich wenn die Frau das ▶*Trikot* nicht gewaschen hat.
- *Topspin, der:* 1. Bedeutung: Angriffsschlag von zunehmender Bedeutung an dessen technischer Ausführung schon so mancher verzweifelt ist. 2. Bedeutung: Tischtennis-Zubehör-Laden.
- *Training, das:* 1. Bedeutung: Geliebte zwei- bis dreimalige Abendbeschäftigung pro Woche ohne Gattin. 2. Bedeutung: Völlig überschätzte Disziplin für Überehrgeizige.

- *Trikot, das:* Identitätsstiftendes Kleidungsstück, meist von 80% einer Mannschaft getragen.
- *TTR, der:* Teils etwas umstrittener Nachfolger des bereits etwas umstrittenen ▶*Quotienten,* der die wenig umstrittene Prozentberechnung ablöste. Gerüchteweise ist der T. vor allem auf ▶*Turnieren* spielend leicht zu erhöhen.
- *Turnhalle, die:* Meist leicht in die Jahre gekommene graue Heimat der Abteilung mit tröpfelnden Duschen und ohne Seife auf den Toiletten. Oftmals rege zum ▶*Training* frequentiert.
- *Turnier, das*: Freizeitbeschäftigung ohne Gattin am Wochenende. Relevant für den ▶*TTR.*
- *Vereinsmeister, der:* Größter zu erringender Titel im Verein, verbunden mit dem Erwerb eines Eintrages in den Annalen und ewigem Ruhm. Leider für die meisten Spieler höchstens in der Form des Mini-V. erreichbar.
- *Wurstsemmel, die:* Erste Stärkungsmöglichkeit für weniger ernährungsorientierte Spieler. Sind vermutlich ausschließlich deswegen nicht in der ▶*Ersten* zu finden. Schmeckt super in Kombination mit ▶*Gerstensaft.*
- *Zweite, die:* Gefühlt ständig aufstrebendes Team, erster Ersatz für die ▶*Erste.*

#2 LEISTUNGSSTEIGERNDE MITTEL

Vor einigen Jahren wurde bekannt, dass der US-amerikanische Leichtathlet LaShawn Merritt, Doppelweltmeister von Berlin 2009 über 400m und mit der Staffel, positiv auf Dehydroepiandrosteron getestet wurde – nach eigener Aussage gelangte die Substanz über ein Mittel in seinen Körper, welches zur Penisverlängerung verhelfen sollte. Nun wissen wir natürlich, dass kein bekannter Tischtennis-Spieler ein solches Mittel nötig hat, trotzdem wollen wir diese Meldung zum Anlass nehmen um uns mit dem Thema leistungssteigernde Mittel im Amateur-Tischtennis (böse Zungen würden auch von „Amateur-Doping" reden) zu beschäftigen.

In Bayern ja eigentlich mehr Grundnahrungsmittel denn Aufputschmittel („Drei Halbe sind auch ein Schnitzel!") muss diese Aufzählung trotzdem mit des bayerischen Tischtennisspielers Lieblingsgetränk beginnen: Bier. Ob es vor, während oder nach einzelnen Spielen konsumiert am meisten hilft muss natürlich jeder für sich entscheiden. Doch allgemein gesprochen ist die leistungssteigernde Wirkung wohl nicht zu leugnen – auch wenn eventuell nur der Glaube an die Wirkung Wirklichkeit ist.

Genannt sein sollten aber doch die ein oder anderen Spezial-Techniken des Gerstensaftkonsums: Berühmt berüchtigt ist zum Beispiel die folgende Vertuschungstaktik, bei der man sein Mittelchen umgefüllt in eine etwas alberne Thermosflasche bei sich trägt um den Gegner Glauben zu machen, man stärke sich mit einer seltenen Teesorte aus Osttibet. Ganz anders hingegen die öffentliche Version: Man gönnt sich das flüssige Gold meist direkt nach seinem ersten Einzel als Schiedsrichter. Die Pulle in der einen, die Zählmaschine in der anderen Hand und gerne ohne T-Shirt steht man am Tisch und beeindruckt den Gegner allein durch seine bloße Erscheinung, ist doch der langjährige Konsum dieses Mittels unverkennbar. Dies offenbart auch die durchaus psychologische Wirkung welche die Einnahme von Dopingmitteln beim Gegner hervorruft.

Ein weiteres beliebtes Mittel aus der Welt der Nahrungsmittel ist natürlich die Banane. Konsumiert meist zwischen zwei Sätzen oder in kleinen Bissen während einer Auszeit bei 8:9 im Entscheidungssatz, soll sie dem Körper schnell Zucker zuführen und somit die letzten Reserven freilegen. Die Frage sei allerdings erlaubt, ob dies mit Traubenzucker nicht besser zu schaffen wäre, gerade angesichts der verstopfenden Wirkung welche Bananen im Allgemeinen zugeschrieben wird, und die dem ein oder anderen schon so manchen fröhlichen Wirtshausbesuch nach dem Spiel etwas verleidet hat.

Häufig verwendet wird auch die Zigarette vor und zwischen den Spielen. Sie wird strategisch meist so eingesetzt, dass man erstens möglichst wenige Spiele zählen muss. Zweitens wird von amerikanischen Forschern vermutet, dass beim Ausatmen von Rauch die Asche- und Teerpartikel dem leichten Tischtennisball eine zusätzliche Schwere verleihen. Dies führt laut neuesten Studien dazu, dass die so beschwerten Bälle kurz hinter dem Netz krachend einschlagen und somit die Raucher unter den Amateursportlern klar bevorzugen.

Das stoische Bearbeiten eines Kaugummis hingegen gehört mehr in die Region der konzentrationssteigernden und meditativen Hilfsmittel, die zur totalen Fixierung auf das Geschehen an der Platte verhelfen sollen. Ins Reich der

Legenden gehört wohl das Gerücht, dass manche Spieler davon ab und an heimlich ein Stückchen auf Schläger oder gar Handfläche befördern um die Griffigkeit des Belages zu erhöhen oder ein verstärktes, leicht klebriges Gefühl für den Schläger zu erhalten.

Ganz anders sieht es da schon beim Frischkleben aus. Dies wird tatsächlich praktiziert, und zwar mit offensichtlicher Wirkung. Der viel beschworene Katapult-Effekt ist zwar in Wahrheit wohl eine bloße Marketing-Erfindung der beteiligten Kleberhersteller. Tatsächlich verursachen die beim Frischkleben eingeatmeten Dämpfe aber einen rauscharteigen Zustand in dem der Spieler Bälle trifft, die gewöhnlich an der gegenüben liegenden Wand in zwei Metern Höhe einschlagen würden. Kein Wunder also, dass der Verband diese Form des Dopings in geschlossenen Räumen verboten hat.

Ähnliche Effekte wie beim Frischkleben werden bekannter weise auch beim Schnuppern an kaputten Tischtennisbällen ausgelöst. Der leicht pfefferminzige Geruch soll nach eingehenden Untersuchungen ebenfalls stimulierend und leistungssteigernd wirken. Vielleicht liegt hierin auch der Grund für den in jedem Training beobachtbaren Ball-Schwund?

Wie dem auch sei, die Zuhilfenahme von Mittelchen aller Art ist jedenfalls weit verbreitet in unteren Tischtennis-Gefilden, auch wenn die ganz professionellen Möglichkeiten – Stichwort: Eigenbluttransfusionen – (noch) nicht verfügbar sind, und auch Fremdbluttransfusionen bleiben im Kreisliga-Tischtennis weiterhin Vampiren, Ärzten und dem Roten Kreuz vorbehalten. Gerüchteweise laufen aber bereits die ersten Versuche mit Bier-Direktinfusionen …

#3 TISCHTENNIS UND SEX

Die Erotik des Tischtennissports erschließt sich dem gewöhnlichen Betrachter ja nun nicht gerade auf den ersten Blick. Gerade im Amateurbereich – wo Tischtennis gerne als Altherrensport belächelt wird – ist es mit damit nicht weit her, wobei die bösen Zungen hier nicht weiter beachtet werden sollen, die zynisch behaupten, dass, wenn sie am Ende eines Tages ständig mit alten Männern hätten duschen wollen, sie ja auch ins Kloster hätten gehen können.

Und doch lassen sich einige Parallelen dieser beiden so unterschiedlichen Welten Erotik und Tischtennis (die allerdings beide einen etwas zweifelhaften Ruf besitzen) nicht übersehen: Was dem in die Jahre gekommenen Liebhaber seine kleinen blauen Pillen sind, sind dem in die Jahre gekommenen Tischtennisspieler kurze Noppen, lange Noppen, Anti, Anti-Anti und sonstige Hilfsmittel, die dringend einmal verboten gehörten. Ältere Playboys stärken ihre Manneskraft mit Besuchen in der Sauna (eine Art Ganzkörper-Mikrowelle) und lassen sich Haare implantieren, ältere Tischtennisspieler legen ihr wichtigstes Werkzeug in die Mikrowelle oder entfernen dessen Schwamm.

Auch in der Weltelite des schnellen Sports mit den kleinen weißen Bällen findet sich zunächst nur schwerlich ein Anzeichen des im Alltag sonst so weitverbreiteten Sex-Overkills: Wer weiß schon etwas über den Oberkörper von Timo Boll zu berichten, wer kann seine Intim-Tätowierungen aufzählen, wer weiß wo es seine Frau Boll kennengelernt hat (gibt es die überhaupt?), die gewiss kein Glamour-Girl aus dem Fernsehen ist, wer weiß wo Boll junior gezeugt wurde (gibt es den überhaupt?) und ob er auch nach diesem Ort benannt ist wie Brooklyn Beckham, Sohn eines durchschnittlich spielenden aber überdurchschnittlich tätowierten Fußballers und einer durchschnittlich trällernden aber unterdurchschnittlich essenden Sängerin?

Immerhin wurde vor längerer Zeit bekannt, dass Deutschlands Nummer 2 Dimitrij Ovtcharov mit dem Kälbermastmittel Clenbuterol erwischt wurde (welches sich natürlich nur in verseuchtem chinesischen Rindfleisch befand!), das eher nicht zum filigranen Schnippeln und Spinnen der Ping-Pong-Welt passt. Doch auf den zweiten Blick ist die Absicht natürlich klar: Wenn man schon nur Tischtennis spielt, möchte man doch wenigstens den Oberkörper eines Schwimmers haben!

Und die Tischtennis-Spielerinnen? Ach! Zu den asiatischen Spielerinnen aus Asien, Afrika Amerika oder Mitteleuropa (denn andere gibt es in der Spitze ohnehin nicht) mit der Figur einer 12-Jährigen und dem immer gleichen Bubi-Kopf gibt es nichts weiter zu sagen.

Ein Vorwurf ist hier aber auch ganz klar den Gichtnacken im internationalen Tischtennisverband zu machen, die sich einfach keine Vorbilder nehmen! Warum sollte im Ballsport Tischtennis nicht funktionieren was im Ballsport (Damen-)Beachvolleyball prächtig funktioniert? Hier gibt es klare Regeln wie knapp die Höschen und Shirts der Spielerinnen sein müssen, und dem Publikum gefällt's. Aber an der grünen Platte? Einheits-Trikots in Jutesack-Größe, gerne auch akkurat in die Hose gesteckt. Tja Freunde, so wird das natürlich nichts mit der Aufmerksamkeit der Öffentlichkeit! *Sex sells*, dessen müsste sich doch eigentlich jeder halbwegs geschmierte Hinterzimmer-Funktionär bewusst sein.

Und dabei würde der Tischtennis-Sport doch wirklich einige erotische Ansätze bieten: Der Ball wird zumeist sachte und mit enorm viel Gefühl über das Netz befördert, liebevoller platziert als jeder Weihnachtsschmuck und seiner Rotation wird mehr Aufmerksamkeit geschenkt als jedem Partner im zweiten Ehejahr! Beim Topspin wird der Ball nur leicht gestriffen, bei der Ballonabwehr gefühlvoll zurückgebracht, mit Noppen wird er liebevollst massiert und ab und zu, wenn es sein muss, auch einmal ohne Schwamm etwas härter angepackt .

Fazit: Es gibt mehr Gemeinsamkeiten als man denkt zwischen Sex und Tischtennis, hier ist noch einiges an Potential verborgen. Denn wie besagt schon eine alte Tischtennisspieler-Weisheit: Frauen und Schläger fasst man unten an…

#4 SPIELVERLEGUNG

Es mag gute Gründe dafür geben beim Gegner um eine Spielverlegung zu bitten: Die Halle ist gesperrt wegen Lawinengefahr, der Abteilungsvorsitzende ist gerade überfahren worden oder eine üble Grippe hat die komplette Mannschaft erwischt. Ist aber auch nicht immer so.

Manchmal haben zumindest wirklich drei oder gar vier der sechs Spieler des Teams wichtige Termine, und die hinteren Mannschaften können wegen eigener Spiele auch keinen Ersatz stellen.

Meistens jedoch sieht es eher so aus: Die überlebenswichtige Nummer 1 oder 2 hat aus mehr oder weniger fadenscheinigen Gründen (Junggesellenabschied, Geburtstag des Schwiegervaters, Wochenendbeziehung, kleiner Zeh verstaucht, Freundin hat Schluss gemacht, gestern war Wiesn) keine Zeit und ohne ihn ist ein für den angepeilten Aufstieg oder Klassenerhalt so wichtiger Punktgewinn illusorisch. Also schnell den gegnerischen Mannschaftsführer angerufen, ein bisschen geheuchelt, sich ein bisschen entschuldigt, ein wenig gebettelt und ein kleinwenig sogar gedroht und vor allem das Beste gehofft.

Nun gibt es darauf prinzipiell zwei verschiedene Antwortmöglichkeiten. Da wäre einerseits der freundliche und konziliante Typ zu nennen. Er kennt die Situation aus seiner eigenen Mannschaft, erst letzte Woche musste er selber ein Spiel verlegen. Trifft schließlich jeden mal, nicht wahr. Er kann noch nichts versprechen, versucht aber mal seine Jungs zu erreichen und eigentlich sollte das schon irgendwie klappen. Zur Not auch mittwochs? Ja warum denn eigentlich nicht!? Ganz klar: Sein Team spielt nur noch um die goldene Ananas, und das im siebten Jahr in Folge.

Ganz anders der harte Hund: Er lehnt Spielverlegungsanfragen aus grundsätzlichen Erwägungen rundheraus ab. Selbst wenn nicht auf der Abteilungs-Homepage explizit angegeben ist, dass Spielverlegungen nie möglich sind, so ist ein Anruf bei ihm absolut sinnlos. Er hört sich die Klagen des anderen Captains wortlos an um dann auf fehlende Hallenkapazitäten zu verweisen. Auf den durchgetakteten Terminplan seiner Mitspieler. Auf die potentiell vorhandene Wettbewerbsverzerrung. Und – falls gar nichts mehr hilft und der Anrufer weinerlich wird – aufs Prinzip. Punkt.

Übrigens: Auf Anfragen per E-Mail antwortet er noch nicht einmal. Dabei sei erwähnt, dass dieser harte Hund mit seinem Team durchaus im Rennen um den direkten Wiederaufstieg sein kann – muss er aber auch nicht. Das Prinzip ist eben auch etwas wert, hier wird nicht verlegt, wofür gibt's denn eigentlich einen festen Spielplan?

Richtig hinterfotzig wird es aber wenn sich der harte Hund als entgegenkommend tarnt. Klar könnte man da verlegen, er schreibt mal die anderen Spieler an, das kriegen wir schon hin. Drei Tage später kommt dann aber doch die etwas süffisante Antwort: Leider, am geplanten Ersatztermin könne die eigene Nummer 1 nicht spielen, da mache verlegen natürlich wenig Sinn. Nicht wahr, verstehste, höhö. Beim nächsten Mal dann. Der Gegner tritt dann meist zu fünft oder mit drei Jugendspielern an.

Doch wie heißt es so schön? Im Leben gleicht sich alles wieder aus. Denn im Jahr drauf steigt die Mannschaft des harten Hundes dann gleich wieder ab: Ganz knapp war es am Ende, ein Pünktchen hat gefehlt. Und alles nur weil der Hansi mit einer Bronchitis flach lag und der Gegner – diese

Paragraphenreiter – partout das Spiel nicht verlegen wollte!

DIE DREI GROSSEN LÜGEN
bei der Vereinsmeisterschaft

Wir rechnen mit einer sehr guten Beteiligung.

Bestimmt gewinnt dieses Mal ein Außenseiter.

Es geht um ewigen Ruhm und Ehre – und der Pokal ist wirklich außergewöhnlich schön.

#5 FIRMENRUNDE

Wer abseits der Jagd nach TTR-Punkten unter Wettkampfbedingungen trainieren will, der tritt oft in einer Firmen- und/oder Behördenrunde an. Doch im Vergleich zur modernen Verbandsrunde gibt es da doch einige Unterschiede.

Betriebssportgruppe, oder kurz BSG: Das klingt schon etwas nach dem Mief der 50er oder 60er Jahre. Und etwa seit dieser Zeit existieren in größeren Städten Firmen- und/oder Behördenrunden im Tischtennis parallel zur üblichen Verbandsrunde. Gute Sache, gerade für die üblichen Wichtigtuer, für die es somit zahlreiche Posten, Pöstchen und Positionen zu besetzen gibt, etwa als Vorsitzender, Beisitzender, Finanzvorstand, Finanzbeistand, Kassier, Kassenprüfer, Schriftführer oder einfach nur als Stimmvieh, welches sich bei der monatlichen Sitzung am Buffet noch etwas für später einpacken lassen kann.

Na schön, vielleicht ein etwas zu harter Einstieg in die Thematik. Denn eigentlich ist es doch eine super Sache, unabhängig von der Jagd nach TTR-Punkten an einem alternativen Punktspielbetrieb teilzunehmen. Meist sind die Gegner nicht ganz so verbissen und meist kommt man auch häufiger zum Spielen als in den viel diskutierten 6er-Mannschaften der üblichen Kreisligen. Dafür ist allerdings mit einer deutlich erhöhten Material-Dichte zu rechnen, spielen doch übermäßig viele Rentner in der Firmenrunde mit, die sicherlich schon viele Jahre keine Firma mehr von innen gesehen haben. Und anscheinend fand sich in den frühen 60ern des letzten Jahrhunderts einfach kein Schläger ohne Noppen und/oder Anti in den Fachgeschäften der Republik.

Musste man früher noch für eine Firma oder Behörde arbeiten, um ihre Farben an der Tischtennis-Platte vertreten zu dürfen, so wurde diese doch sehr strikte Regelung im Laufe der Zeit mehr und mehr aufgeweicht. Heute bringt man eben seine interessierten Buddys aus dem Verein mit wenn man einen Aufstieg anpeilt. So kommt es, dass wenn man sich beim Smalltalk nach den neuesten Quartalszahlen des Autoherstellers gegen den man heute spielt erkundigt, einen nur leere Blicke treffen mit dem Hinweis: Ne, von uns arbeitet keiner für die, ich bin Polizist und er ist Lehrer.

Wie dem auch sei, in der Firmenrunde kommt man ganz schön herum in seiner Stadt. Bei Spielen gegen die Stadtwerke, bisher unbekannte Ministerien und obskure Ämter, längst zu Grunde gegangene Firmen, ausländische Studenten, inländische Banker, die Wärter des örtlichen Gefängnisses oder ein Start-Up, das erst seit drei Wochen existiert, trifft man die volle Bandbreite an möglichen Spielstätten an. Und da ist man als Kreisliga-Spieler normalerweise ohnehin schon einiges gewöhnt, wenn man Woche für Woche die nahen Grund-, Haupt- oder Realschulen und ihre angeranzten Turnhallen besucht.

Doch in der Firmenrunde hat das nochmal eine ganz andere Qualität: Da gibt es das vollständig mit Rasen- und Tennisplätzen sowie Schwimmbad ausgestattete riesige Sportareal einer seit Jahren kriselnden Bank ebenso wie den mit Linoleum-Platten ausgelegten Keller einer ehemaligen Bundeswehr-Kaserne. Außerdem sehr beliebt sind ganz normale Büros, in denen mit Mühe und Not eine Tischtennisplatte, drei Stühle und mehrere Sportler Platz finden – allerdings nicht alle. Ebenfalls erwähnt sei eine Behörde, in der man gar auf dem Gang spielt: Springt der Ball einmal über die aufgestellte Bande, so kann man ihn sich später im Keller des angrenzenden Treppenhauses wieder holen.

Nicht zu vergessen: Der Gymnastikraum der JVA, welcher nur ohne Handy und Autoschlüssel und auch nur nach zahllosen auf- und wieder zugesperrten Türen erreicht werden kann und in den man immer vom alten Wärter-Witz begleitet wird, dass man hier nur wieder herauskomme, wenn man die Punkte da lasse, höhö! Das absolute Highlight jedoch stellt mit Sicherheit der Instrumentenkeller des Bayerischen Rundfunks in München dar: Wer hier mal nach einer spektakulären Rettungstat im Entscheidungssatz die Bekanntschaft mit einer Harfe gemacht hat, weiß, wovon wir sprechen.

Nach dem Ende des Spiels gilt es zu berücksichtigen: Duschen sind natürlich ein Luxusgut, welches nicht in allen Sporteinrichtungen der Firmenrunde vorhanden ist. Und das Spielergebnis trägt man nicht in ein ominöses Internet-Portal ein, nein, nein! Der Spielbericht wird natürlich wie in den guten alten Zeiten an den Spielgruppenleiter geschickt. Immerhin ist dies heutzutage auch per Email möglich, ein echter Fortschritt. Und einmal in der Woche werden dann tatsächlich die Tabellen und Statistiken im Internet aktualisiert – zumindest wenn der Spielgruppenleiter nicht gerade mal wieder die kalte Jahreszeit auf Mallorca verbringt.

Nach Ende der Saison steht als Highlight des Jahres (für die Funktionäre zumindest) noch die berühmt-berüchtigte Abschlussfeier an. Großartig ist schon die alljährliche Einladung hierzu, die – wie alle offizielle Schreiben der Vorstandschaft – mit drei Schriftarten, vier Farben, fünf Schriftgrößen und zahllosen Fett– und Kursiv-Markern versehen ist, damit auch wirklich jede noch so wichtige

Kleinigkeit („Was ist bei Anreise mit dem Kraftrad zu beachten?") extra hervorgehoben werden kann. Auf der Feier selber, die laut Ankündigung „Tanz und Tombola" verspricht, wird dann so gut wie jedem Anwesenden einer der zahllosen Pokale, Urkunden und Zinnkrüge verliehen, und sei es nur für den sechsten Platz unter acht Mannschaften oder 16,5-jährige Mitgliedschaft – auch wenn in dieser Zeit kein einziges Tischtennisspiel gewonnen werden konnte. Ein großartiger Abend!

DIE DREI GROSSEN LÜGEN
in der WhatsApp-Gruppe

Dieses Tischtennis-Video hier müsst ihr euch unbedingt ansehen!

Natürlich kommt heute jemand ins Training.

Bin schon ganz gespannt auf das Ergebnis der dritten Mannschaft.

#6 DER TTR-WERT

Das Leben mit dem TTR-Wert ist für die meisten Tischtennis-Spieler nicht einfach, ganz im Gegenteil. Aber ohne ihn? Geht es eben auch nicht.

Es ist wie eine On-Off-Beziehung zu einer Freundin, von der man einfach nicht loskommt. Jahrelang. Immer wieder on. Dann wieder off. Und dann wieder von vorne.

Da haben es eingefleischte TTR-Singles natürlich leichter: Sie wissen prinzipiell, dass es den TTR-Wert gibt, vielleicht haben sie sogar eine vage Ahnung davon, wie er berechnet wird oder wissen grob wo sie punktemäßig in etwa stehen. Doch würden sie sich eines Tages wirklich entscheiden, nachsehen zu wollen: Die TTR-Singles wüssten noch nicht einmal, wo sie dies tun könnten. Es interessiert sie einfach nicht. Premium-Mitglied? Pah!

Am anderen Ende des Feldes stehen die seit gefühlten Jahrzehnten mit dem TTR-Wert Verheirateten. Sie leben mit ihm einträglich nebeneinander her, es gibt die üblichen Höhen und Tiefen, und ab und zu kommt man sich eben mal in die Haare, doch meistens akzeptiert man die Anwesenheit des anderen so wie er ist. Im Extremfall ist die Kommunikation eventuell auf ein Mindestmaß zurückgefahren, und manchmal guckt man sich sogar klammheimlich nach einer neuen Liebschaft um. Doch ehe man sich versieht, sind 25 TTR-Quartale vergangen und man feiert silberne Hochzeit – wobei „feiern“ nun auch etwas übertrieben ist für ein Bierchen vor dem Fernseher, während auf „Eurosport“ mal wieder Snooker oder Curling statt Tischtennis läuft.

Doch die meisten Kreisliga-Recken stecken eben in dieser On-Off-Beziehung mit ihrem TTR-Wert fest. Und das seit Jahren. Kommen einfach nicht heraus aus diesem ewigen Teufelskreis.

Da gibt es nämlich die guten Wochen, einerseits. Es läuft einfach an der Platte, und morgens blickt man verliebt wie am ersten Tag auf dem Handy auf seinen frisch geschminkten TTR-Wert. Man lächelt selig und startet mit einem guten Gefühl in den Tag. Fühlt sich unbesiegbar und lässt sich vom idiotischen Chef in der Arbeit nicht weiter stören, weiß man doch: Da gibt es jemanden, der wartet auf mich, abends, in der verschwitzten Turnhalle, der will von mir Zuneigung und bekommt sie. Im Gegenzug erhält man selber wieder einige Punkte hinzu.

Trotzdem kommt es früher oder später wieder und wieder zum großen Krach: Ein bitter verlorener Fünfsatzkrimi nach hoher Führung gegen einen kreisweit bekannten Blinden wird zum Anlass genommen, schon lange aufgestaute Spannungen zu lösen. War man wirklich so gut wie es der TTR-Wert wochenlang vorgaukelte? Oder die Gegner nur so schwach? Wie dem auch sei, nun löst sich alles unter mächtigem Getöse auf, eventuell fliegen sogar Schläger und gehen zu Bruch.

Nach weiteren üblen Vorkommnissen – per Netzroller und Kantenbällen verlorenen Matches – ist klar, dass man Distanz braucht voneinander. Es geht einfach nicht mehr so weiter, zusammen. Machen wir eine Pause, einigt man sich.

Und dann herrscht wochenlange Funkstille.

Man ignoriert ihn noch nicht einmal, den TTR-Wert. Selbst wenn sich weitere Verschlechterungen anbahnen und die erneute Aufstellung in der zweiten Mannschaft zur neuen Saison in Gefahr sein könnte. Egal! Da muss man nun standhaft bleiben. Soll er doch den ersten Schritt machen!

Selbst die ersten vorsichtigen Annäherungsversuche wie z.B. ein völliger Überraschungserfolg gegen seinen etwa 200 Punkte (so genau weiß man das ja nicht) höher eingestuften Angstgegner lassen noch nicht einmal die Hände zucken, die vermaledeite Handy-App zu öffnen. Nein, nein, so schnell kriegt er mich diesmal nicht wieder rum. Auch eine wochenlange Erfolgswelle kann zunächst keine sichtbaren Fortschritte in der Beziehung bringen. Über Monate verschwendet man fast keinen Gedanken an den TTR-Wert.

Bis man sich eines Tages zufällig wieder über den Weg läuft. Wenn die Q-TTR-Vereinsrangliste irgendwo in der Halle ausliegt oder man bei einem Turnier die Teilnehmerliste studiert. Und plötzlich ist man schlagartig wieder unsicher. Sind da etwa doch noch Gefühle im Spiel? Befindet man sich wirklich auf dieser Seite der so mächtigen Hunderter-Schwelle? Kann es in Zukunft vielleicht doch wieder besser laufen? Gemeinsam?

Und einen weiteren guten Punktspielabend später liegt man sich nachts wieder in den Armen und wacht am nächsten Morgen zufrieden nebeneinander auf. War doch gar nicht so schlimm, oder!? Dieses Mal klappt es bestimmt mit uns beiden, mit dem TTR-Wert und mir…

#7 VORRUNDENBILANZ UND RANGLISTENSITZUNG

Mit großen Ambitionen gestartet und doch nach spätestens drei Spielen festgestellt, dass es damit wieder nichts wird. Welcher Tischtennisspieler kennt das nicht? Ach so, die Mannschaft, ja die liegt soweit im Soll. Aber die eigene Bilanz!?

Anspruch und Wirklichkeit, wie immer zwei sehr gegensätzliche Dinge. Die bittersten Pleiten hat man noch lebhaft vor Augen: vergebene Chancen, verpatzte Matchbälle, verschenkte Entscheidungssätze. Nun eben Winter- bzw. Weihnachtspause.

Doch halt! Zunächst gilt es ja noch Weihnachtsfeier (ok, das wird schon) und Ranglistensitzung hinter sich zu bringen. Und letzteres ist – egal ob offiziell institutionalisiert oder zwischen den anderen Spielern am Kneipentisch durchgeführt – nur selten besonders spaßig. Gilt es doch hier, geschickt alle aufbrechenden Konflikt zu moderieren und gleichzeitig die Weichen für eine erfolgreiche Rückrunde und damit Gesamtsaison zu stellen.

In der einen Mannschaft muss ein zusätzlicher Spieler nachgezogen werden, da Kollege Weltreisender noch monatelang sein Dengue-Fieber auskurieren musste. In der anderen Mannschaft hat der Mannschaftsführer eine Grottenrunde gespielt, wird aber organisatorisch auch in der Rückrunde dringend gebraucht. Wer wird die neue Nummer 1 in der Zweiten ohne einen der beiden Starspieler vor den Kopf zu stoßen? Wie soll man den Topmann der Vorrunde hochziehen, ohne dass ein Mitspieler, der Wochenendheimfahrer ist, keine Heimspiele mehr bestreiten kann?

Man sieht: Hier ist großes Einfühlungsvermögen, Mediationsfähigkeit und eine schöne Portion Sturköpfigkeit gefragt! Besonders wenn man sich vor der Saison – unwissend und naiv wie man war – auf feste Regeln geeinigt hat, wie zum Beispiel striktes Aufstellen nach Punkten oder gar kein Umstellen während der Saison. Und nun hat man den Salat, hat man die Wahl zwischen Pest und Cholera: Stinkstiefel oder Sperrvermerk. Sieben Stammspieler oder die Aussicht auf ständigen Ersatz. Weiter eine Aufstiegsmöglichkeite oder das frühzeitige Abschenken der Saison.

Und irgendwer ist hinterher so oder so angepisst. Hat dann die ersten drei Spiele der Rückrunde leider familiäre Verpflichtungen. Oder sich den Hals verrenkt. Oder sich – im schlimmsten Fall – gleich ganz einen neuen Verein gesucht.

Und die eigenen Ambitionen für die Rückrunde? Natürlich wieder hochgesteckt. Sehr hoch. Muss ja. Nur jetzt eben leider eine Liga tiefer.

#8 DER BESTE SCHLAG

Der Aufschlag? Nur Einwürfe. Rückhand-Konter? Ganz mau. Unterschnitt? Ungefährlich. Die Taktik? Grauenvoll. Aber da ist ja noch der beste Schlag …

Die ewige Debatte ob man vermehrt seine Stärken weiter trainieren oder doch eher endlich an seinen Schwächen arbeiten sollte ist eine sehr alte. Nicht, dass wir an dieser Stelle irgendwelche Antworten wüssten. Interessant ist es aber schon, dass die meisten Spieler – solange sie nicht absolute Allrounder sind – einen klaren besten Schlag besitzen.

Bei allen Jugendlichen, die in ihrem Verein halbwegs anständig trainiert werden, ist das heutzutage selbstverständlich der Vorhand-Topspin. Was gerne zu etwas Kritik älterer Recken führt, dass die meisten Jugendlichen spielerisch austauschbar seien. Da mag zwar etwas dran sein, doch wenn der Vorhand-Topspin abwechselnd links und rechts einschlägt ist alle Kritik bezüglich spielerischer Individualität Schall und Rauch.

Die alten Recken – sofern noch ohne Noppen und Anti unterwegs – haben hingegen über die Jahre einen Schlag perfektioniert den kreisweit niemand auch nur im Entferntesten nachahmen kann: Irgend so ein komischer offensiver Über-Unterschnittball mit unangenehmen Seit-Spin bei dem die Jugendlichen dann wiederum nur eine Möglichkeit sehen: Vorhand-Topspin. Der geht in schöner Regelmäßigkeit abwechselnd ins Aus oder ins Netz.

Ist der offensive Schupfball (schön von oben nach unten ausgeführt) der beste Schlag so können diese Spieler auf ganz unangenehme Art und Weise Druck auf ihre Gegner ausüben. Unangenehm besonders deshalb weil der geneigte Zuschauer am Plattenrand gar nicht merkt wie gemein dieser offensive Schupfball eigentlich war: Wieviel Schnitt drin war. Wie flach er wegsprang. Wie unangekündigt er kam. Und überhaupt.

Aufschlag-Spezialisten wiederum haben den klaren Vorteil, dass sie ihren besten Schlag in 50% aller Ballwechsel einsetzen können. Sie müssen nämlich nicht geduldig darauf warten bis der Ball endlich „richtig steht", einen Vorbereitungsball spielen oder die beinahe tote Rückhand umlaufen. Nein, der Aufschlag-Spezialist kann aus dem ruhenden Ball das Beste machen. Früher gerne verdeckt – heute offiziell nicht mehr. Verzweifelte Gegner die sich spielerisch klar besser wähnen („Der kann ja nur Aufschläge"), ärgert dies besonders, gibt es dem Spezialisten doch einen klaren Vorteil. Angeblich durch die Einführung der kurzen 11er-Sätze entschärft, so nimmt man doch auch heute noch als Spezialist gerne drei direkte Aufschlag-Punkte sowie fünf schön hoch aufgestellte Returns pro Satz gerne mit.

Eine ganz seltene Spezies ist der Returner. Für ihn ist jeder gegnerische Aufschlag ein gefundenes Fressen, kann er doch per Flip, direktem Angriffsball oder gleich per Schuss schnelle Punkte erzielen. Egal wie kurz der Aufschlag war. Oder mit wieviel Spin. Oder wohin. Der Returner ist immer schon da, gerade auch mental. Schöne Spiele sind das meistens übrigens nicht wenn der Returner auf den Aufschlag-Spezialisten trifft: Immer nur Aufschlag und Return und dann wieder Ball aufheben ist auf eben Dauer langweilig fürs Publikum.

Der Schütze wiederum lebt – klar – von seinem Schuss. Den kann er aus jeder noch so aussichtlosen Lage abgeben, gerne auch eingesprungen oder mit anschließender Drehung. Physikalisch unmöglich und doch links eingeschlagen, das ist der Lieblingsball vom Schützen – noch so eine Methode um den Gegner an den Rand des Wahnsinns zu befördern.

Für Materialspieler sieht das natürlich alles ganz anders aus: ihr bester Schlag ist normalerweise die hässlich hingehaltene Rückhand, gesteigert auch noch richtig schön gehackt. Sieht unspektakulär aus, und gerade das ist das Fatale. Insbesondere für den unerfahrenen jugendlichen Topspin-Spieler. Da hält er seinen Löffel hin und der Ball macht Dinge die zumindest er selber für physikalisch unmöglich hielt. Nicht so der Materialspieler, versteht sich. Nicht, dass er jetzt immer unbedingt genau wüsste was da mit seinen Bällen passiert. Aber gesehen hat er es eben schon hundertmal wie sich ein vollmotivierter und aktionistischer Offensivspieler drüben – vergebens – abrackert.

Alles schön und gut, doch am tollsten wären doch zwei beste Schläge, hm? Oder gar drei? Tja, dazu müsste man eben mal trainieren. Regelmäßig. Und strukturiert. Und langfristig orientiert. Und wenn man sich dann einen zweiten – zumindest ziemlich – guten Schlag antrainiert hat, gilt es diesen eben noch im Spiel einzusetzen und nicht nur im Training gegen die Blinden von der siebten Mannschaft bei einer 8:1 Führung. Und daran hapert es dann eben doch. Alles mental halt – und Psychologie. Schließlich hat beinahe jeder Spieler einen Schlag, den er im Training bombig beherrscht.

#9 LAUF UND ANTI-LAUF

Wer schon einmal einem Kreisklassen-Tischtennisspiel beigewohnt hat, der weiß, dass hier nur äußerst selten die Fitness entscheidend ist: Der Anblick all der Bierbäuchigen mit Krampfadern, all der gichtigen Senioren und all der anderen bewegungsmäßig auf den Radius eines Bierdeckels eingeschränkten Amateure muss jedem noch so ahnungslosen Beobachter klarmachen: Psyche statt Physis lautet hier die Devise.

In diesem Zusammenhang muss die Rede zwangsläufig auf die – allerdings auch in anderen Sportarten auftretenden – zwei großen Unverstandenen des Tischtennis-Sportes kommen: Der Lauf – und der Anti-Lauf.

Der Lauf ist eine Art rauschhafter Zustand den jeder Spieler herbeisehnt. Denn er ist unabhängig vom spielerischen Können. Er ist unabhängig von der sportlich-technischen Entwicklung. Er ist unabhängig von den Mitspielern. Und, das vielleicht Faszinierendste: Er ist unabhängig vom Gegner.

Der Lauf kommt plötzlich. Er kündigt sich nicht an, nein, eines Tages ist er einfach da. Man gewinnt vier Ligaspiele in Folge, davon drei im Entscheidungssatz. Dann gewinnt man auch noch gegen seinen Angstgegner gegen den man zuletzt einen Satz gewinnen konnte als man das anschließende Frust-Bier noch in D-Mark bezahlen konnte. Anschließend putzt man das größte aufstrebende Talent im ganzen Kreis locker in drei Sätzen von der Platte bevor man dann auch noch einen „Unschlagbaren" knackt, mit 23:21 im Fünften.

Selbst eine knappe Niederlage gegen einen überlegenen Gegner beendet den Lauf nicht zwangsläufig, schließlich hat man aus dieser Niederlage viel mitnehmen können. Egal was man macht, es kommt einfach jeder Angriffsschlag, jeder Block und zu guter Letzt holt man auch noch einen Punkt per *„Diver"* auf den Hallenboden. Wenn gar nichts mehr hilft kommt eben ein Kantenball. Und dann ein ganz übler Netzroller gleich hinterher.

So läuft es dann noch ein paar Wochen weiter, warum das so ist weiß niemand. Außer, dass das Selbstvertrauen da ist, der Kopf oben ist, man selbst bei 2:7 noch an seine Chance glaubt. Zusätzlich hilft es natürlich enorm, dass in der heutigen Internetzeit die Hälfte der kommenden Gegner diesen unfassbaren Lauf bereits aus der Ferne beobachtet hat und sich daher vorher bereits – hoffentlich nur virtuell – in die Hose macht.

Warum es dann wieder aufhört weiß allerdings auch niemand. Eines Tages gibt man eine sicher geglaubte Zweisatzführung völlig unnötigerweise aus der Hand. Nur weil man endlich einmal diesen neuen Rückhandschlag unter Wettkampfbedingungen testen wollte. Der Test scheitert, der Lauf ist beendet, die gewonnenen 120 TTR-Punkte verschwinden innerhalb weniger Wochen wieder wie von Geisterhand, der Traum von der ersten Mannschaft ist ausgeträumt.

Der Anti-Lauf kommt nicht ganz so plötzlich, sondern eher etwas schleichend. Ein paar unglücklich verlorene Spiele, öfters gut mithalten gegen die favorisierten Gegner, ein paar Mal körperlich nicht ganz auf der Höhe gewesen. Dann kommt der vermeintliche Aufbaugegner, der sich aber weigert ein Aufbaugegner zu sein. Stattdessen hat dieser plötzlich einen gemeingefährlichen Topspin und man selber schnell eine Niederlage mehr auf dem Zettel. Und genau auf diesem Zettel finden sich dann acht Pleiten aus den letzten neun Spielen. Der gefürchtete Anti-Lauf ist da. Und will nicht mehr weg.

Es folgen weitere historische Pleiten gegen komplette Blinde. Einmal macht man ganze sieben Punkte – im gesamten Match. Kein Topspin will kommen, einfachste Schupfbälle fliegen reihenweise ins Netz. Hängende Schultern schon vor dem ersten Ballwechsel, der beste eigene Schlag fliegt regelmäßig links an der Platte vorbei.

Und hat man doch mal einen Satzball wehrt diesen der Gegner souverän per Netzroller ab. Es ist zum Verzweifeln. Den einzigen fünften Satz in dieser Zeit eröffnet man mit zwei Angabenfehlern und verliert diesen dann mit 2:11. Es ist wie eine Seuche die an Geist und Körper zehrt.

Irgendwann, nach Wochen oder Monaten des Haderns, nach der dreimaligen Ankündigung diesen Scheißsport ein für alle Mal aufzugeben, nach dreiwöchiger kompletter Abstinenz sowie nach einem anschließenden einwöchigem Tischtennis-Trainingslager auf Lanzarote, nach weiteren Pleiten und unfassbar vergebenen „Elfmetern", ja irgendwann ist es dann einfach wieder vorbei. Guter Gegner, nichts erwartet, trotzdem locker-lässig 3:0 gewonnen. Und anschließend läuft es dann einfach wieder wie immer. Mit Siegen und Niederlagen, immer schön abwechselnd. Zur Rückrunde darf man dann zurück in die dritte Mannschaft.

Und man fragt sich: War eigentlich irgendwas?

#10 DOPPEL

Die beiden Spieler stehen an der Platte, einer links, einer rechts, hochkonzentriert. Dann der Aufschlag des Gegners, eine starker Return kann vom Partner des Aufschlägers nur noch halbhoch auf die Platte zurückgebracht gebracht werden, es winkt ein leichter Punktgewinn – dann dummer Fehler, Stöhnen und Augenverdrehen beim Mitspieler, Satzverlust.

Tja, Doppel kann Spaß machen – muss aber nicht. Die Situation verkompliziert sich durch die Anwesenheit eines Partners drastisch. Wobei die Bezeichnung „Partner" ja oftmals auch eher unzutreffend ist: Zwei Spieler blieben bei den taktischen Überlegungen halt noch übrig und müssen nun sehen wie sie als Doppel zurechtkommen. Meist mehr schlecht als recht.

Nun steht einem der Partner ständig bei den eignen spektakulären Angriffsversuchen im Weg herum. Dafür kann man seine Aufschläge lesen und die regelmäßig von ihm provozierten hohen Bälle der Gegner kann man auf Grund ihrer irren Rotation auch nicht verwerten. Stattdessen mosert man den Mitspieler an doch endlich einmal den offensiven Gegner kurz anzuspielen. Und der andere ist Linkshänder, Mann!

Wer trainiert schon regelmäßig Doppel? Mit seinem richtigen Partner? Meist ist Doppel eher so eine Art Notnagel gegen Ende eines Trainings wenn endlich einmal „durchgewechselt" werden soll, der Star aus der Ersten aber keine Lust hat sich mit dem Noppen-Mann aus der Vierten herumzuärgern – Ballaufheben kann er auch ein andermal üben. So kommt als Rettung in der Not die Idee zu einem bunten Doppel auf, das dann über fünf Sätze geht und spielerisch keinen der vier Teilnehmer in irgendeiner Weise weiterbringt. Gleich darauf muss natürlich auch noch die Revanche gespielt werden. Wenigstens kam jemand auf die kluge Idee das Bier beim anschließenden Kneipen-Besuch auszuspielen, sonst würde sich hier nämlich überhaupt kein Ehrgeiz entwickeln.

Tja, Doppel ist eben das Stiefmütterchen in der Tischtennis-Halle. Komisch, denn in praktisch jedem bedeutenden Punktspielsystem werden einige Zähler mittels Doppeln vergeben. Und nach so einem 0:3-Rückstand geht der Rest des Abends nun eben auch nicht besonders leicht von der Schlägerhand. Trotzdem gibt es meist nur ein halbwegs eingespieltes Doppel pro Team: Bei den beiden passt das spielerisch einfach zusammen (gewöhnlich ein offensiver junger Linkshänder und ein unfassbar sicherer Routinier mit Noppen auf der Rückhand). Alle anderen müssen – je nach Aufstellung und Ersatzspielern – eben sehen wo sie bleiben, werden aber hinterher blöd angeredet wenn es nicht für einen Zähler gereicht hat. Auch im Doppel könne man wenigstens ab und zu punkten, heißt es dann.

Nur an wenigen Tagen im Jahr findet das Doppel mehr Aufmerksamkeit als gewöhnlich. Entweder steht die Vereinsmeisterschaft an und bei den Wochen vorher ausgeschacherten Paarungen hat man ein großes Los ausgehandelt. Oder aber bei einem externen Turnier wurde man zu seiner eigenen Verwunderung nebenbei einfach bis ins Halbfinale gespült. Da man im Einzel bereits raus ist, man daher noch Kraftreserven hat und weil man als eingeteilter Fahrer nicht noch ein drittes Bier hinterherkippen darf sieht man hier plötzlich die Möglichkeit ein bisschen was zu reißen. Zwar gibt es im Doppel selten Pokale zu gewinnen, doch für dieses 5-Liter-Bierfass und das professionelle

Grillset, welches man da vorher gesehen hat, würde man natürlich durchaus Verwendung finden.

In beiden Fällen wird dann endlich auch im Doppel 110% gegeben, es werden Strategien ausgeheckt und Auszeiten genommen. Erstmals in seiner Karriere gibt man seinem Partner vor dem Aufschlag unter dem Tisch Hinweise welche Angabe man nun zumindest versuchen will. Statt Herumnölen und Augenverdrehen beobachtet man nun aufmunternde Klapse sowie taktische Hinweise. Es ist plötzlich ein ganz neues Spiel, und man gewinnt zum ersten mal in seinem Leben jenseits der Mini-Meisterschaften ein Turnier!

Schade nur, dass kurz vor der Siegerehrung dann leider der Urkunden-Drucker der Turnierleitung streikt.

DIE DREI GROSSEN LÜGEN
des Spielgruppenleiters

Spielverlegungen sind überhaupt kein Problem.

Strafen werden wohl kaum nötig sein.

Bin bei Fragen jederzeit für euch erreichbar.

#11 GEGEN FRAUEN SPIELEN

Es war der blanke Horror: Als jugendlicher Tischtennis-Spieler mitten in der größten Pubertät musste man in den ersten Erwachsenen-Trainings immer wieder gegen die beiden Damen antreten. Diese spielten in der fünften Mannschaft und waren spielerisch somit ungefähr auf dem gleichen Level, taktisch jedoch eine Nummer zu groß: Mit diesem sinnlosen offensiven Gekontere konnte man als Testosteron-Bolzen, der gerade seine ersten Topspin-Bälle zu ziehen gelernt hatte, wenig anfangen. So wurde man also immer und immer wieder an der Platte von links nach rechts nach links geschickt – und dann konnte man mal wieder den Ball aufheben. Es setzte bitterste Entscheidungssatz-Pleiten in ach so wichtigen Vereinsmeisterschaften und erniedrigende Drei-Satz-Niederlagen bei Punktspielen zwischen vierter und fünfter Mannschaft.

Ja, es war eine harte Zeit. Bis man eines Tages rein zufällig die Ballonabwehr entdeckte. Aus einem unbekannten evolutionären Grund fehlte unseren Damen einfach der nötige Killerinstinkt um hoch und höher und dann noch ganz hoch aufgelegte Bälle einfach abzuschießen. Gut, ein paar Nachteile bei der Körpergröße mögen auch eine Rolle gespielt haben. Uns war es einerlei, von nun an begannen wir bereits den Return auf ein Meter Höhe zurückzuspielen und auf den leichten Fehler der mehr und mehr verärgerten Damen zu warten. Mit dieser neuen ausgefuchsten Taktik konnte man wenigstens relativ regelmäßig, wenn auch nicht hoch, gewinnen. Besonders stolz auf sich war man nicht.

Aller Gleichberechtigung in unserer aufgeklärten Gesellschaft zum Trotz: Steht auf der anderen Seite ein Gegner mit offenkundig anderen Geschlechtsmerkmalen, so kommen beim gemeinen Tischtennis-Mann wieder Urinstinkte durch, welche man nach handgestoppten zwei Millionen Jahren Evolution der Menschheit an Land eigentlich für ausgestorben hielt.

Eigentlich. Schon mal den von Erleichterung durchtränkten Brunftschrei eines Tischtennis-Mannes in seinen Vierzigern gehört, nachdem er ein bereits verloren geglaubtes Spiel gegen eine verschreckte 17-Jährige gewonnen hat? Dabei hatte er sich die Suppe vermutlich selber eingebrockt: Väterlich bei der Begrüßung, Einspielen nur mit schönen Konter-Bällen auf die Tischmitte, dann den ersten Satz mit angezogener Handbremse begonnen. Bei 8:7 durch ein, zwei dumme Fehler und ein paar Kantenbälle äußerst unglücklich verloren. Schmunzelnd die Seiten gewechselt und im zweiten Satz die gemeinen Angaben ausgepackt. Satzausgleich und in der Pause zufriedenes Grunzen während er sich die Eier etwas krault. Wie ging der Satz nochmal aus? Keine Ahnung, 11:4 oder so, schreib einfach irgendwas auf, ist ja eh egal.

Im dritten Satz erneut mit dem schnittlosen Spiel seiner Kontrahentin nicht zurechtgekommen, langsam angefangen sich zu ärgern. Die ersten Topspin-Bälle leichtfertig verschossen und dem jungen Mädchen dadurch auch noch Mut gemacht: 8:11. Im vierten Satz setzt nun die erhöhte Schweißproduktion ein und der vom besorgten Hausarzt eigentlich verordnete Ruhepuls ist in weiter Ferne. Das Kichern der Mitspieler von der Zuschauerbank hilft auch nicht weiter und nach einigen überflüssigen Schupf-Fehlern liegt die Niederlage endgültig in der Luft.

Die junge Frau wird nun beinahe durch ihr Spiel getragen, denn plötzlich ist die Kulisse da. Alle Raucher unter ihren Mannschaftskollegen befinden sich ausnahmsweise in der Halle und sind mit hilfreichen Ratschlägen („Genau so geht's!") oder psychologischer Kriegsführung („Schau doch wie nervös der ist!") voll auf der Seite ihres Kükens.

Nun beginnt auch für unseren Helden, der nun wirklich nichts mehr zu verschenken hat, endgültig die Zeit der Mätzchen und Psychotricks: Der Ball war garantiert noch drauf, der ist so ganz leicht noch von der Platte weggesprungen., das hat doch jeder gesehen! War noch nicht bereit zum Aufschlag, sorry. Brauch kurz mein Handtuch, die Brille, die Glatze, du verstehst!? Auszeit!!!

Aus einem völlig unklaren Grund beginnt die ebenso junge wie weibliche Nachwuchshoffnung plötzlich Aufschlagfehler einzustreuen, denn nun wird ihr selber bewusst was sich hier eigentlich gerade – vielleicht – anbahnt. Dennoch kann sie erneut zwei Punkte mit Konterschlägen machen – 10:10, Verlängerung. Doch nun kann unser Familienkutschen-Fahrer nochmals mit seinem Aufschlag punkten, anschließend trifft er einen Notschlag präzise auf die Netzkante, von wo der Ball an die Tischkante tropft und dann willkürlich zu Boden fällt. Entscheidungssatz.

Der fünfte Satz ist bekanntlich ein reines Nervenspiel. Und unser Tischtennis-Mann hat üblicherweise natürlich Nerven wie Drahtseile und eine 83,5%-Quote in fünften Sätzen. Leider ist heute kein „üblicherweise". Weiterhin kommt sein Topspin nicht, die Hand ist schwitzig wie nie und zittert wie sonst nur nach 13 Bier in der Stammkneipe wenn Frau und Kinder mal bei den Schwiegereltern sind. Immer mal wieder kann er dennoch seine Klasse aufblitzen lassen und mit einer krachenden Rückhand spektakulär punkten – anschließend fällt ihm sein nächster Return halbhoch ins Netz.

Ein letztes Mal Seitenwechsel, ein paar unspektakuläre Punkte hüben wie drüben, 9:9. Und jetzt? Sensation hier, vorzeitiges Karriereende dort? Ewiger Ruhm und ewiger Hohn? Nein. An dieser Stelle, liebe Damen unter den Lesern, muss man es einfach so politisch unkorrekt sagen: Nun zeigt unser Held den Mut der Verzweiflung und seiner Gegnerin fehlt irgendwie der Punch: Ein spektakulärer Ballwechsel zum Höhepunkt des Spiels, der übergewichtige erschöpfte Endvierziger kämpft um jeden Ball, kann drei, nein vier, am Ende sogar fünf Angriffsschläge gerade noch so abwehren, hechtet nach einem Netzroller auf den Hallenboden, wieder kann das junge blonde Ding den Sack an der nun leeren Platte nicht zumachen, unser Familienpapa steht bald schon wieder und verteidigt mit allem was er hat von der hinteren Hallenwand – Ballonabwehr.

Irgendwann beendet ein Flüchtigkeitsfehler der jungen Dame diesen Wahnsinn von einem Ballwechsel, die Halle tobt. Ihren nächsten Aufschlag spielt der *Old Shatterhand* unter den Kreisliga-Helden direkt auf eineinhalb Metern Höhe zurück, seine Gegnerin packt nun ein einziges Mal endlich all ihre Aggressivität zusammen und prügelt den Elfmeter zwei Meter neben die Platte. Schluss, aus, vorbei.

Und dann nur noch ein Urschrei.

#12 MANNSCHAFTSFÜHRER

Kaum ein Amt ist ähnlich unbeliebt in der Tischtennis-Welt wie das des Mannschaftsführers. Und das völlig zu Recht!

Der Mannschaftsführer von heute hat es selbstverständlich besser als seine Vorgänger von vor zehn oder 20 Jahren: Er arbeitet mit Handy-Nummern, E-Mails, Excel-Tabellen, Doodles und WhatsApp-Gruppen. Selbstverständlich finden alle seine Schäfchen sämtliche Spieltermine online und zwar Monate in Voraus. Inklusive Spielbeginn und Adresse der Turnhalle.

Doch es hilft alles nichts. Der Mannschaftsführer bekommt trotzdem am Tag vor dem nächsten Spiel eine profane SMS von seiner Nummer 1 mit der Mitteilung, dass ja leider morgen der runde Geburtstag der Lieblingstante sei. Ende der SMS. Sich selbstständig auf die Suche nach einem Ersatzspieler machen? Nur was für Streber!

Dass das formbeste Teammitglied sich krankheitsbedingt weder in der Lage sieht sich an die Platte zu schleppen geschweige denn einen Ersatzmann zu suchen – na schön. Aber das fällt ihm zwei Stunden vor Spielbeginn ein? Ach so, ja, hm, morgens hat er noch geschlafen und das Handy hatte keinen Akku mehr…

Doch irgendwie kann auch dieses Spiel mehr oder weniger reibungslos über die Bühne gehen, auch wenn man gegen den Tabellenvorletzten klar verliert. Wirklich eng wird es jedoch eine Woche später. Hier hat – überraschenderweise wenigstens frühzeitig gemeldet – die Hälfte der Mannschaft Besseres zu tun (Stichworte: Hochzeitstag, Wiesn-Besuch, Junggesellenabschied des besten Freundes). Leider spielen auch die hinteren Mannschaften am gleichen Tag und haben neben der ohnehin eher geringen Lust auszuhelfen damit sogar eine ernstzunehmende Ausrede. Schließlich könnten sie theoretisch noch aufsteigen!

So gilt es also den Mannschaftsführer des Gegners zu kontaktieren und äußerst freundlich und bescheiden nach eventuellen Ausweichterminen zu fragen. Der gegnerische Mannschaftsführer ist nun in zwei Kategorien einzuteilen: Einerseits der Paragrafenreiter der aus Prinzip nicht verlegt („Geht bei uns auch gar nicht wegen den Hallenzeiten") und so zwei leichte Punkte wittert, zumal er selber vermutlich nicht in Bestbesetzung antreten wird. Andererseits gibt es aber auch den gutmütigen Leidensgenossen, welcher selbstverständlich alles in seiner Macht stehenden tun wird um – gegen den ein oder anderen Kasten Bier – drei Wochen nach Ende der regulären Saison noch einen Ersatztermin zu finden. Erfahrungsgemäß wird dieser Termin dann aber dank Freibadwetter, Lustlosigkeit sowie Desinteresse an der goldenen Ananas um die es nur noch geht mindestens von einer der beiden Mannschaften ohnehin nicht mehr wahrgenommen.

Ab und zu kommt es aber doch vor, dass man mal wieder in Bestbesetzung antreten kann und sich trotz des starken Gegners einige Chancen ausrechnet. Frühzeitig erscheint daher der Mannschaftführer in der kalten Halle, wo er alleine schon einmal aufbauen kann: Platten werden herangekarrt und Netze gespannt, was bekanntlich alleine ganz hervorragend funktioniert. Dann werden Banden, Tische und Zählmaschinen angeschleppt und schon einmal die – natürlich selber gekauften – Spielbälle bereit gelegt. Immerhin ist inzwischen der erste Mitspieler anwesend – immer ist es der gleiche, der zuerst erscheint, und oftmals ist es sogar der hochmotivierte Ersatzmann.

Zehn, fünf und eineinhalb Minuten vor Spielbeginn trudeln dann endlich auch die letzten Mitspieler ein und fordern sofort eine der bereits seit Ewigkeiten aufgebauten Platten zum Warmspielen ein – leider drängt die Zeit nun etwas. Kein Problem, schließlich muss der Mannschaftsführer nun eh noch den lästigen Schreibkram erledigen und die heutige Doppelaufstellung mit allen Beteiligten („mir egal") aushandeln.

Kann es dann endlich losgehen und der Mannschaftsführer stellt sich zur heißgeliebten Eröffnungs-Rede auf so vergeht noch die ein oder andere Minute bis seine Sportkameraden ihre Schläger geputzt, die Bierflasche geöffnet, die Trainingsjacke ausgezogen und noch einmal auf ihre Handys geblickt haben. Schon beginnt das mühevolle Entziffern kryptischer Spielernamen des Gegners da deren Kapitän offenbar in Schönschrift in der Schule immer gefehlt hat. Kaum sind alle Doppelpaarungen („Mayer senior und Huber gegen Müller junior und Przf-äh...-kl-hyp auf Platte 1"), Offensichtlichkeiten wie auf welchen Platten gespielt wird („hier") sowie Plattitüden („wünschen uns sportliche und faire Spiele") und glatte Lügen („möge der bessere gewinnen") heruntergerattert worden ohne auch nur ein einziges Mal vom Spielberichtsbogen aufzublicken, schon gibt es spärlichsten Applaus während sich die Nummer 1 bereits an der Platte dehnt.

Im anschließenden Spiel ist der Mannschaftsführer dann dank einstündiger Aufbauten viel zu platt um seinen Gegnern auch nur irgendeine Gegenwehr leisten zu können. Und kaum kommt der Star des Teams von der ausgiebigen Raucherpause nach seinem glanzvollen Auftritt zurück in die Halle um – wenn es denn wirklich sein muss – den Mannschaftsführer beim Zählen abzulösen, da ist das

Spiel auch schon klar und deutlich verloren. Große Enttäuschung allenthalben, aber auch zünftige Fehlersuche: War ja klar, dass das bei der Doppelaufstellung heute sowieso nichts werden konnte!

Und, ach ja: Nächste Woche ist schlecht, da feiert man Vater seinen Siebzigsten, verstehst!? Aber da findest bestimmt jemand anderen.

#QUICKLIST: WARUM JUGENDLICHE AUFHÖREN

- Keinen Bock mehr
- Nie Bock gehabt
- Der Leon hat auch aufgehört
- Keine Zeit wegen Schule
- Keine Zeit wegen Susi
- Lieber Fußball
- Lieber Tennis
- Lieber gar keinen Sport
- Gegen Malte verloren
- Gegen ein Mädchen verloren
- Immer verloren
- Schläger verloren
- Plötzlich gemerkt, dass Tischtennis uncool ist
- Lebenslanger Hausarrest

TEIL 5: DIE PHASEN EINES TISCHTENNIS-TURNIERS

#1 DIE ANREISE

Früh oder sogar sehr früh am Sonntagmorgen muss sich der geneigte Kreisliga-Turnierspieler Helmut bereits auf die Reise machen, weil die Veranstalter den Beginn der untersten Klasse des anstehenden „Kaisercup"-Turniers mal wieder auf 9:00 Uhr gelegt haben. Dies bedeutete Aufstehen zu einer Uhrzeit wie unter der Woche, was die irritierte Gattin am Vorabend nur mit ungläubigem Kopfschütteln zu quittieren wusste: Wirklich? So früh?? Am Sonntag??? Wegen Tischtennis????

Ja, was tut man nicht alles für künftigen Ruhm und Ehre. Zumindest ist es das, was Helmut der Gattin erzählt hat. Zwar geht es bei jedem Turnier natürlich um Ruhm und Ehre, um Pokale, Medaillen und den obligatorischen Fresskorb der örtlichen Metzgerei – doch wie realistisch (oder besser unrealistisch) das Erreichen eines dieser Ziele bei diesem Turnier für ihn persönlich wirklich ist, hat Helmut der Gattin wohlweislich besser verschwiegen.

So sitzt er also verschlafen und übermüdet in seinem kalten Auto und das Navi kennt mal wieder die angebliche Adresse der Turnhalle in Niederwaldkirchen nicht (unschöne Erinnerungen an eine ewige Odyssee bei der Anfahrt im letzten Jahr werden wachgerufen). Wenigstens ist Helmut anders als vergangenes Jahr allein unterwegs – man lernt ja dazu. Denn letztes Jahr hatte ihm Torsten auf der Fahrt zwei Stunden lang ein Ohr abgekaut, erst sportliche Ziele und Möglichkeiten beim Turnier erörternd, dann über das Turnierwesen im Allgemeinen philosophierend und schließlich sich lautstark darüber beschwerend, dass man jetzt die Turnhalle nicht finde dank Helmuts schlechter Planung und wie solle er sich da vernünftig warmspielen und überhaupt. Beide schieden dann auch sang- und klanglos in der Vorrunde aus und Torsten sprach auf dem Heimweg kein Wort mehr (immerhin ein Lichtblick für Helmut an diesem gebrauchten Tag).

Der einzige Begleiter auf dem heutigen Weg nach Niederwaldkirchen ist für Helmut nun also die treue Sporttasche, in der alles Nötige für den erhofften langen Turniertag bereit liegt: Mehrere Liter Wasser, ein Bund Bananen, Energie-Riegel, zwei Wechsel-T-Shirts, sogar eine Wechselhose (man weiß ja nie), Schläger und Ersatzschläger und Notfallschläger und Mir-ist-jetzt-eh-alles-egal-Schläger (mit Noppen!), das praktische Schweißband und natürlich die üblichen Basics wie Schuhe, Sportsocken, Handtuch .... – Moment, wo ist das Handtuch? Der Tag geht ja schon gut los.

Die Fahrt dauert an und Helmut lässt seine Gedanken schweifen. So ein schöner Turniererfolg wäre schon mal wieder etwas Feines. Zuletzt hatte er in den späten Neunzigern Zählbares mit nach Hause bringen können, lange her. Gestern hatte er online noch ausführlich die Anmeldungsliste studiert, da sind schon einige starke Konkurrenten angemeldet: der flinke Hans-Dieter, der lange Ulli, der ewig hoffnungsvolle Knocki und sogar der legendäre Hotte von den „Regenwürmern". Zudem ein ihm unbekannter Chinese mit bärenstarkem TTR-Wert und natürlich der unvermeidbare aufstrebende 13-Jährige, der zwar eigentlich schon Landesliga spielt aber sich aus technischen Gründen immer noch für die niedrigste Turnier-Klasse anmelden darf. Ja, der Turniersieg wird schwer für Helmut, aber siegen ist ja auch nicht alles.

Zunächst gälte es ja, die Vorrunde zu überstehen. Wenn man die Anmeldungen von gestern Abend nimmt und noch ein paar erwartete Nachmelder dazurechnet kommt man auf eine stattliche Teilnehmerzahl. Helmut vermutet aus Erfahrung, dass daher eher 5er- als 6er-Gruppen gebildet werden, wahrscheinlich kommen dann auch ein paar glückliche Gruppendritte weiter. Er ist also optimistisch, die Vorrunde überstehen zu können, so schlecht ist sein aktueller Punktewert (und seine Form) nun auch wieder nicht. Und anschließend ist sowieso immer alles möglich, mal sehen was Auslosung und Fitness dann noch zulassen, wie viele Körner er in der Doppel-Konkurrenz lassen musste und was es zum Mittagessen gibt. In der KO-Runde ist auch insbesondere die Psyche eine entscheidende Komponente. Ja, so ein Turnier hält viele Unwägbarkeiten parat.

Aber mal angenommen, ihm gelingt als Gruppendritter tatsächlich die Qualifikation für die KO-Phase, dann dürfte er zunächst in der ersten Runde auf eine weiteren Gruppendritten treffen, eventuell Peter oder der dicke Manni, das müsste machbar sein. Erst anschließend, dann schon im Achtelfinale, würden dann die dickeren Brocken warten, auch die Gruppensieger. Aber Helmut bleibt optimistisch: Gerade gegen Hans-Dieter hat er zuletzt in der Liga oft gut ausgesehen und auch gegen Hotte war er noch nie chancenlos.

Ja und dann hieße es ja schon Viertelfinale, philosophiert Helmut weiter, die letzte Runde vor dem ersehnten Halbfinale ab dem es dann auch zu Hause vorzeigbare Urkunden und Sachpreise gäbe. Alles ist folglich möglich, wichtig ist nur ein guter Turnierauftakt und davor ein guter Gegner beim Warmspielen wäre auch von Vorteil, denn … Sekunde, war das nicht gerade die Autobahnausfahrt nach Niederwaldkirchen? Das Navi sucht ein Netz, Helmut ist nun ganz auf sich und seine Intuition allein gestellt, hatte er nicht letztes Jahr genau den gleichen Fehler an der genau gleichen Stelle gemacht?

Wie dem auch sei, keine 50 Minuten später fährt Helmut souverän auf den bereits überfüllten Parkplatz der Niederwaldkirchener Turnhalle und schätzt, dass er – wenn er sich beim Umziehen und beim Anmelden richtig sputet – noch etwa fünf Minuten zum Warmspielen haben dürfte. Das Turnier kann beginnen.

#2 DAS EINSPIELEN

Das Wohl und Wehe eines jeden Turniertages hängt – das weiß nun wirklich jeder Nicht-Noppenspieler – hauptsächlich ab von der Qualität des Einspielens. Folglich legt der ambitionierte Turnierspieler Jürgen hohen Wert auf eine frühzeitige Anreise, schnelles Umziehen und ausdauerndes Warmspielen an der Platte, lange bevor das Turnier überhaupt beginnt.

Reist Jürgen zu zweit zu einem Turnier an, ist die Frage des Partners zum Einspielen natürlich automatisch beantwortet. Denn selbstverständlich hat er sich einen passenden Partner mitgenommen und nicht irgendeinen Blinden aus der sechsten Mannschaft, schließlich muss man beim Topspin-Topspin-Üben ordentlich ins Schwitzen kommen um anschließend ein erfolgreiches Turnier spielen zu können. Nun gilt es also lediglich mit Adleraugen nach einem freiwerdenden Tisch zu suchen, Schläger, Bälle, Getränk und Handtuch bereit zu halten, sich bei eindeutigen Anzeichen sofort auf den direkten Weg zum freiwerdenden Tisch zu machen, im Notfall bei anderen nahenden Interessenten auch unerwartete Sprintqualitäten aufzupacken, beim Sprung über die Bande nicht hängen zu bleiben und nicht zu stürzen (sonst ist der Tag schneller vorbei als man „Bänderdehnung" sagen kann) und schließlich souverän sein Handtuch als eindeutiges Reservierungszeichen über das Tischgestänge zu hängen, ähnlich wie sonst nur bei Strandliegen auf Mallorca.

Komplizierter gestaltet es sich, wenn Jürgen alleine auf ein Turnier gefahren ist. Nun gilt es nämlich, den richtigen Partner erst noch zu finden. Vermutlich kennt er einige Spieler schon von zahlreichen anderen Turnieren und kann sie folglich recht gut einschätzen. Vielleicht hat er am Vorabend bereits mit Hans-Dieter per Textnachricht ausgemacht, sich miteinander einzuspielen. Doch nun lässt dieser auch 75 Minuten vor Turnierbeginn noch auf sich warten. Was soll Jürgen tun? Etwa noch auf unbestimmte Zeit warten und wertvolle Minuten vergeuden? Oder sich sofort Ewald als zweite Wahl schnappen um sich wenigstens so lange wie möglich einspielen zu können, wenn auch nicht auf genauso hohem Niveau? Das könnte jedoch dazu führen, dass Hans-Dieter (der vermutlich in der Halle erscheint sobald der erste Ballwechsel mit Ewald begonnen hat) beim nächsten Mal beleidigt ist und nicht mehr zur Verfügung steht. Kann er stattdessen mit Ewald einfach abbrechen und auf seine Vereinbarung mit Hans-Dieter verweisen, sobald dieser auftaucht? Dann dürfte Ewald wiederum für die nächsten Monate kaum mehr zu Verfügung stehen. Knifflig!

Ist Jürgen tatsächlich einmal zu einem Turnier gefahren, auf dem er niemanden (oder zumindest nicht näher) kennt, so gibt es zwar keine zwischenmenschlichen Dinge zu beachten, dafür steht er nun vor dem diffizilen Problem, einen spielerisch passenden Partner zum Warmspielen zu finden – und dies allein aus optischen Erwägungen. Auf gar keinen Fall darf es sich nämlich um einen ahnungslosen Anfänger handeln, mit dem lediglich zwei Ballwechsel zustande kommen. Jürgens geschultes Auge scannt also die Turnhalle: Der sich seit einer Viertelstunde dehnende Athlet? Angeber. Der Typ mit dem Schweißband? Auf gar keinen Fall! Der ältere Herr mit dem Wohlstandbauch? Hat seinen Schläger noch nicht ausgepackt, könnte Material drauf sein. Der schräge Vogel, der ganz vertieft Paulo Coelhos „Der Alchimist“ liest? Eine spielerisch vermutlich unkonventionelle Nervensäge, der eh keinen Partner sucht.

Also doch lieber der auf seinem Handy herum daddelnde Jungspund mit dem Pickeln im Gesicht? Der ist mit seinem Vater und nicht mit seinem Coach gekommen, spricht nicht für einen Überflieger. Der stark aussehende Asiate? Prügelt Jürgen vermutlich direkt von der Platte, das bringt also auch nichts. Ach je, schwierig heute.

Plötzlich entdeckt Jürgen doch noch ein bekanntes Gesicht, Johnny mit dem pinken personalisierten Trikot steuert direkt strahlend auf ihn zu. Da Johnny bekanntermaßen Kontern nicht von Unterschnitt unterscheiden kann und sich trotzdem jedes Mal maßlos ärgert, wenn er wieder nicht die KO-Runde erreicht hat, zieht Jürgen flugs den „Toiletten-Joker" und verdrückt sich für zehn Minuten in die Umkleiden. Bei seiner Rückkehr in die Halle ist gerade direkt vor ihm ein Tisch freigeworden und er wird von einem sportlich aussehenden und recht professionell gekleideten jungen Mann angequatscht. Jürgen vertraut schnell entschieden auf seine Instinkte, packt seinen Schläger und klettert mit dem sportlichen Kerl in die Box. Umgehend wird Jürgen nun in ein launiges Gespräch verwickelt, in dem ihm „Noa ohne h" berichtet, dass er erst am Samstag wieder im örtlichen Freibad seinen besten Freund „Nathan mit h" mit 21:7 klar „geschneidert" habe, woraufhin ihn ein freundlicher Rentner ansprach, ob er nicht mal im Tischtennis-Training vorbeischauen wolle. Das habe er am Dienstag gemacht, ja und dann habe „Noa ohne h" eben auch noch von diesem Turnier hier erfahren und sei kurz entschlossen am Samstagmorgen aufgestanden weil die Tennissaison derzeit eh pausiert und hier sei er nun eben.

Auch seine neue Freundin, „Nathan mit h", dessen neue Freundin und beinahe alle die ihn kennen seine heute hier (kurzes Winken zur Tribüne, von der ein vielstimmiges und sehr lautes „No-a, No-a!“ zurückschallt) weil natürlich alle darauf hofften und eigentlich sogar davon ausgingen, dass er, „Noa ohne h“, Tennis-Stadtmeister 2018, auch hier und heute etwas Großes vollbringen werde. Ob Jürgen denn schon länger „im Verein und so“ Tischtennis spiele oder auch nur gelegentlich im Freibad?

Jürgen, dessen Beitrittserklärung zu seinem Tischtennisverein definitiv länger zurückliegt als die Geburt des jungen Mannes, verbringt die dreiviertel Stunde bis Turnierbeginn damit, entweder „Noa ohne h“ beim Versuch zu beobachten, keinen Aufschlag sondern eine „Angabe“ über das Netz zu bringen, oder einfach nur damit, den Ball mal wieder aufzuheben.

Über den weiteren Turnierverlauf hat Jürgen mit sich selbst Stillschweigen vereinbart.

DIE DREI GROSSEN LÜGEN
bei der Turnierserie

Man trifft ständig auf andere Spieler.

Ich spiele ja nicht wegen meinen TTR-Punkten mit.

Nein, meiner Frau macht das gar nichts aus wenn ich den ganzen Samstag nicht daheim bin.

#3 DIE VORRUNDE

Die Vorrunde eines Tischtennis-Turniers im Kreisklassen-Bereich kann natürlich so oder so laufen, es kann aber auch ganz anders kommen. Von sportlichen Ergebnissen einmal abgesehen muss man allerdings hauptsächlich zwischen gut und, nun ja, weniger gut organisierten Turnieren unterscheiden. Bei gut organisierten Turnieren hat jede Vorrundengruppe gleich viele Teilnehmer und die Spiele finden so gut verteilt über den Vormittag statt, dass man genügend Zeit hat um zwischendrin ein wenig auszuschwitzen, ein bisschen mit anderen Teilnehmern zu Fachsimpeln und sogar in Ruhe auf die Toilette zu gehen ohne dass man sich durch zu langes Warten einen steifen Hals oder einen platten Hintern holt.

Zumeist wird in Fünfer- oder Sechsergruppen gespielt, sodass man für die lange Anfahrt und das Startgeld im Tausch auch eine anständige Anzahl an garantierten Spielen bekommt, bevor es eventuell recht frühzeitig schon wieder vorbei ist. Außerdem wird eine sinnvolle Zahl von Spielern die KO-Runde erreichen, damit das Ziel „Weiterkommen" für beinahe jeden nicht völlig blinden Teilnehmer zu Beginn des Turniers ein durchaus realistisches Ziel darstellt.

Leider kennt Kreisklassenheld Udo auch die anderen Turniere. So wie neulich beim „Horst-Maier-Gedächtnisturnier", bei dem er das erste Einzel direkt um 8:30 Uhr nach der Begrüßung spielte und dann erst wieder um 11:30 Uhr aufgerufen wurde. Nur um anschließend bis 13:00 Uhr praktisch ununterbrochen durchzuspielen. Anscheinend hat sich der Einsatz einer leistungsstarken Turniersoftware doch noch nicht überall in der Provinz durchgesetzt, hier wurde immer noch mit Papier und Taschenrechner gearbeitet – und mit Radiergummi. So kam es, dass Udo sogar zum letzten Einzel bereits aufgerufen wurde während er noch im Entscheidungssatz des vorletzten Einzels um seine theoretisch verbleibende Restchance aufs Weiterkommen kämpfte. Glücklicherweise ist Udos alter Kumpel Karsten immer ganz aufmerksam bei so etwas und brüllte umgehend ein recht aggressives „Der spielt noch an Tisch drei!" durch die sich langsam leerende Halle – schließlich waren die Bratwürste für die Mittagspause bereits fertig.

Anders schlecht organisiert war wiederum die Kreismeisterschaft vor drei Monaten. Hier gab es ein fix qualifiziertes Starterfeld in Udos D-Klasse, von dem dann aber aus unerfindlichen Gründen (Vatertag, 30 Grade im Schatten) gefühlt ein Drittel nicht erschien. Udo war dann leider in eine der Dreiergruppen gelost worden und musste trotzdem mehrere Stunden auf seine beiden sehr kurzen Einsätze (0:3 und 0:3) warten, da parallel natürlich auch die viel wichtigeren Spiele der A-, B- und C-Klasse durchgeführt wurden und insgesamt nur acht Platten zur Verfügung standen.

An diesem Tag kam es für Udo dann auch noch zum dem Klassiker schlechthin: Kaum hatte er es nach stundenlangem hungrigen Warten auf seinen zweiten Einsatz nicht mehr ausgehalten und sich an die Verpflegungsstation begeben, herzhaft in das letzte Stück seiner Wurstsemmel gebissen und gerade ein Bier getrunken, schon wurde er wieder an die Platte aufgerufen, ohne dem Magen auch nur eine Minimalzeit zum Verdauen geben zu können. Wobei man fairerweise sagen muss, dass dieser Umstand für das Ergebnis des zweiten Einzels in diesem Fall völlig belanglos war.

Doch auch freie Teilnehmerzahlen bieten nicht unbedingt nur Vorteile: Beim letzten „Superdiscounter Supercup“ gab es plötzlich mehr als hundert Teilnehmer. So wurden auch wieder nur Vierer- und Dreiergruppen gebildet, die in Udos Fall nach dem verletzungsbedingten Ausfall eines Kontrahenten sogar zu einer Zweiergruppe wurde. Trotz weniger Spiele für jeden einzelnen dauerte die ganze Vorrunde auf Grund der Masse an Teilnehmern bis in den frühen Nachmittag, sodass Udos Gattin bei seiner ungewöhnlich späten Rückkehr schon mit einer Urkunde oder einem Fresskorb gerechnet hatte, was Udos allgemeiner Stimmung auch nicht gerade zuträglich war.

Die offenen Stadtmeisterschaften der nahen Landeshauptstadt wiederum stellten letzten Winter praktisch das genaue Gegenteil dar: Perfekt organisiert durchgeführt in der riesigen Halle des örtlichen Tischtennis-Leistungszentrum waren fast so viele Tische wie Teilnehmer vorhanden – Udo gelang es ohne seine Brille kaum, die andere Seite der Halle zu sehen. Da man beim Tischtennis-Leistungszentrum normalerweise ein überwiegend junges und keine übergewichtiges altes Publikum gewöhnt ist, wurden ambitionierte Zehnergruppen gebildet. Schließlich sollte der Trainingseffekt möglichst groß sein, um sportliche Erfolge geht es im Tischtennis-Leistungszentrum bei so einer Veranstaltung natürlich nur am Rande.

Am Rande (seiner körperlichen Leistungsgrenze) war Udo dann auch spätestens nach der sechsten oder siebten Runde (so genau hatte er nicht mehr mitgezählt), doch glücklicherweise ging es den Gegnern auf der anderen Tischseite kaum anders. Der ein oder andere Teilnehmer wurde sogar bei der Turnierleitung vorstellig und verhandelte die Modalitäten einer vorzeitigen Aufgabe. So viele Krämpfe wie gegen Ende dieser Vorrunde sieht man sonst nur in der Nachspielzeit eines Fußball-WM Finales, wenn es gilt einen knappen Vorsprung mit allen legalen und illegalen Mitteln über die Zeit zu retten.

Mit einem bis aufs Mark ausgezehrten Körper (so muss sich Opa damals im Krieg gefühlt haben) und purem Willen gelang es Udo im letzten Vorrundenspiel tatsächlich und unerwartet den entscheidenden fünften Sieg zum Einzug in die KO-Runde zu erringen. Nur um dann im natürlich umgehend ausgespielten Zweiunddreißigstelfinale gegen einen 14-jährigen Bewohner des Tischtennis-Leistungszentrums mit insgesamt fünf gewonnen Punkten auszuscheiden.

Zwar spielt Udo wirklich gerne Turniere, doch nach der Vorrunde ist eben meistens Schluss. Neulich beim „Challenger Turnier *powered by* Metzgerei Mittereder" hatte er jedoch bis ins letzte Vorrunden-Spiel eine Chance auf die KO-Runde. Bei Gleichstand nach Siegen von drei Spielern stand man anschließend gemeinsam vor der Ergebniswand und zählte Sätze aus. Dass Udo diesmal wegen nur einem zu wenig gewonnenen Satz ausschied machte ich so traurig und wütend, dass er auf der Heimfahrt noch nicht mal ans andauernd bimmelnde Handy ging.

Zu Hause angekommen sah er, dass sein Kumpel Karsten ihm schließlich nach zahllosen vergeblichen Anrufen vor etwa 45 Minuten eine SMS geschrieben hatte: Beim Challenger-Turnier zähle bei Gleichstand an Siegen nicht etwa die Anzahl der gewonnenen Sätze sondern irgendein ominöser Satzquotient. Nach diesem sei Udo ganz starker Gruppendritter geworden und zu seinem Achtelfinale sei gerade der dritte und letzte Aufruf durch die Halle ertönt. Die Bissspuren an seinem Handy kann Udo heute noch erkennen.

#4 DIE MITTAGSPAUSE

Nach einer Vorrunde, bei der man sich – je nach Organisationsgrad der Veranstaltung – entweder größtenteils frierend auf der Turnhallenbank den Hintern platt gesessen hat oder bei der man vor lauter Durchspielen kaum zum Trinken kam, folgt bei gut organisierten Turnieren zunächst eine offizielle Mittagspause. Diese findet meistens mittags statt – aber eben auch nicht immer.

Zur Verbesserung der Kassenlage des ausrichtenden Vereins wurde der Großgrill angeschürt auf dem nun Bratwürste und Steaks gebraten werden, wurde haufenweise Kartoffelsalat vorbereitet und werden nun labberige Pommes frittiert. Zusätzlich wurde bereits im Vorfeld in mehr als ausreichender Menge Kuchen gebacken. Nun drängt sich das ausgehungerte Tischtennis –Volk, das die Notfall-Banane für Zwischendurch bereits vor Stunden verdrückt hat und sich die letzten zwei Partien über nur noch mit Traubenzucker und Energy-Drinks an den Tischen halten konnte, in der Schlange des behelfsmäßig aufgebauten Kiosks. Das heißt: alle außer Uwe, der wie immer seine mitgebrachten Butterbrote allein in der ansonsten völlig verwaisten Halle verzehrt, ist doch viel billiger!

Wie so oft im Leben heißt es nun auch am Turnier-Kiosk: Wer zu spät kommt, den bestraft das Leben! Denn für die Spieler am Ende der Schlange wird nicht nur der gerade vor ihnen ausgegangene Leberkäse zum Problem, sondern besonders die im Vergleich zu den beim Anstellen schnelleren Spielern deutlich verkürzte Zeit die verbleibt, die gerade konsumierten zwei Paar Wiener mit Brot noch etwas anzuverdauen, ehe das Turnier auch schon wieder weitergeht.

Denn die – zumeist – Damen an der Essenausgabe („Spielerfrauen“ würde man sie wohl beim Fußball etwas despektierlich nennen) geben zwar ihr Bestes, haben aber bisher wenig Erfahrung in der Gastronomie für Großereignisse und sind mit der hungrigen Hyänenmeute an Tischtennis-Spielern schlichtweg überfordert – eine Bundeswehrkompanie nach einer mehrstündigen Truppenübung ist nichts dagegen. Es dauert schlichtweg zu lange, jeden Sonderwunsch („Die Pommes bitte nur mit Mayo und zur Bratwurst wollte ich eigentlich den mittelscharfen Senf haben, beim scharfen bekomme ich immer Verdauungsprobleme…“) zu erfüllen. Hinzu kommt meistens, dass es an der Kasse zu wenig Wechselgeld gibt und so ein weiteres Nadelöhr entsteht, wenn alle Anwesenden ihre Geldbeutel durchkramen müssen auf der vergeblichen Suche nach den fehlenden zehn Cent.

Für manchen Spieler ist das Wichtigste so einer Mittagspause aber ohnehin nicht die Nahrungsaufnahme, sondern die ruhige Nikotinzufuhr ohne einen drohenden letzten Aufruf an Tisch drei. Man trifft Harry gemütlich paffend vor der Halle, von wo er entspannt den Kampf um die letzte Steaksemmel beobachtet. Gefrühstückt hatte er außer einer halben Schachtel Marlboro auch schon nichts, da will er seinen Körper nun auch nicht mit einem Mittagessen belasten.

Bei schlechter organisierten Turnieren wiederum gibt es keine eingeplante Mittagspause und so gilt es, den persönlichen akuten Kalorienbedarf dagegen abzuwägen, wann man wieder in den Einsatz gerufen wird. Geht sich eine schnelle Wurstsemmel noch aus oder steht man dann wieder völlig überfressen am Tisch für die erste Partie der Doppel-Runde? Sollte man eventuell aber die Doppel-Runde ohnehin abschenken, um dafür gestärkt und nach einem ausführlichen Toilettenbesuch optimal in die Einzel-KO-Runde zu starten? Und wann bildet sich die bekannte Schlange vor den wie immer viel zu wenigen Toiletten-Kabinen, bevor sich jemand heimlich aufs Damen-Klo traut? Selbst in der Mittagspause gilt es also für den weiteren Turnierverlauf womöglich folgenschwere Entscheidungen zu treffen.

Eventuell findet man in der Mittagspause auch die Zeit, sich technisch für den weiteren Verlauf des Tages zu rüsten: das verschwitzte Trikot muss gewechselt werden, der Schläger neu frischgekl.... äh ... geputzt werden, das Schweißband neu gebunden werden und man wollte doch noch Peter fragen, wo er die spielerischen Schwächen des nächsten Gegners sieht. Außerdem gilt es die überraschende Pleite im letzten Gruppenspiel zu analysieren, die nicht nur den Gruppensieg kostete sondern nun auch einen übermäßig starken Gegner zu Beginn der nächsten Runde bescherte.

Egal wie die Mittagspause verlief, irgendwann geht es dann auch wieder weiter und Rainer, der es als einer der Ersten in die Kiosk-Schlange geschafft hatte, hat schon wieder Hunger, weil er sich beim Bestellen extra ein bisschen zurückgehalten hatte („Bitte nur eine Scheibe Brot zu den zwei Paar Debrezinern“). Nun steht er bereits minutenlang wieder am Tisch und wartet auf seinen nächsten Gegner Willy, der gerade noch den Rest seines Schnitzels verdrückte bevor er sich entschuldigte und in sichtlich angespannter Haltung zügig in Richtung der Toiletten verschwand – da war wohl etwas mit dem Kartoffelsalat.

#5 DIE DOPPELRUNDE

Hat man die Einzel-Vorrunde endlich hinter sich gebracht (und vielleicht sogar erfolgreich), beginnt normalerweise noch vor der KO-Phase die Doppelrunde. Hier gilt es im Vorfeld zwei wichtige Fragen zu beantworten: Mit wem will man antreten? Und will man die ganze Sache überhaupt ernst nehmen?

Gut, wenn Karl und Tom gemeinsam zum Turnier angereist sind, werden sie vermutlich auch miteinander an den Start gehen. Es sei denn, sie sind bekannt dafür sich beim Doppel nur gegenseitig auf den Füßen zu stehen (da sie beide den Wendekreis eines Vierzigtonners haben) und/oder sich andauernd in die Wolle zu kriegen. In diesem Fall gilt es definitiv, sich gezielt einen guten Doppelpartner zu suchen.

Die Partnerwahl hängt natürlich durchaus mit der zweiten Frage zusammen: Ist die Doppelrunde nur eine willkommen Überbrückungszeit um bis zur KO-Phase warm zu bleiben? Ist sie eine nervige Angelegenheit, die schlecht organisiert ist und sich äußerst zäh über den halben Nachmittag zieht? Oder rechnet man sich sogar gute Chancen auf den Titel aus, weil man im Vorjahr zufällig im Halbfinale stand?

Zumeist tut man sich mit dem erst besten bekannten Gesicht zusammen, das spielerisch auf einem ähnlichen Niveau liegt und mit dem man es vielleicht schon einmal versucht hat. Natürlich gilt es, sich – ebenso wie beim Einspielen – vor den absoluten Nullen zu hüten.

Doch auch der vermeintliche Jackpot als Partner, der gerade erste eingereiste, spielerisch ganz starke und im Einzel daher hoch favorisierte Asiate, kann sich als wenig hilfreich erweisen. Erstens kann man kaum mit ihm kommunizieren, zweitens sagt seine Einzel-Spielstärke wenig bis nichts über seine Doppelkünste aus und drittens kann es eben sehr gut sein, dass er selber die Doppelrunde mehr oder weniger abschenken will, da er sich voll auf den Einzelpokal fokussiert. Aber das weiß man eben erst nach einer peinlichen Auftaktpleite gegen zwei Opas mit offensichtlichem Hüftleiden.

Beginnen dann endlich die ersten Doppelspiele, so gerät man so oder so schnell wieder in den Wettkampfmodus. Es wird gekämpft als ginge es um den seit Jahrzehnten ersehnten Aufstieg in die Bezirksliga. Und auf gar keinen Fall will man gegen diese beiden Nervensägen mit ihren komischen Belägen ausscheiden, außerdem ist die Auslosung günstig und man könnte wohl weit kommen. Wenn, ja wenn man sich nur mit seinem Partner zusammenrauft und sich nicht nach kürzester Zeit gegenseitig anblökt, dass das so mit der nächsten Runde wohl nichts mehr werde.

Meistens scheidet man dann zu seiner eigenen Überraschung wieder einmal vorzeitig aus und ist bis zum Beginn der Einzel-KO-Spiele schon wieder kalt, was dort auch nicht wirklich weiterhilft und zu einem weiteren vorzeitigen Ausscheiden führt.

Doch ab und zu gibt es dieses eine Turnier, bei dem es einfach läuft. Warum weiß keiner so genau, doch plötzlich werden klar stärker eingeschätzte Paare souverän aus dem Weg geräumt, werden fünfte Sätze nach schier uneinholbarem Rückstand noch gedreht und werden Punkte mittels erfolgreicher Ballonabwehr und dem eingesprungenen Becker-Hecht erzielt. Nach einer emotionalen Berg- und Talfahrt gewinnt man das tatsächlich Halbfinale und steht erstmals in seiner Karriere in einem Doppel-Finale. Glückliche Umarmungen, Schulterklopfen, eine kleine Träne im Augenwinkel, das volle Programm. Vor dem inneren Auge sieht man sich bereits in einer Jubeltraube den Titel feiern und anschließend unter aufbrandendem Jubel einen goldenen Pokal in den Turnhallenhimmel recken.

Bis in die Haarspitzen motiviert und total fokussiert startet man dann in das große Finale, für das man sich bereits mehrere Matchpläne für alle Eventualitäten zurechtgelegt hat. Die Taktik ist klar vorgegeben und der Einsatz wird so hoch sein wie noch nie. Doch dann: Trifft man auf ein völlig ausgelaugtes gegnerisches Doppel, das noch dazu spielerisch limitiert zu sein scheint und an Toms endlich mal effektiven gemeinen Unterschnitt-Aufschlägen scheitert. Nach wenigen Minuten ist alles vorbei und es ertönt ein müdes Klatschen von den zwei Mannschaftskollegen an der Bande.

Die Aufmerksamkeit des immer wieder raunenden Publikums in der Halle richtet sich nämlich gerade auf das zeitgleich ausgetragene Einzel-Achtelfinale an Tisch vier, das als vorgezogenes Endspiel gilt zwischen dem bereits erwähnten Asiaten und einem bockstarken Lokalmatador. Dort wird eben Spektakel-Tischtennis geboten.

Die Siegerehrung findet dann im kleinen Kreis (zu viert) im Geräteraum statt, es gibt eine schief ausgedruckte Urkunde und eine etwas in die Jahre gekommene Schlägerhülle als Sachpreis. Irgendwie hatte man sich so einen Turniersieg anders vorgestellt.

#6 DIE K.O.-PHASE

Egal wie lange sich die Doppelrunde auch ziehen mag, irgendwann beginnt dann doch das eigentliche Highlight des Turniers: die K.O.-Phase im Einzel. Zumindest handelt es sich um das Highlight, falls man selbst noch im Rennen ist.

Wenn man das Erreichen so einer K.O.-Phase weder als den größten Erfolg der eigenen Tischtennis-Karriere ansieht noch beim Verpassen derselben umgehend seinen Tischtennis-Schläger an den berühmten Nagel gehängt hätte (weil man den Turniersieg praktisch als Pflicht ansah), so stellt sich nun unweigerlich die große Frage: Wie weit wird es gehen? Kann man sich eventuell als einer der besten neun Spieler für ein weiterführendes Turnier qualifizieren? Wenigstens mal wieder das Viertelfinale erreichen? Sich endlich auf dem Siegertreppchen einfinden? Oder gar einen Pokal in den diesigen Turnhallenhimmel recken? Oder hat man doch wieder eine – pardon – beschissene Auslosung erwischt und scheitert in der ersten K.O.-Runde sang- und klanglos am berühmten Karl-Uwe?

Genau wie die Vorrunde eines Turniers besteht auch die K.O.-Phase aus einem Sich-Vortasten durch die einzelnen Spiele – nur eben mit dem Unterschied, dass hier bei einem Aussetzer alles schon wieder vorbei sein kann. Daher gilt es umso mehr, absolute Konzentration und Jogi-Löw-artige höggschde Disziplin einzubringen, um dem Olli-Kahn-haften wahnsinnigen Druck gewachsen zu sein. Denn wer glaubt, dass es im Achtelfinale der „Mangfalltal Open" nicht um alles geht, der ist dort noch nie angetreten!

Und so werden in der ganzen Halle die letzten bereits schwarzen Bananen voller Dellen ausgepackt, die letzten verklebten Traubenzucker-Päckchen aus den Untiefen der Sporttasche gefischt, die letzte Apfelschorle vom Verpflegungsstand gekauft und der letzte Notfall-Schokoriegel verschlungen. Die Schläger werden nochmal geputzt und heimlich frischgeklebt, das Schweißband geradegerückt, die Turnschuhe neu geschnürt und vor der Toilette bildet sich eine kleine Schlange der berüchtigten Angstpiesler. Denn gleich geht es los!

Wenn, ja wenn nur die ganze Warterei nicht wäre! Nun hat man sich schon den halben Vormittag den Hintern platt gesessen, weil man in die einzige Dreier-Gruppe des Turniers gelost worden war (in der dann ein Gegner auch noch auf Grund einer Verletzung vorzeitig heimfahren musste) und hatte sich anschließend in der Doppel-Runde frühzeitig verabschiedet um Körner zu sparen – nur um dann den anderen Spielern bei allen Partien vom Zweiunddreißigstel-Finale bis zum Halbfinale zusehen zu müssen. Und nun hat man – ein Klassiker – die ersten zwei Spiel der K.O.-Phase atemlos aber immerhin erfolgreich direkt hintereinander weggespielt, nur um jetzt schon seit einer geschlagenen Stunde auf den nächsten Aufruf zu warten. Am fehlenden Gegner kann es nicht liegen – denn der sitzt bereits genauso lange nebenan und wartet ebenfalls.

Also nochmal nach einem allerletzten Müsliriegel gesucht, die Ergebnisse der Damen-Konkurrenz am Aushang studiert, schon wieder zum Angstpieseln gegangen, auffällig beim Kampfgericht vorbeigeschlendert und auf die bereitliegenden Zettel geschaut, danach – obwohl Nichtraucher – auf eine kurze Zigarette vor die Hallentür gegangen. Immer noch nichts.

Dann der große Fehler: Ein Blick aufs Handy. Man wollte nur ganz kurz nachschauen wie viele TTR-Punkte eigentlich die ganzen Vorrundengegner hatten. War ja doch das ein oder andere harte Los dazwischen, das sollte doch ordentlich Punkte … – WAAAAS? Der eine Opa mit den gemeingefährlichen langen Noppen hat angeblich 300 Punkte weniger als man selbst, das bedeutet, also hier noch der Sieg, dort verloren, eins im Sinn …. Es steht Spitz auf Knopf! Das nächste K.O.-Spiel entscheidet darüber, ob man heute doch noch mit einer positiven Punkteausbeute nach Hause fährt oder eben nicht. Und Letzteres wiederum würde bedeuten, dass man in der Rückrunde sogar noch hinter Hans-Dieter … ach!

Als tatsächlich nach einer nicht nur gefühlten Ewigkeit irgendwann die nächste Paarung aufgerufen wird, ist der innere Druck nahezu ins Unermessliche gestiegen. Wie soll man da bitteschön munter drauflos spielen, die eigene Spielweise durchziehen und sein Spiel spielen? Es ist aussichtslos. Eigentlich. Doch nach zwei klar verlorenen Sätzen hat man praktisch nichts mehr zu verlieren und greift einfach jeden Ball des Gegners an. Und trifft.

Punkt um Punkt sammelt man nun zur Aufholjagd, das Halbfinale winkt! Und als im Entscheidungssatz nur noch ein Zähler zum Matchball fehlt wird es auf einmal Dunkel in der Halle – Stromausfall. Nichts mehr zu sehen, dafür umso mehr zu hören: Der Feueralarm scheint auch ohne Strom zu funktionieren. Das Turnier wird auf unbestimmte Zeit unterbrochen.

#7 DAS FINALE

Der sportliche Teil eines jeden Tischtennis-Turniers endet natürlich mit dem Finale. Doch ob und – wenn ja – wie man dieses Ende erlebt, kann grob gesagt in drei Kategorien eingeteilt werden.

Erstens: Man befindet sich auf der Heimfahrt oder sogar schon wieder auf der heimischen Couch. Sportlich hatte dieser Tag nämlich einmal mehr nicht die gewünschten Erfolge gebracht, vom morgigen TTR-Wert hat man heute Nacht vermutlich Albträume und obendrein tut die rechte Schulter weh. Eventuell liest man ein paar Tage später im lokalen Käseblatt, dass doch tatsächlich dieser eine Blinde das Finale gewonnen habe, gegen den man in der Vorrunde so unglücklich unterlegen und damit ausgeschieden war. Das macht die ganze Sache natürlich umso schmerzhafter.

Zweitens: Man ist zwar ebenfalls früh bis sehr früh ausgeschieden, befindet sich aber gezwungenermaßen immer noch in der Halle. Man hatte nämlich den Fehler gemacht, gemeinsam mit einem der Turnierfavoriten anzureisen. Nun sitzt man frisch geduscht und frisch deprimiert am Rand und beobachtet seinen Mitfahrer dabei wie er im Finale seinen Gegner nach allen Regeln der Kunst zerlegt und anschließend einen schönen Pokal überreicht bekommt. Schön für ihn, doch leider hatte man sich selbst als Fahrer angeboten, so dass man die vergangenen vier Stunden der durchwegs kümmerlich organisierten K.O.-Phase noch nicht einmal mit ein wenig Alkohol beschleunigen konnte.

Drittens: Man ist tatsächlich dabei. Im Finale. Als Spieler. Und zwar völlig legitim und auch noch sportlich zurecht. Wahnsinn! Nun steht man also kurz vor seinem größten sportlichen Erfolg der gesamten bisher so überschaubaren Karriere, nur noch Uwe von der Spielgemeinschaft steht dem Gewinn eines zwar sehr großen aber auch überaus hässlichen Pokals im Weg. Doch sei's drum, Uwe ist eindeutig schlagbar, heute hat man eh schon einige Schwergewichte spielerisch beherrscht und dann souverän aus dem Weg geräumt, irgendwie scheint das dieser eine Tag zu sein.

Und dann? Ist man so nervös wie zuletzt beim ersten Date mit der süßen Jacqueline aus der Parallelklasse oder bei der Führerscheinprüfung. Die Schlaghand zittert so sehr, dass der anwesende Arzt beinahe umgehend einen Tremor diagnostizieren will. Im ersten Satz macht man zwei Punkte, einer davon war ein Aufschlagfehler des Gegners.

Was tun? Zunächst beratschlagt man sich mit seinem – glücklicherweise immer noch anwesendem – Fahrer Klaus-Dieter. Sportlich wertvolle Ratschläge kann er zwar nicht erteilen, doch rät er dazu, erstmal durch zu schnaufen, weiterhin kämpferisch zu bleiben und – ganz wichtig – unbedingt zu versuchen sein Spiel zu spielen. Man nimmt einen Schluck aus der zugereichten Pulle – eindeutig kein Wasser! – und dann noch einen und dann zur Sicherheit noch einen und tritt wieder an den Tisch.

Zunächst läuft das Spiel so weiter wie bisher. Nämlich überhaupt nicht. Doch irgendwann gegen Mitte des zweiten Satzes scheint der Alkohol zu wirken zu beginnen. Das Zittern in der Hand hört auf, es macht sich ein wohliges

Gefühl voller Selbstvertrauen im Körper breit, langsam gewinnt man eine gewisse Sicherheit. Leider geht der Satz knapp verloren, doch die Hoffnung lebt jetzt wieder.

In der Satzpause erneut wertlose Tipps von Klaus-Dieter sowie wertvolle weitere Flüssigkeitszufuhr. Zurück am Tisch scheint nun das Spiel zu kippen. Plötzlich kommen die Bälle die kommen müssen, traut man sich etwas zu, zeigt dem irritierten Uwe, dass man noch nicht aufgegeben hat. Der Satz wird gewonnen, es geht weiter.

Satzpause, Mitfahrer Klaus-Dieter hat für flüssigen Nachschub gesorgt, denn das Schlimmste in so einem Finale wäre natürlich vorzeitige Dehydration. Die Zunge ist nun genauso locker wie die Schlaghand, trotz Satzrückstand ist man sich in seinem Optimismus einig und in der Tat: Mit einer ganz starken Vorstellung holt man sich den Satzausgleich.

Auch die letzte Satzpause wird intensiv genutzt für die Flüssigkeitsaufnahme, spielerisch und taktisch ist ja jetzt eh alles klar. Zu Beginn des Entscheidungssatzes schleichen sich unerklärlicherweise einige Flüchtigkeitsfehler ein, irgendwie schien der Ball auch komisch wegzuspringen. Uwe spielt doch keine Noppen, oder!? Ein letzter Seitenwechsel, ein letzter Schluck, das Spiel steht Spitz auf Knopf. Doch nun gerät man Rückstand, verliert Punkt um Punkt und trifft auch plötzlich nichts mehr. Lautstarkes Fluchen setzt ein, man wird doch nicht diese einmalige Chance…!

Noch dazu fängt die Blase an zu drücken. Erstmal Auszeit! Wieder Beratschlagung mit Klaus-Dieter, auf dessen Bitte doch etwas leiser zu reden und nicht so zu brüllen reagiert man zunehmend unwirsch, beim Zurückklettern in die Box stolpert man über die Banden. Nach ein, zwei wilden Bällen hat Uwe Matchball und latürnich schenkt man ihm den Sieg mit einem Fehlaufschlag.

An den weiteren Verlauf des Abends hat man auch zwei Tage später allerhöchstens rudimentäre Erinnerungen, die Urkunde für den zweiten Platz ging irgendwo verloren und auch den gewonnen Fresskorb hat man aus Versehen in der Halle stehen gelassen. Man schiebt dies alles auf den Tunnel in dem man sich nach dieser ebenso historischen wie heroischen Niederlage befand.

Bis einen die Gattin auf einem Artikel im Lokalsportteil des Käseblattes aufmerksam macht, Überschrift: „Schande bei der Kreismeisterschaft: Betrunkener Spieler im Finale!" Doch ihre Frage „Schatz, hast du da irgendetwas mitbekommen?" hört man schon gar nicht mehr in seinem neuerlichen Tunnel.

DIE DREI GROSSEN LÜGEN
im Bericht zur Vereinsmeisterschaft

Spannende und schöne Spiele.

Überraschender Sieger.

Attraktive Preise.

#8 DIE SIEGEREHRUNG

Das Ende eines Turniers bildet üblicherweise die Siegerehrung: Eine pompöse Veranstaltung mit jubelnden Fans, Champagnerduschen, Konfettikanonen sowie *„We are the Champions"* aus überdimensionalen Boxen dröhnend. Jedenfalls, wenn es sich nicht um ein Amateur-Tischtennisturnier handelt.

Beim Spiel mit dem kleinen weißen Plastikball ist einmal mehr alles anders. Wobei es sich diese neumodischen Race-Turniere natürlich besonders einfach machen und gleich ganz auf all diesen Schnickschnack wie Siegerehrungen etc. verzichten. Die Ergebnisse kann man ja ohnehin morgen umfangreich im Internet nachlesen.

Bei herkömmlichen Turnieren findet normalerweise schon noch eine Siegerehrung statt – oder zumindest das, was der Veranstalter dafür hält. Da bei Abschluss der niedrigeren Wettkampfklassen das Turnier zumeist parallel immer noch läuft, reicht es hierbei oftmals nur zu einer sehr abgespeckten Siegerehrungs-Version irgendwo im Geräteraum der Turnhalle. Schließlich hat kein Crack jenseits der Verbandsliga irgendeine Art von Verständnis dafür, dass er sein besonders wichtiges zweites Vorrundenspiel unterbrechen muss, nur weil Horst aus Hoyerswerda und Manni aus München selbst mit künstlichen Hüften noch irgendeinen krummen Pokal bei den Ü70-Senioren überreicht bekommen.

Also: Geräteraum. Auch hier gilt es natürlich noch, mit gedämpfter Stimme zu sprechen, um nur ja niemanden zu stören, der gerade brüllend einen Vorhandcross-Winner abfeiert. So ist der vortragende Turnierorganisator – der ohnehin kaum von seinem Schmierzettel aufblickt – kaum zu verstehen, wenn er – von hinten beginnend und immer wieder betonend wie eng doch alle Entscheidungen waren – die acht Bestplatzierten vorliest. Von denen zwei bereits auf dem Heimweg, einer beim Rauchen vor der Halle und zwei weitere noch unter der Dusche sind.

Einer der anwesenden Honoratioren (oder das, was der Veranstalter dafür hält) lässt es sich natürlich nicht nehmen, im Anschluss noch eine etwas launige Rede zu halten, schließlich macht er dies öfters und hat daher eine gewisse Routine. Allerdings wird im Verlauf des mäandernden Vortrages nicht ganz klar, ob er sich das Turnier vorher wirklich angesehen hat – schließlich hat hier niemand einen Doppelfehler oder gar ein schönes Grundlinienduell gesehen. Den stolzen Siegern werden dann noch Pokale (oder das, was der Veranstalter dafür hält) im Design von Modeschmuck aus dem H&M überreicht. Wobei es normalerweise nur zwei Möglichkeiten gibt: Entweder gibt es Pokale in Hülle und Fülle für jeden der nicht schon im Doppel-Achtelfinale ausgeschieden ist. Oder aber Roswitha, die Frau des Abteilungsleiters des ausrichtenden Vereins, hat alle Pokale vorgestern versehentlich im Sperrmüll entsorgt.

Natürlich erhält jeder Platzierte noch eine Urkunde (oder das, was der Veranstalter dafür hält) auf bereits leicht vergilbten Formdrucken aus den späten Neunziger- oder frühen Nuller-Jahren, welche in der Hektik traditionell schief ausgedruckt und auf der die Tinte von der ohnehin unleserlichen Unterschrift des Turnierleiters verschmiert wurde. Beim Namen des Spielers fehlt entweder ein Buchstabe oder aber es ist ein Buchstabe zu viel vorhanden, aber mit ein bisschen Glück stimmt wenigstens die Platzierung.

Für das Abheften zu Hause mitsamt Klarsichtfolie im Ordner mit der Aufschrift „Tischtennis-Erfolge“ reicht es jedoch allemal.

Hinzu kommen natürlich die obligatorischen Sachpreise (oder das, was der Veranstalter dafür hält), gestiftet von der örtlichen Wirtschaft. Bei besser organisierten Turnieren handelt es sich dabei um einen üppigen Fresskorb, ein Frischklebeset oder ein neues Trikot in XXXL, bei schlechter organisierten Turnieren gibt es lediglich eine Packung Maoam, orange 38mm-Bälle oder aber ein wenig männliches Duschgel mit Himbeerduft.

Anschließend treten die abgekämpften Gestalten noch zusammen für ein Siegerfoto, das natürlich immer verwackelt und erst recht viel zu dunkel ist (der Haumeister wollte schon lange mal die Glühbirne im Geräteraum erneuern). Außerdem geht aus dem Schnappschuss nie hervor, wer eigentlich das Turnier gewonnen hat und wer sich einfach nur auf dem Foto herumdrückt weil er Teil des Organisationsteams ist und morgens die Tische mit aufgebaut hat. Zu guter Letzt wird das Foto zuverlässig immer sechs bis acht Wochen später in einer der hinteren Seiten des Lokalblattes abgedruckt, irgendwo zwischen Anzeigen für zwielichtige Thai-Massagen und für noch zwielichtigere Autohändler.

In diesem Sinne: Ein dickes Dankeschön an Wolle, Steffi und das ganze Orga-Team und bis zum nächsten Jahr!

#QUICKLIST: DIE MANNSCHAFTSFÜHRER DER LETZTEN 25 JAHRE

- Franz
- Franz
- Franz
- Franz
- Franz
- Franz
- Uwe
- Uwe & Franz
- Franz
- Franz
- Franz
- Franz
- Franz
- Franz
- Franz
- Franz
- Franz
- Franz
- Franz
- Franz
- Franz
- Franz
- Franz
- Franz
- Franz

TEIL 6: DIE PHASEN EINER TISCHTENNIS-SAISON

#1 DAS TEAM

Zur neuen Saison tritt die dritte Mannschaft der SG Eintracht Regenbach/Wurmtal von 1953 (Spitzname: die Regenwürmer) in der zweiten Kreisliga (d.h. die dritte Liga von unten) an. Das Saisonziel reicht von „Es zählt wie immer nur der Klassenerhalt" (Hotte) bis zu „Mit ein bisschen Glück steigen wir über die Relegation auf" (Malte). Es spielen mit:

Nr. 1: Natur- und Multitalent *Basti* ist die unumstrittene Spitzenkraft des Teams. Schade, dass er nebenher noch Fußball, Tennis und Beachvolleyball spielt, sonst hätte echt etwas aus ihm werden können. Hat auch sonst wahnsinnig viele Zweit- und Dritthobbys, die ihn davon abhalten häufiger zu trainieren und zu spielen. Ist im Herbst mitten während der Saison gerne mal für vier Wochen Backpacken in den Rocky Mountains. Hat kürzlich sein drittes Start-Up gegründet.

Nr. 2: Erbsenzähler *Eberhard* ist der Mannschaftsführer und hält den Laden zusammen. Er kümmert sich ums Organisatorische und ist auch sonst äußerst korrekt. Trägt Brille vom Typ „Kassenmodell" mit Sportband um den Hinterkopf. Er ist der Einzige im Verein mit akkurat in die Hose gestecktem Trikot. Darüber wird die Sporthose bis über den Bauchnabel gezogen, damit die Plauze umso besser zur Geltung kommt. Abgerundet wird das Ganze von einem Ballonseide-Trainingsanzug in Lila-Blassblau. Wenig Talent, viel Fleiß. Finanzbeamter.

Nr. 3: Eine Bank im mittleren Paarkreuz ist Alt-Hippie *Hotte,* auch wenn er mit Sprüchen aus den Neunzigern, Sportmode aus den Achtzigern, Frisur aus den Siebzigern und einem Schläger aus den Sechzigern antritt. Oder vielleicht gerade deswegen? Die Einführung des TTR-Wertes ist irgendwie genauso an ihm vorübergegangen wie die größeren Bälle und kürzeren Sätze – aber was soll's!? Studiert Philosophie im 34. Semester.

Nr. 4: Familienpapa *Klaus-Dieter* (vier Kinder, eine Frau, eine Freundin, ein Hund, zwei Katzen, zahllose Meerschweinchen) muss sich seine spärliche Freizeit sehr gut einteilen. Dadurch hat der Ligabetrieb bei ihm nicht immer die Priorität, die sich seine Mitspieler wünschen würden. Galt früher einmal als großes Talent – bevor er seine Gaby traf. Nun seit Jahren auf gleichbleibendem Niveau unterwegs. Tagsüber in der örtlichen Stadtsparkasse aktiv.

Nr. 5: Selbstverständlich mit Noppen auf beiden Seiten tritt Routinier *Rüdiger* an. Er hat mit seinen über 70 Lenzen bereits in allen Mannschaften des Vereins gespielt und dieses Jahr hat es ihn eben in die dritte gespült. Das gute ist: Rüdiger spielt ohne Mätzchen zu machen immer dort, wo man ihn aufstellt und hinten sollte er wirklich für einige Punkte gut sein. Spürt vor dem dritten Bier überhaupt nichts. Trifft vor dem vierten Bier keinen Ball. Seit Jahren pensioniert.

Nr. 6: Jungspund *Malte* wiederum würde gerne viel höher spielen: Seine ebenfalls 17-jährigen Kumpels haben es nämlich schon in die erste Mannschaft geschafft – doch die haben auch, was Malte fehlt: Talent. Trotzdem ist Malte mit einem stark ausgeprägten Ehrgeiz ausgestattet und ist bei seinen leider häufigen Misserfolgen auch gerne mal nah am Wasser gebaut. Smartphone-süchtig, keine Freundin, lernt schon fleißig fürs Abitur.

Außerdem fiebern zahllose Ersatzspieler ihrem Einsatz im Auswärtsspiel beim 50 Kilometer entfernten Aufstiegsfavoriten entgegen, zu dem es traditionell starken Schneefall und Eisglätte gibt.

#2 DIE SAISONVORBEREITUNG

Schon vor Beginn der Kreisliga-Saison der dritten Mannschaft der SG Eintracht Regenbach/Wurmtal von 1953 (Spitzname: die Regenwürmer) kommt es zwischen den sechs Stammspielern dank der völlig unterschiedlichen Saisonvorbereitungen zu ersten Zweifeln am Mannschaftsgeist.

Trainings-Aktivposten und Routinier Rüdiger hat sowieso das ganze Jahr über trainiert, hat keine Sommerpause gemacht und kann daher auch nicht von einer expliziten Saisonvorbereitung reden. Er geht jede Woche zwei Mal ins Training und trainiert dort wahnsinnig engagiert. Und das alles mit seinen Noppen! Am Ende gibt es immer noch ein Doppel, das ist klar. Anschließend geht es auf vier Biere in die Kneipe, das ist noch klarer. Und das Wichtigste: Zu Hause muss er in dieser Zeit nicht im Rosengarten seiner Inge das Unkraut jäten oder ähnlich nervenaufreibende Dinge tun. Dass plötzlich wieder das neue Schuljahr und damit die neue Saison beginnt, interessiert ihn höchstens peripher – er ist mittwochs ohnehin immer in der Halle.

Bei Turnierspieler Malte wiederum besteht die komplette Saisonvorbereitung aus dem Besuch zahlloser Turniere. Training hält er allgemein für überschätzt, denn er trainiert lieber unter Wettkampfbedingungen. Früher musste man dafür im Sommer gerne mal bis ins nächste Bundesland fahren, um an einem halbwegs seriösen Turnier teilnehmen zu können. Dies hatte den angenehmen Nebeneffekt, dass dort das Spielniveau deutlich niedriger war und man daher gerne mal mit reichlich bestückten Geschenkekörben und haufenweise TTR-Punkten im Gepäck wieder nach Hause kam. Heutzutage finden stattdessen im Umkreis von zehn Kilometern von Maltes Elternhaus jedes Wochenende mindestens fünf Turniere von einer diese neumodischen Turnierserien statt. Das hat den großen Vorteil, dass man nicht bis 22:30 Uhr warten muss, bis man endlich zum Spiel um Platz drei der Doppelkonkurrenz aufgerufen wird. Dafür schwankt Maltes TTR-Wert im Verlauf der Sommerpause jedoch um mehrere hundert Punkte – nur gut, dass die Mannschaftsmeldung sich auf den Q-TTR-Wert aus dem Mai bezieht. Außerdem findet Malte im eng getakteten Turnierplan nur selten die Zeit, den Mathe-Stoff der elften Klasse zu wiederholen, um sich seriös auf das finale Schuljahr vor dem Abi vorzubereiten. So oder so, Turnierspieler Malte ist selbstverständlich voll im Saft, wenn im September endlich wieder die Saison beginnt. Also das heißt natürlich: Im Rahmen seiner – eher begrenzten – Möglichkeiten.

Der Tischtennis-Nichtstuer Basti andererseits meidet miefige Sporthallen im Sommer wie der Teufel das Weihwasser: Ihn sieht man nur auf diversen Tennisplätzen und Beachvolleyball-Feldern in der Nah- bis Mitteldistanz um seinen Wohnort. Daher betritt die Nummer 1 der Mannschaft die Halle braungebrannt das erste Mal 30 Minuten vor Beginn des ersten Punktspiels. Folglich besteht seine Saisonvorbereitung aus diesen Abschnitten: fünf Minuten umziehen, zehn Minuten aufbauen, fünf Minuten Doppelaufstellung bereden, fünf Minuten über die Doppelaufstellung ärgern, fünf Minuten mit Materialspieler Rüdiger warmspielen (von „einspielen" kann nun wirklich keine Rede sein) – das muss reichen.

Dann gibt es da noch Mannschaftsführer und Trainingslager-Fan Eberhard. Zwar hat er keine Lust auf eine klassische Saisonvorbereitung während der Sommerferien in völlig überhitzten Turnhallen. Doch ins von Hansi organisierte Trainingslager in Kroatien fährt er seit mehr als einem Jahrzehnt mit. Dort wird in guter alter Tradition nicht nur die schwache Vorhand, sondern auch die bereits recht starke Leber trainiert. Zusätzlich gibt es manchmal auch noch nächtliche Einheiten, in denen exzessiv Karten geklopft werden. Nach einer schlauchenden Woche kehrt Eberhard dann urlaubsreif nach Hause zurück und sieht sich eigentlich körperlich und mental kaum in der Verfassung, nächste Woche bereits beim Pokalspiel anzutreten. Tut er aber trotzdem, als Mannschaftsführer ist das natürlich Ehrensache. Außerdem hätte er sonst das Spiel kampflos herschenken müssen, doch so etwas hat der Beamte aus Prinzip noch nie getan.

Der Pragmatiker Klaus-Dieter wiederum geht das Thema Saisonvorbereitung sehr strukturiert an: Nach der traditionellen Email des Abteilungsleiters, in der das erste Training nach den Sommerferien beworben wird, packt Klaus-Dieter traditionell seine sieben Sachen (Gaby muss ihm erst noch sagen, wo das Trikot ist), fährt in die traditionelle (um nicht zu sagen: heruntergekommene) Halle, ärgert sich darüber, dass die Duschen – anders als angekündigt – traditionell immer noch eine Baustelle sind, trainiert 75 Minuten seine traditionell starke Vorhand, ignoriert ebenso lang seine traditionell schwache Rückhand, absolviert ein oder zwei traditionelle Doppel mit der selbstverständlich vollständig anwesenden sechsten Mannschaft, bevor er wieder nach Hause fährt und traditionell dort duscht, ehe er noch die Kinder ins Bett bringt. Und wie jedes Jahr – um nicht zu sagen: traditionell – geht Pragmatiker Klaus-Dieter eine Woche später mit seiner traditionellen Spielstärke in die neue Saison.

Und Hotte? Tja, Hotte ist auch in Hinsicht auf die Saisonvorbereitung eine Wundertüte. Kann sein, dass er sich in der letzten Ferienwoche jeden Tag in irgendeinem Training der umliegenden Vereine hat blicken lassen und dementsprechend motiviert erneut sein übergeordnetes Ziel vom „schönen Spiel" angehen wird. (Sein Rating ist ihm bekanntlich schnuppe.) Kann aber auch sein, dass er bis Mitte Oktober aus unerfindlichen Gründen einfach nicht zu erreichen ist. Angeblich ist er wieder mal in Indien auf einem seiner obskuren Ayurveda-Yoga- Seminare, bei denen sich Geist und Seele finden sollen. Viel wahrscheinlicher ist es jedoch, dass er irgendwo in Amsterdam völlig bekifft „verloren gegangen" ist. Und drei Wochen Rundlauf in einem holländischen Knast zählt selbst bei Hotte nicht als erwähnenswerte Saisonvorbereitung.

#3 DER SAISONAUFTAKT

Wie immer beginnt an einem viel zu warmen und viel zu schönen Freitag-Abend Anfang September die neue Saison für die dritte Mannschaft der „Regenwürmer" der SG Eintracht Regenbach/Wurmtal von 1953. Über die (fehlende) Saisonvorbereitung haben sich die Spieler bereits intensiv ausgetauscht, doch nun geht es tatsächlich los. Noch stehen der Punktestand in der Tabelle sowie die eigene Bilanz völlig jungfräulich bei 0:0, noch gibt es große Hoffnungen darauf, dass alles besser läuft als vergangene Saison. Und tatsächlich tritt die Mannschaft vollzählig an – das konnten frühere Saisonauftakte nun wahrlich nicht immer von sich behaupten.

Zunächst hat jedoch Mannschaftsführer Eberhard alle Hände voll zu tun, die schwierige Diskussion über die Doppelaufstellungen zu moderieren. Diese ist nämlich noch offen, da man sich seit Ende der vergangenen Spielzeit Mitte April nie gemeinsam im Training getroffen hat. Und auch die von Eberhard gegründete WhatsApp-Gruppe konnte bisher nicht weiterhelfen, da Hotte monatelang nicht erreichbar war, Start-Up-Gründer Basti auf seinem Arbeitshandy grundsätzlich keine Apps installiert und Routinier Rüdiger überhaupt kein Mobilfunkgerät besitzt (Zitat: „Außer meinen Noppen brauch ich zum Tischtennisspielen überhaupt nichts!").

Selbstverständlich hat niemand Lust, sich als Zweier-Doppel zu opfern. Außerdem hat keiner Lust, mit dem bekanntlich mit begrenztem Talent gesegneten Jungspund Malte ein Doppel zu bilden, weil dessen Offensivfeuerwerk bekannterweise hauptsächlich an der gegenüberliegenden Hallenwand endet. Ansonsten ist allen angeblich alles egal – was nur bedeutet, dass Eberhard die ersten unangenehmen Entscheidungen zu treffen hat, und es anschließend einige lange Gesichter gibt. Nachdem „Big Papa“ Klaus-Dieter unter Heulen und Zähneklappern, wie er es bei seinen vier Kindern nie akzeptieren würde, zu Maltes Partner im Zweierdoppel abkommandiert wurde, kann nun endlich das Spiel beginnen. Denn da am Nachmittag bereits Jugendtraining war, hat sich der sonst so unangenehme Tagesordnungspunkt „Aufbauen“ praktisch von allein erledigt. Nur Eberhard besteht einmal mehr darauf, Banden und Zählmaschinen zu verwenden, um den feierlichen Charakter so eines Zweitkreisligaspieles nicht zu übersehen. Nun denn.

Glücklicherweise meint es der Spielplan gut mit unseren sechs Helden: Der glückliche Aufsteiger und daher klare Abstiegsfavorit von den „Sportfreunden“ ist zu Gast und tritt auch noch mit zahllosen Ersatzspielern an – der Stammkader befindet sich größtenteils noch in diversen Feriendomizilen oder aber ist zu Hause im Stress, da der Nachwuchs gerade eingeschult wird. Allerdings wird schnell klar: ein Durchmarsch wird das heute trotzdem nicht. Während die „Regenwürmer“ ja den ersten Auftritt der Saison absolvieren, haben die Gäste nämlich schon vor drei Tagen ihren Auftakt gehabt.

Und so werden Letztere nun auch nicht von den gemeinen Fallen des ersten Punktspiels überrascht: Basti kämpft mit den neuen und leider stark blendenden blauen Platten. Eberhard wiederum klagt über viel zu straff gespannte neue Netze, wie soll er da seine statistisch völlig unmöglichen berühmt-berüchtigten Netzroller einstreuen? Hotte führt auf dem nach dem alljährlichen Großputz in den Sommerferien wieder mal völlig rutschigen Hallenboden einige ganz starke Ballett-Figuren auf, was beim Vorhand-

Topspin aber auch nicht gerade hilft – schließlich gibt es da keine B-Note. Klaus-Dieter kämpft mit seinem viel zu eng sitzenden Trikot (muss beim Waschen im Sommer eingegangen sein) und dem ungewohnten Schweißband, welches er sich von seiner geliebten Gaby hat aufschwatzen lassen, um den gemeinen Schweiß in der immer höher werdenden Stirn zu halten. Malte wiederum hadert mit seinem sechs Monate alten und daher völlig abgespielten Schläger, den er eigentlich in der Sommerpause ersetzen wollte. So kann man natürlich nicht gewinnen! Allein Routinier Rüdiger bemerkt mal wieder überhaupt nichts – nur gut, dass er sich diesmal zwei Thermoskannen mit isotonischen Getränken mitgebracht hat! Anders ist diese Hitze hier gar nicht zu ertragen.

Nach einem 0:3-Rückstand aus den Doppeln, den Philosophie-Student Hotte (34. Semester. Oder war es da 35.? Langsam verliert er da den Überblick…) etwas kryptisch als „klassische griechische Tragödie im Wurmtal" bezeichnet hat und zu dem „Kaiser" Beckenbauer im englischen Fernsehen vermutlich einfach *„We call it a ‚Klassiker'!"* gesagt hätte, läuft es folglich auch in den ersten Einzeln der Saison höchstens so mittel. Muss Berufsoptimist Malte etwa bereits nach der Auftaktpartie sein sehr ambitioniertes Saisonziel (nein, nicht sein persönliches von +200 TTR Punkten – sondern das Ziel mit dem Team!) revidieren? Nur gut, dass die „Sportfreunde" spielerisch tatsächlich äußerst limitiert sind. Und dass sie an Position sechs offenkundig einen reinen Hobbyspieler bei seinem ersten Punktspieleinsatz dabei haben, der sich vorher noch bezüglich des Spielsystems erkundigt hat, hilft ihnen auch nicht weiter. Und so beginnt das Spiel nach und nach zu kippen.

Nach zweieinhalb Stunden harten Kampfes steht für die „Regenwürmer" schließlich ein schwer erarbeiteter 9:6-Erfolg in der Bilanz, mit dem sie sich gleich mal im oberen Drittel der Tabelle einsortieren. Grund genug für Malte, sofort den weiteren Saisonverlauf durchzuspielen, der das Team – da ist er sich praktisch sicher – mindestens auf den Aufstiegsrelegations-Platz bringen wird – „wenn nicht sogar mehr". Denn kämpferisch sei das heute ganz großer Sport gewesen! Darauf könne man aufbauen, spielerisch werde das in den nächsten Wochen sicherlich automatisch noch besser werden, ein gutes Pferd springe ja auch nur so hoch wie es muss, nicht wahr, wir denken hier von Spiel zu Spiel. Unser Malte – ein Phrasendrescher vom Allerfeinsten!

In der Zwischenzeit hat Eberhard einmal mehr alle Tische alleine abgebaut, hat Rüdiger alleine seine restlichen drei Bier ausgetrunken, hat Spitzenmann Basti (heute drei Punkte!) alleine alle 23 verpassten Business-Anrufe abgearbeitet, hat Klaus-Dieter alleine schmunzelnd seinen einzigen verpassten Anruf (die Kinder wollten „Gute Nacht" sagen) verarbeitet („Wie süß!") und hat Hotte mit dem Fünfer des Gegners intensive Diskussionen geführt. Nur scheint es da weder um das heutige Punktspiel noch um griechische Tragödien zu gehen: Offenkundig hat der junge Mann mit den Rastalocken Informationen, die Hotte auch in seinem etwas fortgeschrittenen Alter dringend benötigen kann.

#4 POKALSPIEL

„Der Pokal hat bekanntlich seine eigenen Gesetze" – hierbei handelt es sich zwar um eine klassische Binsenweisheit aus der Welt des Sports, trotzdem ist der Spruch wahrer denn je. Nach der siebten Regeländerung in den letzten vier Jahren ist sich Mannschaftsführer Eberhard nämlich etwas unsicher, nach welchen Gesetzen – bzw. nach welchem System – der diesjährige Pokal eigentlich ausgespielt wird. Vermutlich werden drei Spieler benötigt, doch um auf Nummer sicher zu gehen, hat er lieber vier Spieler organisiert. Besser gesagt: Versucht zu organisieren, denn der Pokal ist bei den „Regenwürmern" der „Dritten" der SG Eintracht Regenbach/Wurmtal von 1953 nicht gerade beliebt – komisch eigentlich, hat man doch in den vergangenen Jahren nur ganz selten mehr als ein Spiel bestreiten müssen.

Gegen den eine oder zwei Ligen höher spielenden Gegner hat sich der ehrgeizige Jungspund Malte verständlicherweise keinerlei Chancen ausgerechnet, seinen TTR-Punktestand zu verbessern, und sich deshalb auch pünktlich zum Spieltag eine saudumme Erkältung eingefangen. Also wirklich saudumm! Das vielbeschäftigte Multitalent und die Nummer Eins Basti wiederum hätte sich zwar über ausnahmsweise gleichwertige Gegner gefreut – doch da es im Pokal aus seiner Sicht sowieso um nichts geht (also um noch weniger als in der Punkterunde der zweiten Kreisliga), hat er Eberhard abgesagt und unterstützt lieber seine Handball-Landesliga-Mannschaft. Routinier Rüdiger ist wie an jedem Hallentag vor Ort, er hat nur still genickt als Eberhard ohnehin nur pro Forma seine Verfügbarkeit abgefragt hat.

„Big Papa“ Klaus-Dieter wiederum muss seine spärliche Zeit auf Grund familiärer Verpflichtungen (Elternabend in der Kita, Weihnachtskonzert in der Schule, Fußpflege für seine Frau, Betriebsausflug für ihn selbst) soweit wie möglich einschränken, da hat so ein Erstrunden-Pokalspiel natürlich in etwa Prio 4C – höchstens. Hotte wiederum war beim ersten Saisonspiel vergangene Woche alles andere als zufrieden mit sich. Die Ergebnisse mögen zwar gestimmt haben, doch von seinem Streben nach dem perfekten Spiel war Hotte weiter entfernt als die Erde vom Mars. So hat er seinem Captain zu verstehen gegeben, dass er zwar in der Halle sein wird, sich aber eigentlich dringend abseits von profanen Pflichtspielen in Ruhe seiner Technik widmen möchte, auf ihn ist also nur im äußersten Notfall zurückzugreifen.

So kommt es, dass Eberhard den durchaus talentierten Valentin verpflichtet hat. Der ist zwar erst zwölf und nicht immer ganz regelkundig. Technisch jedoch steckt er bis auf Sportskanone Basti sicherlich alle Mannschaftmitglieder bereits locker in die Tasche. Doch mal abwarten, wie er sich gegen Spieler schlägt, die vier Mal so alt sind und in etwa doppelt so viele TTR-Punkte haben wie er – Eberhard ist da ehrlich gesagt etwas skeptisch.

Mit dieser spritzigen Mischung aus Jung und Alt geht man natürlich als klarer Außenseiter in die Partie, die mit etwa 20 Minuten Verspätung beginnt, da der gegnerische Mannschaftsführer von einem für Eberhard völlig unbekannten Spielsystem schwadroniert hat. Erst nach langem und zähem Googeln (wie immer mit skandalösem Empfang in der Regenwürmer-Beton-Turnhalle aus den 70ern) stellt sich heraus, dass man doch eigentlich vom gleichen spricht, wenn man vom modifizierten Trallala-System oder von der klassischen Pipapo-Variante mit Schlussdoppel redet. Gut für Hotte: Es werden doch nur drei Spieler benötigt, er kann sich in aller Ruhe sich selbst widmen. Wenn er alles richtig verstanden hat, so hat man das Pokalspiel im aktuellen System wohl bei dreieinhalb oder auch erst bei viereinhalb Punkten gewonnen, abhängig davon ob ... – aber da hat Hotte dann schon nicht mehr richtig zugehört.

Die eigentliche Geschichte des Spiels ist schnell erzählt: Um das Schlussdoppel musste man sich jedenfalls schon mal keine Sorgen machen. Denn zunächst sind Eberhard und Rüdiger in ihren Spielen so deutlich unterlegen, dass ihre jeweiligen Gegner im dritten Satz auffällig viele Aufschlagfehler einstreuen, um ein für alle Beteiligten gesichtswahrendes Ergebnis zu erzielen. Anschließend treibt der kleine Valentin dann seinem circa fünf Mal so schweren Gegner mehr als nur ein paar Schweißperlen auf die hohe Stirn. Als es für den armen Mann dann richtig eng wird, stellt er unvermittelt auf Ballonabwehr um. Ab diesem Zeitpunkt gelingen dem Sechstklässler insgesamt keine vier Punkte mehr und er wird, den Tränen nahe, von seiner selbstverständlich seit Stunden anwesenden Mama getröstet.

Aus irgendeinem niemand verständlichen Grund muss Valentin dann jedoch gleich nochmal antreten und bekommt für seinen dritten Satzgewinn am heutigen Abend anscheinend einen Viertelpunkt zugesprochen. Oder war es ein Drittelpunkt für seinen vierten Satzgewinn? Während Eberhard noch über dem Spielberichtsformular grübelt ist Valentins Match dann aus und das Pokalspiel endgültig verloren. Nun ist es Valentins Mama, die von ihrem Sohnemann getröstet werden muss – vermutlich wird es nun doch nichts mit der ganz großen Sportlerkarriere, da hatte sie gerade eine kleine Erleuchtung.

So bleibt Eberhard nur noch, die heute leider nicht anwesenden Teamkameraden in der gemeinsamen WhatsApp-Gruppe über den Spielverlauf sowie das Endergebnis zu informieren. Den Zweitrunden-Termin Mitte Oktober müsse man sich nun auch nicht weiter freihalten. Natürlich ertönt sofort Enttäuschung und gar nicht mal so leise Kritik an der von Eberhard gewählten Aufstellung. Wer ist eigentlich dieser Valentin und warum hat der seine beiden Spiele verloren? Und überhaupt, wirklich schade: Spätestens bei einem Halbfinale oder Finale hätte man im Frühjahr selbstverständlich in Bestbesetzung antreten können!

#5 SPITZENREITER, SPITZENREITER, HEY, HEY!

Nach dem gerade so gewonnenen Saisonauftakt gegen die Gurkentruppe der Liga sowie dem klaren Pokal-Aus kurze Zeit später waren die „Regenwürmer" durchaus skeptisch, was aus dieser Saison wohl werden würde. Das heißt: Alle „Regenwürmer" – außer Malte. Denn Malte, der alte Optimist (wäre er kein Optimist, hätte er bei seinem Talent schon längst aufhören müssen mit dem Tischtennissport) wusste es ja schon immer: Da ist einiges drin dieses Jahr. Wenn nicht sogar noch mehr!

Man höre und staune: Nach zwei völlig verdienten Unentschieden hintereinander ist die dritte Mannschaft der SG Eintracht Regenbach/Wurmtal von 1953 mit nun 4:2 Punkten nach wie vor unbesiegt – und grüßt plötzlich sogar von der Tabellenspitze. Gut, das mag jetzt auch damit zu tun haben, dass noch keine andere Mannschaft der Liga mehr als zwei Spiele absolviert hat und sich die Favoriten auf den Aufstieg auch gleich mal gegenseitig die ersten Zähler abgenommen haben. Und ja, schon klar, das erste der beiden Remis wurde auswärts äußerst glücklich im Schlussdoppel errungen, bei dem der gegnerische Starspieler nach einem im ersten Einzel erlittenen kleinen Achillessehnenanriss doch etwas gehandicapt war. Und, richtig, beim zweiten Unentschieden waren die Gäste gleich nur zu fünft angetreten, und der ein oder andere anwesende Spieler könnte durchaus ein Ersatzmann mit etwa 950 TTR-Punkten gewesen sein.

Aber wer wird denn immer gleich alles schlechtreden!? Malte jedenfalls schon mal nicht, so viel ist klar. Er, der ja bereits seit mindestens zwei Jahren gefühlte Bezirksliga spielt, strebt eben nach Höherem. Und von Höherem wäre auch Spitzenmann Basti angetan, der ja seit Jahren nur beim Beachvolleyball und beim Tennis so richtig gefordert ist. Oder war es Handball? Gegen einen Aufstieg hätte die Nummer eins jedenfalls nichts einzuwenden – die letzten Montag im lokalen Käseblatt abgedruckte Liga-Tabelle hat er sich aber im Gegensatz zu Malte trotzdem nicht ausgeschnitten und in Klarsichtfolie zu Hause in einen bis dato noch recht übersichtlich gefüllten Ordner mit der Aufschrift „Erfolge" abgeheftet.

Routinier Rüdiger ist von der ganzen Aufregung etwas irritiert. Nach vermutlich rund vierzehn Auf- und ähnlich vielen Abstiegen in seiner sehr langen Tischtennis-Karriere lässt er sich vom Verweilen auf einem Spitzenplatz vor Mitte bis Ende März sicherlich nicht aus der Ruhe bringen. Die jungen Leute sollen lieber mal anständig trainieren, nicht ununterbrochen den Schlägerbelag oder die Frisur wechseln, nicht irgendeinen Firlefanz von TTR-Punkten erzählen und vor allem endlich dieses blöde Klugtelefon beiseitelegen! Rüdiger hat Malte letztens erst gefragt, ob er dieses doofe Internet denn jetzt nicht endlich mal durchgelesen habe. Da hat Malte nur dümmlich gegrinst und Rüdiger hat sich dann wieder seinem dritten Bier zugewandt.

Von weniger Wolkenkuckucksheim und mehr Zucht und Ordnung wäre auch Mannschaftsführer Eberhard sehr angetan. Zwar ist so eine Tabellenführung durchaus nett anzusehen, allerdings wäre viel mehr drin gewesen: Klaus-Dieter hatte sich beim letzten Punktspiel ja wenigstens noch entschuldigen lassen (Kindergeburtstag!). Doch dass er Alt-Hippie Hotte extra hinterhertelefonieren musste („Hatte ich nicht vergessen, ich war nur etwas spät dran bei dem ganzen Stress." – Angeblich muss er in ca. sieben Semestern seine Magisterarbeit abgeben), ist dem

Pedanten dann wirklich übel aufgestoßen. Geht das schon wieder los! Hottes Doppel und sein erstes Einzel gingen ohne Einspielen natürlich sang- und klanglos weg. Und die Tische muss Eberhard vor dem Punktspiel auch immer alleine aufbauen… Es ist zum Verzweifeln!

Hotte steckt trotz der Mannschaftserfolge weiterhin in einer veritablen Ergebniskrise. Zumindest ist es das, was seine oberflächlichen Mitspieler beobachten können. Hotte jedoch weiß es viel besser: Er steckt weiterhin in einer veritablen Spielkrise! Egal wie intensiv er sich den Nachmittag vor einem Spiel zu Hause entspannt, abends will er den Topspin einfach nicht sauber treffen. Und an seinem Gras kann das schon mal nicht liegen, so viel steht fest, das Zeug ist 1A. Hotte hat vor Verzweiflung sogar den Versuch gewagt, sein Glücks-Trikot nicht mehr zu waschen, bevor nicht der spielerische Umschwung da ist. Hat ihm aber außer ein paar Naserümpfern und angewiderter Blicke von Gegnern und Mitspielern nicht viel eingebracht.

Völlig entspannt hinsichtlich Tischtennis ist dagegen „Big Papa" Klaus-Dieter. Von Ergebnissen und Tabellenständen lässt er sich ja schon seit Jahren nicht mehr beeindrucken. Schön, dass Malte so glücklich ist, wenn er nur ein paar Tischtennis-Matches gewonnen hat. Doch mit vier Kindern und einer anspruchsvollen Frau zu Hause hat Klaus-Dieter ganz andere Sorgen. Zum Beispiel, warum er seiner Gaby auch nach über zehn Ehejahren noch versichern muss, dass er die schnuckelige 19-jährige Babysitterin nun wirklich gar nicht schnuckelig findet? Wann er bitte die Zeit finden soll, den Boden des Gartenhauses zu fliesen? Wie er seinem Arzt die fünf zusätzlichen Kilos auf der Waage erklären soll? Und vor allem: Wann er endlich die betörend niedliche Susi wieder treffen kann!? Ein Geschenk Gottes, dass Eberhard offenkundig nicht bis vier zählen kann – schließlich war es schon das fünfte Mal dieses Jahr, dass sich Klaus-Dieter mit der Entschuldigung „Kindergeburtstag" vom Punktspiel abgemeldet hat.

DIE DREI GROSSEN LÜGEN
bei der Mannschaftsmeldung

Mir ist egal in welchem Paarkreuz ich spiele.

Einen Reservespieler brauchen wir bestimmt nicht.

Mit der Truppe steigen wir sicher auf!

#6 DIE ERSTE KRISE

Man muss die Feste feiern wie sie fallen, das gilt gerade auch für die Tischtennis-Kreisliga. Doch nicht alle „Regenwürmer" der SG Eintracht Regenbach/Wurmtal wussten das. Malte schon. Der hatte die Tabellenführung ausgiebig gefeiert und sich schon auf den kommenden und vermutlich unausweichlichen Aufstieg gefreut. Doch wenige Wochen und einige Niederlagen später hat sich die Stimmung im Team total gedreht. Nicht nur der bisher so euphorische Malte hat nun eine schlechte Laune, sondern alle „Regenwürmer".

Philosophiestudent Hotte hat jedoch die alten Griechen gelesen und weiß daher, dass jede Krise eigentlich nur eine weitere Möglichkeit in so einem unbedeutenden Menschenleben ist. Allerdings scheinen seine Mitspieler wenig erbaut von dieser Information zu sein. Insbesondere als er sie ihnen das zwanzigste Mal mitzuteilen gedenkt. An diesem Abend.

Selbst Spitzenspieler Basti ist genervt: Die sonst Ergebnissen gegenüber tendenziell gleichgültig eingestellte Sportskanone hätte so ein Aufstieg wirklich ins Konzept gepasst um endlich anständige Gegner zu haben. Doch auch er konnte in den vergangenen Spielen wenig überzeugen. Was auch daran liegen mag, dass er Captain Eberhard meistens absagte und stattdessen beim Tennis und Beachvolleyball im Einsatz war – allerdings auch dort nicht mit besonderen Erfolgen. Und um die ganze Chose abzurunden, läuft es auch bei seinem aktuellen Start-Up eher so mittel und die drohende Insolvenz scheint sich auf seine sportlichen Leistungen auszuwirken. Schön blöd, denn gerade jetzt stünde eigentlich sein siebenwöchiger Jurten-Urlaub in der hinteren Mongolei an. Nur gut, dass er Eberhard noch nichts von seinem potentiellen Ausfall für den Rest der Vorrunde erzählt hat.

Selbstverständlich ist das Abrutschen vom ersten auf den siebten Platz auch an Mannschaftsführer Eberhard nicht spurlos vorüber gegangen. Schließlich trägt er hier die Gesamtverantwortung. Wie ihn alle seine Mannschaftskameraden auch immer wieder spüren lassen, wenn sie kurzfristig absagen und anscheinend Besseres zu tun haben, als so ein Punktspiel als Pflichttermin anzusehen. Da kocht der Beamte! Darüber hinaus muss Eberhard bei jedem Heimspiel weiterhin alleine die Tische und Banden aufbauen, muss vor jedem Auswärtsspiel zahllose Nachrichten in die gemeinsame WhatsApp-Gruppe schreiben um genügend Spieler einsatzbereit zu haben, muss einzelnen Leuten wie Hotte und Basti und Klaus-Dieter hinterher telefonieren, muss sich mit dem gegnerischen Mannschaftsführer darüber streiten, ob das Spiel nun verlegt werden soll oder nicht und muss sich mit dem eigenen Hallen-Hausmeister herumärgern, warum letzte Woche Dienstagabend das Hallenlicht an geblieben ist. Kurz zusammengefasst: Für Eberhard ist es ist eine Saison wie jede andere auch.

Allein Routinier Rüdiger gibt sich von alledem unbeeindruckt. Krise hin, Spitzenreiter her, er spielt seinen Stiefel herunter in jedem einzelnen Match. Er erwischt mit seinem langen Noppen (die selbstverständlich nie in der Mikrowelle behandelt wurden, das ist schließlich verboten!) immer mal wieder den ein oder anderen jungen Gegner auf dem falschen Fuß. So kommt es, dass Rüdiger einmal mehr mit einer leicht positiven Bilanz sowie der vollen Anzahl an Einsätzen die einzige Konstante in der dritten Mannschaft der „Regenwürmer" darstellt. Genau wie jedes Jahr. Und genau wie jedes Jahr wird er sich auch von der aktuellen Krise nicht ins Bockshorn jagen lassen, sondern weiterhin seine Spiele spielen, seine Matches gewinnen, seine Biere trinken und am nächsten Tag hoffentlich nicht zu Hause im Garten helfen müssen.

Die sportliche Krise seiner Tischtennismannschaft interessiert „Big Papa" Klaus-Dieter derzeit höchstens peripher. Hat er doch zu Hause mit einer viel größeren Krise zu kämpfen – und damit ist nicht das bereits im Oktober deutlich gefährdete Vorrücken seines ältesten Sprösslings in die nächste Jahrgangsstufe gemeint! Sondern der unschöne Umstand, dass seine Gaby von seinem kürzlichen Date mit der betörend niedlichen Susi erfahren hat. Dass Gaby ihn daraufhin auf die Couch verbannt hat, führt zwar zu beim Tischtennis störenden Rückenschmerzen, ist aber mental noch verkraftbar. Viel schlimmer wiegt aber, dass Gaby in einer offenkundigen Überreaktion gleich noch die schnuckelige Babysitterin gefeuert hat. Wer soll sich da bitte noch auf Kreisliga-Tischtennis konzentrieren!? Und außerdem hat Klaus-Dieter ohne Babysitterin ohnehin keine Zeit mehr dafür, da Gaby mehrere Male die Woche abends beim Yoga, Pilates, Zumba oder *„Hollywood Condition"* weilt (allerdings ohne erkennbare Erfolge) und auch ihren Kassierer-Posten bei den örtlichen Landfrauen sehr ernst nimmt.

Nur gut für Eberhard, dass er sich derzeit wenigstens auf seine Ersatzspieler verlassen kann. Das Experiment mit dem erst zwölfjährigen Valentin hat er nach der Pokal-Pleite zwar vorerst abgebrochen, Jugendförderung hin oder her. Dafür kann er aber auf Allesspielerin Christiane zählen: Diese resolute Mittvierzigerin mit ebenso praktischer wie pfiffiger Kurzhaarfrisur tritt seit Jahren in der Damenmannschaft an und unterstützt gleichzeitig die dritte, vierte, fünfte und zur Not sogar die sechste Herrenmannschaft. Christiane spielt einen unangenehmen Anti auf Vor- und Rückhand, was im Zusammenspiel mit ihren körperlichen Eigenschaften (sie ist eine Frau!) für viele eigentlich höher eingestufte Gegner gerne mal eine toxische Kombination darstellt. Daher hat sich Eberhard entschlossen, sie diese Saison auch in der zweiten Kreisliga einzusetzen. Malte, der sich spielerisch selbst eher am unteren Ende der Nahrungskette befindet, hat zwar zunächst die Nase gerümpft, als Christiane zuletzt regelmäßig als Ersatzspielerin auftauchte. Als sie dann aber deutlich mehr Spiele gewann als er, hat ein nervöses Zucken des Augenlids das Naserümpfen recht schnell wieder abgelöst.

#7 DIE WEIHNACHTSPAUSE

Eine Reihe von desaströsen Niederlagen später geht es auf Weihnachten zu und die Vorrunde biegt auf die Zielgerade ein. Zuletzt konnten die „Regenwürmer" der SG Eintracht Regenbach/Wurmtal nur selten (genauer gesagt eigentlich nie) vollzählig antreten und die Ersatzspieler*innen konnten nicht unbedingt das bieten, was Mannschaftsführer Eberhard sich versprochen hatte. Doch ohne Ersatzspieler ging es nun einmal nicht, da beispielsweise Spitzenspieler Basti den kompletten November in einem – leider stark verkürzten – Rucksack-Urlaub in der Mongolei, in Kirgisistan, Tadschikistan, Usbekistan und auf den Wasweißichdennwo-Inseln verbrachte. Zwar hatte er Eberhard seine Abwesenheit bereits Mitte Oktober mit den Worten „In der Zeit sind doch vermutlich höchstens ein bis zwei Spiele" mitgeteilt. Doch als das Team dann tatsächlich vier Mal ohne ihren Spitzenmann antreten musste, war nicht nur der Mannschaftsführer wenig amüsiert. Die viel größere Frage ist jedoch: Wie hat Bastis Start-Up eigentlich diese Zeit ohne ihn überlebt?

Höhepunkt dieses peinlichen Auftretens der „Dritten" war dann das vermeintliche Schlagerspiel um den Abstiegsplatz, bei dem Eberhard von seiner Stammmannschaft außer sich selbst gerade einmal Jungspund Malte und Routinier Rüdiger aufbieten konnte. So ging dann auch dieses ach-so-wichtige Spiel deutlich verloren (Malte musste hart kämpfen, um seine Tränen zurückzuhalten) und folglich steht die dritte Mannschaft der „Regenwürmer" tatsächlich nach einer – zugegebenermaßen überraschenden und etwas glücklichen – Tabellenführung am dritten Spieltag zum Abschluss der Hinrunde auf einem Abstiegsplatz. Nur gut, dass jetzt Winterpause ist.

Und zunächst einmal steht ja auch noch die Weihnachtsfeier an, auf der es traditionell eher selten um Tabellenplätze und Punktestände, sondern mehr um Glühwein und Plätzchen geht. Tatsächlich ist die Weihnachtsfeier bei der Tischtennisabteilung der Eintracht eine äußerst digitale Angelegenheit: Entweder es steppt der Bär oder es ist eine absolut traurige Angelegenheit. Vergangenes Jahr hatten sich ganze vier Personen dazu eingefunden, da parallel die Fußballer ihrerseits eine Weihnachtssause veranstalteten, mit Tombola und Freibier und Pipapo und das will im Ort nun wirklich keiner verpassen. Da saßen sie dann, Eberhard, Rüdiger und seine Inge sowie der Wirt vom Vereinsheim – ach, reden wir nicht mehr drüber! Hat man diese Terminschwierigkeiten jedoch überwunden, ist die Feier der „Regenwürmer" allerdings legendär. Es erscheinen alle möglichen aktuellen, ehemaligen und zukünftige Abteilungsmitglieder, mit und ohne Anhang, mit Kind und Kegel, Omas und Tanten – und noch viele andere Personen, die wirklich niemand kennt.

Das liegt zum einen natürlich an Hottes Glühwein. Diesen stellt er mit Hilfe diverser „unbekannter" Zutaten selbst her und bringt davon immer mehr Liter mit, als der ein oder andere Anwesende zu vorgerückter Stunde noch zählen kann. Wenn die Stimmung dann erstmal am Kochen ist, folgt zum anderen bereits spät in der Nacht der unterhaltsame Teil des Abends: Pantomimisch werden Mitspieler und ihre Verhaltensauffälligkeiten dargestellt, bis jemand im Publikum erraten hat, um wen es sich handelt. Anschließend trinken alle eine Runde Glühwein. Sollte der Dargestellte nicht erraten worden sein, sind es zwei Runden. Nach einer halben Stunde sind alle blau und heilfroh, dass sie sich morgen deshalb nicht mehr an die Darstellung ihrer eigenen Schwächen erinnern werden können. Malte sitzt derweil schon wieder mit einer Träne im Auge in der Ecke.

Etwas störend ist lediglich, dass Rüdiger immer in großen Mengen die Plätzchen seiner Frau Inge mitbringt, welche Jahr für Jahr eine weitere Zutat vergisst – dieses Jahr scheinen die Plätzchen nur noch aus Mehl zu bestehen. Wie dem auch sei, über den weiteren Verlauf des Abends (und die Entsorgung dieser sandigen Plätzchen) wurde von allen Beteiligten Stillschweigen vereinbart, was insofern schade ist, dass nun niemand jemals von Klaus-Dieters Stelldichein mit der betörend niedlichen Susi im Kühlraum des Vereinsheims erfahren wird – das heißt: niemand außerhalb der Vereins-WhatsApp-Gruppe.

Eigentlich soll aber in der Winterpause nicht nur Zeit für Feiern, sondern auch für eine schonungslose Analyse der Hinrunde sein, zu der Eberhard gerne seine komplette Mannschaft einladen würde. Doch „zwischen den Jahren", wie die Zeit von Weihnachten bis Silvester von Erbsenzähler Eberhard gerne genannt wird, ist das natürlich besonders schwierig: Denn ständig sind angeblich irgendwelche Familientreffen wichtiger als die verzweifelten Versuche von Eberhard, die Rückrunde und damit die Saison noch zu retten. Und dieses Mal ist es nicht nur „Big Papa" Klaus-Dieter, der hier die Familie an erster Stelle sieht: Auch Rüdigers Schatzi Inge zählt darauf, dass er den Enkeln beim Aufbau der Modelleisenbahn behilflich ist. Hotte besucht angeblich Verwandte nahe der holländischen Grenze. Selbst Basti verbringt die Feiertage immer mit seiner Familie. (Also mit den Kollegen des Start-Ups. Im Büro.) Und Malte wurde es von seiner Mama verboten, in den Weihnachtsferien auf diverse Turniere zu fahren oder sich zur Krisensitzung mit seinen Mitspielern zu treffen. Stattdessen soll er endlich mal fürs Abitur lernen, da hat sich die Dame sehr eindeutig ausgedrückt, eine Ehrenrunde wäre absolut inakzeptabel. Eberhards Krisensitzung fällt also aus, er notiert sich das in seinem kleinen schwarzen Büchlein und lächelt dabei diabolisch.

Zu allem Überfluss steht aber noch die Sitzung der Mannschaftsführer an, die darüber befinden muss, wie die Mannschaften in der Rückrunde aufgestellt werden. Gerade Malte und Althippie Hotte haben eine desaströse Hinrunde gespielt, sodass sie punktemäßig nicht nur dezent drohen in die vierte Mannschaft abzurutschen – ihre TTR-Werte winken fröhlich mit dem berühmten Zaunpfahl. Keine leichte Sache für die ganzen wichtigen Entscheidungsträger der Eintracht, da bekanntermaßen öfters mal der ein oder andere seine aktive Tischtenniskarriere sofort beendet, wenn er in eine Mannschaft hinunterrutscht, für die er sich überqualifiziert hält.

Gottseidank hat die „Dritte" der „Regenwürmer" jedoch ohnehin den Ruf eines etwas schwierigen Charakters, dezent formuliert – so drohen mehrere Spieler ihre aktive Tischtenniskarriere sofort zu beenden, wenn sie in die dritte Mannschaft hochrutschen müssten. So kommt es, dass nach langen Debatten entschieden wird, Jungspund Malte so kurz vor dem Abitur psychisch nicht zu sehr zu belasten und ihn daher in der dritten Mannschaft zu lassen. Dem Verband wird dazu selbstverständlich das Totschlagargument „Jugend vor!" präsentiert, auf den die Gichtnacken von der Ligaverwaltung immer wie ein Pawlowscher Hund reagieren und die Rangliste wie gewünscht absegnen.

Allein bei Hotte hatten sich die Mannschaftsführer lange schwer getan, eine gute Erklärung für seinen Verbleib in der „Dritten" zu finden. Doch als Abteilungsleiter Friedhelm kurzerhand seinen guten alten Freund beim Verband, mit dem er einst zusammen gedient hatte (das muss so kurz nach dem Krieg gewesen sein), angerufen hatte, war auch dieses Problem schnell gelöst. Dafür meldet sich Friedhelm beim nächsten Verbandstag freiwillig zum ungeliebten Amt des Schriftführers – man kennt sich, man hilft sich.

#8 START IN DIE RÜCKRUNDE

Es geht also wieder los: Zum Start in die Rückrunde kann es nach dem mehr als schwachen Ende der Hinrunde für die dritte Mannschaft der „Regenwürmer" eigentlich nur noch besser werden. Eigentlich.

Denn schon ein Blick ins Internet auf die Rückrundenaufstellungen der Gegner zeigt, dass die meisten Mannschaften aufgerüstet haben: Der FC hat einen neuen Chinesen, bei TSV konnte ein Altstar reaktiviert werden, die Spielvereinigung hat zwei angeblich begnadete jugendliche Talente in die Herrenmannschaft hochgezogen und bei den „Sportfreunden" hat sich die Landesliga-Damenmannschaft aufgelöst, so dass die verbliebenen Spielerinnen nun in der 2. Kreisliga der Herren antreten werden – von allzu vielen weiteren Pleiten sollte man beim Aufsteiger und Schlusslicht der Liga also nicht mehr ausgehen.

Ganz anders bei der SG Eintracht Regenbach/Wurmtal von 1953, wo nach langem Hin und Her die zuletzt schwächelnden Hotte und Jungspund Malte in der Mannschaft verbleiben durften/sollten/mussten – ganz einfach, weil sonst niemand in dieser spielerisch und psychologisch kriselnden Truppe Stammspieler werden wollte. Eine Verstärkung sieht also anders aus. Abzuwarten bleibt außerdem, wie sich Routinier Rüdiger im ersten Paarkreuz schlägt, in das es ihn aus unerfindlichen Gründen plötzlich punktemäßig gespült hat. Zusätzlich ist offen, wie sich Klaus-Dieters Ausquartierung auf die durchgesessene Wohnzimmercouch (Stichwort: Betörend niedliche Susi. Status: Ehekrise. Drohung: Scheidung) auf seinen ohnehin maladen Rücken sowie seine langsam angeknackste Psyche (Susi hat seit der Weihnachtsfeier seltsamerweise nichts mehr von sich hören lassen) und damit auf seine sogenannte Leistung auswirken wird. Dass Starspieler Bastis Start-Up endgültig kurz vor der Pleite steht und er daher immer bis spät abends arbeiten muss, hilft dem Team auch nicht wirklich weiter.

So viele Hoffnungen hatte Mannschaftsführer und Erbsenzähler Eberhard daher in die Gerüchte gesetzt, dass die Jungs vom SB/DJK ihre Mannschaft zurückziehen. Damit wäre einerseits ein Absteiger aus der 2. Kreisliga bereits sicher festgestanden und somit nur noch ein weiterer gesucht worden. Andererseits hatte Eberhards Team gegen den SB/DJK sehr alt ausgesehen, während direkte Konkurrenten um den Abstieg dort den einen oder anderen Zähler geholt hatten – das Streichen all dieser Resultate hätte den „Regenwürmern" tabellarisch sehr gut getan. Doch dann hat beim SB/DJK wohl doch keiner seine Karriere kurzfristig beendet, niemand ist ins Ausland gezogen und es gab auch keine ungeplanten Schwangerschaften zu vermelden, kurz: Man tritt wieder an und Eberhards Hoffnungen auf den Klassenerhalt sind arg getrübt.

In dieser nicht vollkommen ausgelassenen Stimmung tritt man nun zum ersten Rückrundenspieltag an. Die undurchschaubaren Regeln des Kreisliga-Spielplans sehen anders als in der Hinrunde jedoch keinen Start gegen den noch punktlosen und jetzt mit Damen verstärkten Aufsteiger vor. (Malte ist ganz erleichtert: Von der letzten Niederlage bei einem Vorbereitungsturnier im Sommer gegen eine dieser mit Noppen spielenden Mittfünfzigerinnen, die alle seine Mutter sein könnten, hat er immer noch Albträume!) Stattdessen wartet mit dem FC eine der stärksten Mannschaften der Liga und von dem bereits erwähnten neuen Chinesen erzählt man sich im Tischtennis-Volk der

Region so manche Wunderdinge. Wenigstens hat Eberhard das erste Mal seit Oktober sein Team vollzählig um sich versammelt, denn nach der Weihnachtspause sind alle hoch motiviert und recht optimistisch, die Saison doch noch zu einem guten Ende zu bringen.

Drei Eingangsdoppel und einen 0:3-Rückstand später ist dieser Optimismus schon wieder Geschichte. Die durch die Veränderungen in der Rangliste nötigen Umstellungen der Doppel haben – ohne gemeinsames Training – leider erwartungsgemäß der lächerlichen Doppel-Bilanz nach der Hinrunde keine Wende bescheren können. Kann diese Wende wenigstens in den Einzeln gelingen, oder droht nun noch weniger Erfolg, als ihn die deutsche Fußballnationalmannschaft bei der vergangenen WM zu verzeichnen hatte?

Zunächst gilt es für die allenfalls vereinzelt anwesenden Zuschauer Erstaunliches zu begutachten: Der neue hochgelobte Chinese vom FC hat in seiner vorherigen Liga offenkundig noch nie gegen einen Senior mit Noppen auf beiden Schlägerseiten gespielt – und das hat Routinier Rüdiger natürlich bereits beim zweiten Ballwechsel des Einspielens bemerkt! Als der gute Mann auf der anderen Seite des Tisches immer öfter nach einem verschlagenen einfachen Ball irritiert auf seinen Schläger blickt, packt Rüdiger auch noch sein ganzes schauspielerisches Talent aus: Während jeder andere Spieler im Kreis weiß, dass Rüdiger trotz seiner über 80 Lenze noch topfit ist und den kurz bevorstehenden Herzanfall lediglich simuliert, nimmt sein chinesischer Gegner Rüdigers Gesundheitszustand so ernst, dass er ihm ab Mitte des dritten Satzes gar die Bälle auf seiner Seite aufhebt. Leider können sich die Mitspieler mit ihrem Neueinkauf noch nicht verständigen und ihm die Situation erklären.

So kommt es wie es kommen muss: Nach einem lockeren Dreisatzsieg schleppt sich Rüdiger wieder äußerst fidel zu seinem Platz zurück, schlägt frivol zwinkernd mit seinen Teamkameraden ein und genehmigt sich als Belohnung erstmal drei schnelle Biere. Für die Moral der „Regenwürmer" ist dieses Erlebnis natürlich Gold wert und gerade auch die empörten Rufe und drohenden Gesten der sich ausgetrickst fühlenden übrigen FC-Spieler schweißen das Team nur noch enger zusammen.

Allein: Es hilft nichts. Der Rückstand nach den Doppeln wiegt einfach zu schwer und da, gerade als das Spiel du zu kippen scheint, lautstark und ausdauernd bimmelnde Handys sowohl Basti (die Firma!) als auch Klaus-Dieter (Susi?) und schließlich auch noch den ohnehin nervösen Malte (Mama!!!) in entscheidenden Momenten ablenken, ist die nächste Saisonpleite bald perfekt. Eberhard kocht natürlich innerlich, wofür hat er denn extra die „Handy in der Halle nur lautlos"-Regel eingeführt? Allein Althippie Hotte sieht die Lage immer noch entspannt. Erstens sieht er sich kommende Saison eine Liga niedriger gegen deutlich schwächere Gegner seinem Ziel des „schönen Spiels" viel einfacher näherkommen. Und bimmelnde Handys füllen doch bekanntlich nur die Mannschaftskasse, da kommt bis zur Abstiegsfeier bestimmt noch einiges zusammen.

#9 KAMPF UM DIE GOLDENE ANANAS

Breaking News in der WhatsApp-Gruppe der Regenwürmer: der SB/DJK hat nun doch zurückgezogen! Damit gibt es nur noch einen Absteiger und da das Schlusslicht und Aufsteiger „Die Sportfreunde" weiterhin punktlos ist (die als Ergänzungsspielerinnen aufgestellten Landesliga-Damen hatten dann doch keine Lust, in der Herren-Kreisliga auszuhelfen), ist der letzte Platz bereits vergeben.

Zudem hat das Relegationsspiel des Vorletzten gegen den Zweiten der nächsttieferen Liga zuletzt stattgefunden, als Helmut Kohl noch Bundeskanzler war. Die knallhart analysierte Schlussfolgerung von Jungspund Malte: Jungs, wir sind so gut wie gerettet! Und nächstes Jahr steigen wir auf! Der Nachwuchsmann wittert also schon wieder Morgenluft.

Zunächst gilt es aber noch, den verbliebenen Großteil der Rückrunde fertig zu spielen und realistischerweise muss man sagen: Jetzt geht es nur noch um die goldene Ananas. Und zwar allerhöchstens.

Dies birgt für Mannschaftsführer Eberhard natürlich eine große Gefahr: Wie soll er jetzt regelmäßig eine starke Mannschaft aufstellen, wenn er den drohenden Abstieg nicht mehr als Totschlagargument zur Zwangsrekrutierung verwenden kann?

Spitzenspieler Basti hat sofort einen längeren Tischtennis-Urlaub angedeutet, er hat zurzeit einfach den Kopf nicht frei für solche Nebensächlichkeiten. Primär muss er sich um sein wankendes Startup kümmern, welches, wie seine Mitspieler erst kürzlich erfahren haben, eine Tischtennis-App entwickelt, mit deren Hilfe man – ja, was genau man damit machen kann, war dann eben leider allen unklar, und das dürfte auch ein Teil von Bastis Problem sein.

Big Papa Klaus-Dieter wiederum muss immer noch seine Ehekrise meistern und hat daher auch selten Zeit für Kreisligaspiele, die noch unwichtiger sind als sonst. Denn plötzlich verbringt er „Quality-Time"-Abende mit seiner Gaby statt stundenlang in miefigen Sporthallen und anschließend in noch miefigeren Vereinsgaststätten (mit allerdings attraktivem Stöckelwild als Servicepersonal) zu verbringen. Es scheint wirklich dramatisch um seine Ehe zu stehen.

Noch härter hat es nur Malte getroffen: Er hat Hausarrest. Mehr Informationen konnten Eberhard auch beim besten Willen nicht aus dem 18jährigen herausbekommen. Vielleicht ist das auch besser so, für alle Beteiligten. Klar ist aber: Auch auf Malte wird Eberhard bei den nächsten Spielen kaum zählen dürfen.

So kommt es, dass nach zwei wirklich desaströs verlorenen Spielen in vogelwilder Aufstellung (teilweise kannte Eberhard die Ersatzspieler gar nicht, die er da einsetzen musste) der Mannschaftsführer einen dringenden Appell an seine Jungs richtet, die Saison doch gefälligst seriös zu Ende zu spielen, dies gebiete schon die sportliche Fairness den anderen Mannschaften in der Liga gegenüber. – Betretenes Schweigen in der WhatsApp-Gruppe. – Außerdem drohe er sonst mit der Niederlegung seines Amtes, dann könne man sich ab sofort einen anderen Blöden für diesen Quatsch suchen. – Diese ultimative Drohung wirkt natürlich umgehend: Alle Mann sagen Eberhard ab jetzt ihren vollen Einsatz zu.

Als man jedoch zum nächsten Heimspiel tatsächlich vollzählig antreten will, erscheint statt des Gegners äußerst kurzfristig nur eine SMS mit der etwas wirren Auskunft: „Mannschaft. Grippe. Absage. Sorry!!!"

Routinier Rüdiger wiederum hat eine Woche später einen wirklichen Hals: Nicht nur, dass ihm niemand vom Rückzug des SB/DJK aus der Liga berichtet hat (Mitglied der ominösen WhatsApp Gruppe ist der sonst so rüstige Senior aus offensichtlichen Gründen nicht), nein, man hat ihn dorthin sogar zum vermeintlichen Auswärtsspiel fahren lassen. 50 Kilometer für die Katz machen ihn fuchsteufelswild und da helfen auch keine zärtlichen Hinweise a la „Hättest du eben Mal nachgefragt" oder freundliche Andeutungen wie „Das sind die Vorteile von Mitfahrgelegenheiten". Rüdiger fährt seit 35 Jahren alleine zu jedem Auswärtsspiel, da er sonst klaustrophobisch wird, das ist doch eigentlich bekannt!

Allein Hotte ist ganz bei sich und damit ganz entspannt beim sogenannten „Kampf" um die goldene Ananas. Die Abwesenheit von Leistungsdruck wirkt sich nämlich positiv auf sein Ball- und damit auch auf sein Spielgefühl aus. Gut, vermutlich tun auch die kürzlich auf dem Schwarzmarkt erworbenen „Globuli" ihr Übriges – alles Bio, alles Natur! Aber wie dem auch sei, Hotte ist in der Rückrunde jedenfalls eine Bank, da geht bestimmt noch so Einiges. Auf welchem Tabellenplatz stehen wir noch gleich?

#10 ENGLISCHE WOCHE

Die Kreisliga-Saison der „Regenwürmer" der SG Eintracht Regenbach/Wurmtal von 1953 biegt langsam aber sicher auf die Zielgerade ein. Sportlich gesehen ist das Jahr längst gelaufen, besondere Ambitionen hat man – abgesehen von Jungspund Malte – ohnehin nie gehegt. So könnte das Team um Mannschaftsführer und Erbsenzähler Eberhard ganz entspannt dem Saisonende entgegenblicken, stünde nicht noch ein besonders großes Ärgernis bevor: eine englische Woche.

Wie jedes Jahr hatte es der Spielplan eigentlich recht gut mit den Regenwürmern gemeint, größere Abstände zwischen den geplanten Punktspielen ergaben sich wie immer nur in den Schulferien wenn der Hausmeister die Turnhalle wie üblich verriegelt und verrammelt um eine Woche auf Malle zu entspannen. Doch wie ebenfalls jedes Jahr traten im Verlauf der Rückrunde dann doch einige spielplantechnische Komplikationen auf: belegte Turnhallen auf Grund von Schulveranstaltungen, geblockte Termine auf Grund der traditionell langatmigen Bezirksversammlung, verlegte Spiele auf Grund von Unabkömmlichkeiten vermeintlicher Leistungsträger der Gegner sowie die Inkompetenz des Spielplangestalters, der gleich fünf Spiele von Mannschaften des TTC auf den gleichen Tage gelegt hatte, wodurch es auch noch zu einer von oben verordneten Spielverlegung kam. Kurz zusammengefasst warten auf Captain Eberhard und seine Jungs nach einer zähen vierwöchigen Pause diese Woche gleich drei Spiele: am Dienstag, am Freitag sowie als ultimative Krönung das ohnehin unbeliebte Samstags-Auswärtsspiel beim bereits erwähnten TTC (familienfreundlicher Beginn um 17:30 Uhr).

Routinier Rüdiger schmerzt bereits beim bloßen Gedanken an diese Horror-Woche die seit Jahrzehnten malade Hüfte. Nach langer Verhandlung mit seinem Kapitän verzichtet Rüdiger auf das Freitagsspiel. Ein Umstand der ihn beinahe noch mehr schmerzt als seine Hüfte, ist es doch seine erste Absage für ein Punktspiel in dieser Saison. Doch der Chiropraktiker seines Vertrauens hatte zuletzt klare Ansagen gemacht: Privat (Rosenschneiden) und im Beruf (Tischtennis) kürzertreten, sonst droht eine weitere Hüft-OP. Und mit Rollator wird selbst der sonst noch so fidele Rüdiger kaum mehr an die Tischtennis-Platte zurückkehren können.

Der angehende Beinahe-Abiturient Malte hingegen freut sich auf die englische Woche. Statt alle zwei Tage zu irgendwelchen Turnierserien mit hunderten Kilometern Anfahrt kutschen zu müssen, kann er seinem liebsten Hobby endlich auch in der nächsten Umgebung unter Wettkampfbedingungen nachgehen. Außerdem gilt es, die zuletzt wirklich saublöd und äußerst unglücklich verlorenen 200 TTR-Punkte schleunigst wieder aufzuholen, um nächste Saison nicht in die fünfte Mannschaft abzurutschen. Schön auch, dass er diese Woche eine vorzeigbare Ausrede für Mama hat, warum er leider gerade vor lauter Tischtennis-Stress nicht fürs Abi lernen kann.

„Big Papa" Klaus-Dieter wiederum kann seiner Gaby drei Tischtennis-Termine in nur einer Woche auf gar keinen Fall schmackhaft machen. Erstens stellt sich die Frage, wer denn dann zum Elternsprechtag, zum Eltern-Kind-Turnen sowie zum Fußballtraining der F-Jugend fährt. Und außerdem bleibt Gaby mehr als latent skeptisch, ob ihr Klausi wirklich auch zum Tischtennis fährt und sich nicht doch etwa mit der angeblich betörend süßen Kellnerin Susi treffen will. Klaus-Dieter weiß inzwischen, dass verschwitze Sportklamotten keinen Beweis für eheliche Treue darstellen, und so teilt er seinem Kapitän mit, dass er allerhöchstens und nur in größter Not Dienstag und Freitag spielen kann.

Spitzenspieler Basti ist seit der endgültigen Pleite seines mit Pauken und Trompeten gescheiterten Start-Ups für Eberhard nicht mehr zu erreichen. (Man munkelt auch für das Finanzamt nicht mehr.) Dies ist natürlich ein herber sportlicher Verlust für die Regenwürmer, denn ohne Basti ist man in dieser Liga wirklich kaum konkurrenzfähig.

Hotte hatte Eberhard für das Samstags-Spiel bereits vor Monaten abgesagt, da fährt er angeblich zu irgendeiner obskuren „Weiterbildung“ nach Holland. Und auch am Freitag davor möchte er eigentlich nur ungern spielen, da will er sich lieber mental auf das Wochenende einstellen.

So kommt es, dass Eberhard bereits zwei Wochen vorher alle 50 Freiminuten seines „ALDI-Talk“ Prepaid-Vertrages aufgebraucht hat beim Versuch eine schlagkräftige Truppe für alle drei Punktspiele der englischen Woche zusammenzustellen. Gerade an dem Samstag scheint – kaum zu glauben – wirklich beinahe jeder mögliche Ersatzspieler schon anderweitig verplant zu sein. Schon bald handelt es sich folglich nur noch um den Versuch, überhaupt irgendeine Truppe zusammenzustellen. Dies gelingt schließlich nur dank der aufopferungsvollen Einsatzbereitschaft mehrerer vertrauensseliger elfjähriger Jugendspieler sowie einiger gutmütiger Tischtennis-Rentner, die eigentlich seit Jahren nur noch zum Kartenspielen vorbeischauen.

Was folgt ist eine Ausbeute von 0:6 Punkten bei 2:27 Spielen – und damit ist man noch gut davongekommen! Höchste Zeit, dass diese Saison endlich ein Ende nimmt.

#11 RELEGATION

Schock bei den „Regewürmern" der dritten Mannschaft der SG Eintracht Regenbach/Wurmtal von 1953: Kaum ist die Saison auf dem normalerweise völlig akzeptablen achten Platz von neun Mannschaften beendet, meldet sich der Spielgruppenleiter telefonisch und gibt die Termine für die Relegation durch. Mannschaftsführer und Erbsenzähler fällt aus allen Wolken, denn seiner Erinnerung zufolge wurde die Relegation zuletzt Ende der 80er tatsächlich ausgespielt. Sonst gab es immer jede Menge zurückziehende Mannschaften, andere wollten nicht aufsteigen und irgendwo hatte schließlich auch noch ein Verein für immer zugesperrt.

Nur aus diesem Grund hatten Eberhard und seine Jungs nach dem Rückzug des SB/DJK zu Beginn der Rückrunde den praktisch sicheren achten Platz akzeptiert und sich in den verbleibenden Saisonspielen nun wirklich nicht mehr völlig verausgabt. Wenn man das nur gewusst hätte…!

Doch dieses Jahr scheint es in der 3. Kreisliga eine völlig überambitionierte junge Mannschaft beim 1. SC zu geben, die erst in der Rückrunde so richtig in Fahrt kam und für die es zum direkten Aufstieg aber knapp nicht mehr gereicht hatte. Und anstatt – wie es alle anderen Mannschaften traditionell seit Jahrzehnten machen – einfach nächste Saison einen neuen Anlauf zu starten, hat der Vorstand vom 1. SC doch tatsächlich die verstaubten Regularien gewälzt und diese völlig antiquierte Regel zur Relegation des Drittplatzierten gegen den Drittletzten der zweiten Kreisliga ausgegraben.

Nun steht Eberhard kreidebleich da, das Handy noch in der langsam herabsinkenden Hand, denn guter Rat ist mehr als teuer: Wie um alles in der Welt soll er jetzt eine schlagkräftige Truppe für kommenden Samstag zusammenstellen? Und dann auch noch für ein Spiel auf neutralem Boden in der Turnhalle des 65km entfernten TSV Concordia? Beim bloßen Gedanken an seine malade, formschwache und wenig motivierte Mannschaft, die sich mental bereits in der sechsmonatigen Sommerpause befindet, läuft dem tapferen Finanzbeamten ein kleiner Schauer über den Rücken.

Trotzdem macht er sich umgehend an die Arbeit. Routinier Rüdiger ist natürlich kein Problem, der spielt ohnehin immer. Doch der sonst so ambitionierte Jungspund Malte steht just an diesem Samstag zwei Tage vor der mündlichen Abiturprüfung – und damit vor der letzten Chance, lebenslangem Hausarrest gerade noch zu entgehen. Trotzdem sagt er seinem Kapitän sofort zu: Denn lebenslanger Hausarrest hin oder her, aber in der dritten Kreisliga will der eigentlich talentfreie Malte nun wirklich nicht mehr spielen! Eberhard ist erleichtert. Und denkt er an Maltes Leistungen in der abgelaufenen Saison, muss sich mit einem eventuellen lebenslangen Hausarrest im kommenden Jahr ohnehin bestenfalls der Mannschaftsführer der vierten oder fünften Mannschaft herumschlagen.

Bei „Big Papa" Klaus-Dieter muss Eberhard – nach zähen Debatten zwischen diesem und seiner Gattin Gaby – höchstselbst intervenieren und zum Hörer greifen: Er versichert Gaby beim Leben seines geliebten Goldfischs, dass es sich am kommenden Samstag tatsächlich um ein Tischtennisspiel und noch dazu um ein sehr wahnsinnig wichtiges handelt. Nein, von einer betörend niedlichen Kellnerin

Susi habe er nie etwas gehört, ja, Klaus-Dieter wird pünktlich um 23:00 Uhr wieder daheim sein, ja, er wird mit Sicherheit stocknüchtern sein und am nächsten Morgen auf jeden Fall mit den Kindern zum 80. Geburtstag der Schwiegermama fahren können. Unter diesen Bedingungen gibt Gaby ihren Schatz schließlich schweren Herzens frei. Eberhard legt auf und muss sich zur Strafe für seine dreisten Lügen erst einmal in den kleinen Finger beißen: Selbstverständlich wird man nach dem Relegationsspiel bis vier Uhr morgens – entweder zur Feier des Tages oder aus Frust über den Abstieg – in der Vereinskneipe versumpfen und jedes einzelne Bier für Klaus-Dieter wird diesem mit an Sicherheit grenzender Wahrscheinlichkeit von der tatsächlich betörend süßen Kellnerin Susi kredenzt werden. Doch was tut man nicht alles für den Klassenerhalt!

Nun da Kapitän Eberhard praktisch einen Lauf hat, versucht er gleich auch noch Hotte zu überzeugen. Hotte ist ein schwerer Fall, denn nach einem kurzen spielerischen Zwischenhoch in der Rückrunde (als alle dachten, man könne von sportlichem Zwängen befreit einfach frei aufspielen) sieht sich Hotte dem nun drohenden nahezu unmenschlichen Druck einer Kreisliga-Relegation eigentlich nicht gewachsen. Selbst seinen traditionell eingeübten Entspannungstechniken traut er nicht zu, das irgendwie ändern zu können. Mit dem Mute der Verzweiflung geht Eberhard zum Angriff über: Er erinnert Hotte daran, dass er ja mit dem örtlichen Polizeidienststellenleiter verschwägert sei, dieser kürzlich eine SoKo „Hasch" ins Leben gerufen habe und wirklich für jeden anonymen Tipp dankbar sei. Daraufhin erkundigt sich Hotte umgehend und sehr interessiert nach Spielbeginn sowie Treffpunkt für das Relegationsspiel. Er wird auf jeden Fall pünktlich da sein!

Bei Spitzenspieler Basti muss Eberhard gar zu drastischen Mitteln greifen: Von seinem Starspieler hat man seit Wochen und Monaten nichts mehr gehört in der Tischtennisabteilung seit sein Start-Up Pleite ist. Doch ohne Basti brauchen die Regenwürmer gar nicht erst antreten. So kommt es, dass sich Eberhard nach 20 vergeblichen Anrufen einfach in sein Auto setzt und bei Basti vorbeifährt. Er wird empfangen von halb heruntergelassenen Rollläden und weder auf Klingeln noch lautstarkes Klopfen an der Wohnungstür gibt es irgendeine Reaktion. Ein verschlafener Nachbar öffnet seine Wohnung und meint, in Bastis Wohnung habe er schon ewig niemanden mehr gesehen und, ja, es röche langsam auch etwas unschön. Hoch alarmiert telefoniert Eberhard mit seinem Kumpel von der freiwilligen Feuerwehr. Wenig später rücken drei Löschfahrzeuge samt Besatzung an, brechen Bastis Tür auf – und finden den sonst so sportlichen und fröhlichen jungen Mann laut schnarchend auf seiner Couch, umgeben von Pizzakartons, halbvollen Cola- und Bierflaschen, leeren Chips-Tüten und einem tatsächlich sehr strengen Geruch. Kaum ist Basti geweckt, rückt der Löschzug rückt wieder ab und Eberhard steht vor der Herkulesaufgabe, seinen besten Mann innerhalb von drei Tagen davon zu überzeugen, dass das Tischtennis-Leben durchaus Spaß macht. Gottseidank wird Einfühlungsvermögen in der Ausbildung zum Finanzbeamten groß geschrieben!

So kommt es, dass Eberhard zu seiner eigenen Überraschung am Samstag mit seinem Team in Bestbesetzung zur Relegation antreten kann. Zwar hat sich nur der eigene Abteilungsleiter zur Unterstützung mit auf den langen Weg zum TSV Concordia gemacht, während sich beim ambitionierten 1. SC knapp dreißig Schlachtenbummler mit nahezu ebenso vielen Kisten Bier und sogar einigen Trommeln aus mehreren Vereinsbussen schälen.

Doch aus irgendeinem völlig unklaren Grund läuft es für die Regenwürmer an diesem Tag einfach: Bereits nach den Doppeln liegt man entspannt in Führung, alle Mitglieder des Teams spielen mindestens am oberen Rand ihrer Möglichkeiten (wenn nicht sogar darüber), bald verstummen auch die zähesten Trommler des Gegners und nach noch nicht einmal eineinhalb Stunden steht der souveräne Klassenerhalt von Eberhards Truppe fest. Mit Tränen in den Augen setzt er seine Unterschrift auf diesen nahezu historischen Spielberichtsbogen, klopft seinem bitter enttäuschten Gegenüber väterlich auf die Schulter und gesellt sich zu seinem Team. Das muss gefeiert werden!

Immer noch irritiert ob der starken Leistung seiner Jungs hatte Eberhard auf der Rückfahrt Richtung Vereinskneipe zunächst noch interessiert den aufgekratzten Gesprächen zugehört, weil er mit den Stichworten „Gynäkologe unseres Vertrauens“, „Infusion“ und „Eigenblut“ nichts so recht anzufangen wusste. Doch spätestens ab dem dritten kleinen Radler verschwimmen für den tapferen Mannschaftsführer Eberhard so ein bisschen die Erinnerungen an diesen denkwürdigen Abend. Wer kann es ihm verdenken?

#12 FEIERN UND FESTE

Wie bei jeder anständigen Tischtennis-Mannschaft, so geht auch bei den „Regewürmern" der dritten Mannschaft der SG Eintracht Regenbach/Wurmtal von 1953 die ach so anstrengende Saison nahezu nahtlos in eine beinahe noch anstrengendere Zeit der Feiern und Feste über – eine englische Woche ist praktisch nichts dagegen! Dank des nun durchstartenden Frühlings können solche Aktivitäten glücklicherweise ins Freie verlegt werden, anstatt wie den ganzen Winter über in der miefigen Regenwurm-Turnhalle zu versauern. Kreisliga-Tischtennis also doch noch ein Freiluft-Sport?

Dank des völlig überraschend in der sehr kurzfristig anberaumten Relegation klargemachten Klassenerhalts in der 2. Kreisliga steht zunächst die offizielle Nichtabstiegsfeier an. Gut, eigentlich gab es ja direkt im Anschluss an das gewonnene Relegationsspiel noch sofort vor Ort eine spontane Feier. Doch weder Jungspund Malte noch „Big Papa" Klaus-Dieter oder Spitzenmann Basti haben an diese Feier irgendeine Erinnerung. Schließlich wollten sich die kurzfristig einfindenden Bierkästen einfach nicht von alleine trinken. Allein Routinier Rüdiger (trinkfest), Althippie Hotte (ohnehin dauerbreit) und Erbsenzähler Eberhard (Fahrer) hätten noch die ein oder andere allmählich verblassende Geschichte auf Lager – ebenso der Hallenhausmeister, welcher nachts um drei die Feierlichkeiten mit Hilfe seines Schäferhundes etwas rüde beendete, und das nur, weil Malte im Eifer des Gefechtes... ach, lassen wir das.

Auf jeden Fall soll jetzt nochmal in Ruhe der Klassenerhalt begossen werden, nicht zuletzt, da es beim Relegationsspiel – auf Grund allenfalls mäßiger Erfolgsaussichten

– mit dem eigenen Abteilungsleiter nur einen sympathisierenden Zuschauer gegeben hatte. Doch nun wollen plötzlich alle anderen Schulterklopfer aus der Abteilung ebenfalls dabei sein (sie haben es ja ohnehin gewusst: für einen Abstieg ist dieses Team viel zu stark!) wenn Rüdiger frische Bierfässer anzapft, Hotte halbwegs frische Fische grillt, Klaus-Dieter versucht seine Kinderschar unter Kontrolle zu behalten, Spitzenmann Basti seiner weiblichen Anhängerschaft von sportlichen Großtaten berichtet (also bei der Tennis-Abteilung, klar!), Eberhard regelmäßig und äußerst penibel die Kaffeekasse nachzählt und Malte die Hüpfburg unsicher macht.

So wird es ein grandioser Nachmittag im ganz großen Kreis mit allen möglichen Freunden und Familienangehörigen der „Regenwürmer", der unmittelbar in einen wunderbaren Abend übergeht bevor sich „Big Papa" Klaus-Dieter mit seiner Familie verabschiedet. Der Rest der Truppe feiert natürlich bis in die tiefe Nacht hinein weiter, und wo man schon mal da ist, kann man natürlich auch gleich wach bleiben, bis es morgens wieder hell wird – alles in allem eine recht bierselige Angelegenheit (es gibt Bier und man ist selig), die mit dem einsetzenden Nieselregen um halb fünf Uhr morgens dann auch noch feucht-fröhlich wird. Einfach le-gen-där! Und als um kurz nach sieben Jungspund Malte auch noch die Umstände seines letzten Hausarrests zum Besten gibt, geht die Nichtabstiegsfeier äußerst vergnügt zu Ende.

Wenige Wochen später steht dann noch das Sommerfest der vollständigen „Regenwürmer"-Abteilung auf dem Programm. Folglich versammelt man sich in nahezu derselben Besetzung am gleichen Ort wieder, um, nun ja, praktisch das gleiche wieder zu machen: Zu feiern, zu trinken und von Tischtennis-Klein- und -Großtaten zu schwärmen, die man selbst nie begangen hat. Und wieder hat Malte das letzte Wort, als er die Geschichte mit dem Hallenhausmeister nach dem Relegationsspiel detailgetreu nachspielt.

Zu guter Letzt kommt es am darauffolgenden Samstag final zum großen Sommerfest des Hauptvereins. Bereits ein wenig erschöpft von den andauernden Feiern trifft man sich zum zünftigen Spanferkel-Grillen und diversen Hopfenkaltgetränken. Zu fortgeschrittener Stunde hebt der sichtlich bereits mit Schlagseite kämpfende Vereinsvorsitzende Hans zu seiner berühmt-berüchtigten Jahresabschlussrede an, in der er – wie er gerne schmunzelt – das Sportjahr des Vereins nochmal „Paroli laufen" lässt und so die Erfolge jeder einzelnen Abteilung in den höchsten Tönen lobt. Kurz nach den Fitness-Senioren, der Hallenhalma-Truppe, der Square-Dance-Abteilung und der Stadtgarde kommt er auch endlich auf die Tischtennis-Abteilung zu sprechen. Von den ganzen Mittelfeld-Plätzen der anderen Mannschaften möchte er gar nicht sprechen, so Hans fröhlich, aber was die zweite oder dritte Mannschaft unter Kapitän Ernst in der Relegation geleistet habe, das sei doch wirklich aller Ehren wert: Zusammen mit seinen Jungs Bastian, Rudi, Hoppel, Heinz-Dieter und Jungspund Markus habe Ernst nach wochenlangem Kampf erfolgreich den Aufstieg in die äh vierte Dings-Liga klargemacht, und das unter – wie wir alle wissen – äußerst schwierigen Voraussetzungen, weil ja nämlich, genau. Die sechs genannten werden zusammen unter spärlichstem Applaus auf die Bühne gerufen, wo jeder von Hans einen feuchten Händedruck bekommt bevor dann die Bühne von den 23 offensichtlich stark alkoholisierten Fußballern mit riesigen Biergläsern in der Hand gestürmt wird, die heute

Nachmittag tatsächlich den erstmaligen Aufstieg in die dritte Fiderallala-Liga vollbracht haben.

DIE DREI GROSSEN LÜGEN
im Abstiegskampf

Aber nächste Woche haben wir eine Chance.

Meine Einzelergebnisse sind mir egal, es zählt nur die Mannschaft.

Im Fall des Falles steigen wir nächstes Jahr bestimmt wieder auf.

#13 DIE SOMMERPAUSE

Zum Start in die längliche Sommerpause, kurz nach der legendären Nichtabstiegsfeier, hat sich die dritte Mannschaft der "Regenwürmer" um Kapitän Eberhard geschworen, dieses Jahr endlich mal regelmäßig zu trainieren um eingespielt in die neue Saison starten zu können, damit man wirklich nie wieder in Abstiegsnöte der zweiten Kreisliga gerät – nie wieder! Nun ja: Man darf ja noch Träume und Visionen haben, doch die Realität hat die Jungs dann schneller eingeholt als man „Balleimertraining" sagen kann.

Die ersten paar Wochen vergehen erwartungsgemäß ohne gemeinsames Training dank kompletter Lustlosigkeit nach Ende der langen und kräftezehrenden Saison, dank noch nachhängendem Kater der diversen Feierlichkeiten sowie auf Grund von in schöner Regelmäßigkeit gesperrter Turnhalle (Abifeier, Schul-Sommerfest, Elternsprechtag).

Anschließend tut sich immerhin etwas: In der gemeinsamen WhatsApp-Gruppe fragt nun der wie immer überambitionierte Jungspund Malte jeden Freitag, ob abends jemand ins Training käme. Doch nur in den seltensten Fällen kann sich auch nur ein Mitspieler überhaupt zu einer Antwort aufraffen. Und der tatsächlich in jedem Training (egal ob Sommerpause oder nicht) anwesende Routinier Rüdiger hat eben kein Klugtelefon (von WhatsApp ganz zu schweigen). Malte muss folglich mit der Teilnahme an den Turnierserien als Training unter Wettkampfbedingungen (aber ohne Mitspieler) auskommen.

Ein oder zwei Mal schaut Mannschaftsführer Eberhard pflichtschuldig in der Halle vorbei – nur um nach einigen wenig ergiebigen Doppeln mit den als einzige anwesenden

Tischtennis-Opas ebenso desillusioniert wie immer noch untrainiert wieder nach Hause zu fahren. Von Spitzenspieler und Multitalent Basti (die Tennis-Saison hat begonnen) sowie Familienpapa „Big Papa“ Klaus-Dieter (die Freibad-Saison hat begonnen) hört man wie jedes Jahr jedoch genauso wenig wie von Alt-Hippie Hotte (die Entspannungs-Saison hat nie aufgehört). So kommt es, dass die Wochen ins Land gehen und sich der Leistungsstand von Eberhards Team auf dem üblichen Sommerpausen-Niveau einpendelt: Irgendwo zwischen Rundlauf im Schulhof und Kreismeisterschaft der Ü85-Senioren.

Allein zum traditionellen Saisonabschlussturnier findet sich eine kleine Truppe in der sommerlich stickigen Regenwurm-Halle ein: Sieben Mitglieder der Abteilung, darunter mit Rüdiger („Ich wollte eigentlich nur trainieren“) sowie Eberhard (hat diesen Pflichttermin immer im Kalender) und dem hochmotivierten Malte (halluziniert von Siegambitionen) immerhin drei Nichtabstiegshelden der dritten Mannschaft, treten trotz Biergarten-Wetters an, um in einem allen Mitspielenden völlig schleierhaften Spielsystem den Gewinner eines Fresskorbes vom örtlichen Metzger des Vertrauens auszuspielen. Doch da ständig Partner, Schläger und Tische getauscht werden, ist der Trainingseffekt einmal mehr eher gering. Immerhin: Rüdiger holt einen respektablen dritten Platz, Eberhard wird wie immer Vierter (Holzmedaille) und Malte weint sich abends wieder in den Schlaf.

Anschließend muss Eberhard sogar die Einladung zum 50-Jahre-Jubiläumsturnier der benachbarten und befreundeten Truppe vom TuS mangels einsatzwilliger Spieler leider ausschlagen. Peinlich, peinlich bei einem Zweier-Mannschaftsturnier.

Und auch ins einwöchige Trainingslager nach Kroatien will leider niemand außer Malte mitfahren – doch der hat schon wieder Hausarrest. Wobei es bei solchen Trainingslagern ja auch immer fraglich ist, was hier eigentlich überwiegend trainiert werden soll: Die Vorhand, die Rückhand, die Trumpfhand, die Bierstemmhand oder das einhändige aber erfolglose Anbaggern der örtlichen Strandschönheiten.

Wenigstens trifft man sich vollzählig beim Abteilungsausflug in die nahegelegene Großstadt, die mit einem zünftigen Biergartenbesuch planmäßig und standesgemäß abgeschlossen wird. Doch außer bei einem kurzen Duell "Beer-Pong" zwischen Klaus-Dieter und Hotte spielt der kleine weiße Plastikball auch an diesem Samstag eine eher untergeordnete Rolle.

Es kommt wie es kommen musste: Zum Saisonauftakt ist Malte dank zahlloser Turnierteilnahmen wieder einmal völlig überspielt aber spielerisch kein Stück verbessert. Routinier Rüdiger entwickelt sich unabhängig von Sommerpause oder nicht seit Jahren vom Niveau her ohnehin wie sein Dioptrien-Wert (es geht abwärts). Und alle anderen Mitglieder der Mannschaft kommen zusammen lediglich auf eine einstellige Anzahl an Trainingseinheiten von Mai bis August. Auf ein Neues heißt es also für die Regenwürmer: „Herzlich willkommen!" im Abstiegskampf der zweiten Kreisliga Südwest.

#QUICKLIST: BANDENWERBUNG

- Toni's Pizza
- Mamas Döner
- Oppas Currywurst
- Ristorante & Sportgaststätte Bella Italia
- Gasthof zur Post
- Eiscafe Venezia
- Sinners Club Bar & More
- Gisela's Frisierstube
- Nagelstudio Sandy
- Metallbau Huber
- …hreinerei und .nn.n.ausbau Pa…. (unleserlich)
- Pe… ..n.is Gartengestaltung (unerhört)
- Danke! Euer Manni (unklar)
- Topspeed – Dein Tischtennis-Fachgeschäft
- Topspin – Dein Tischtennis-Fachgeschäft
- Topsport – Dein Tischtennis-Fachgeschäft
- Die Stadtsparkasse wünscht ein gutes Jahr 2000!
- Gar keine

BONUS

DIE BESTEN TISCHTENNIS-FILME ALLER ZEITEN

The Dark Slice Rises
Die Tischtennis-Clubs von Gotham City werden vom Verbrechen heimgesucht. Da erhebt sich ein Retter aus der Dunkelheit – mit wehendem Umhang und starkem Schnitt beginnt er das Böse zu bekämpfen.

James Bond 0:11 – ClickTT Royal
Bond kämpft im Auftrag seiner Majestät gegen horrende Lizenzgebühren, willkürliche Verbandsregeln sowie völlig unverständliche TTR-Berechnungen. Papierleichen pflastern seinen Weg.

Spiel Langsam
Knallharte Action um die Geiselnahme eines ganzen Tischtennis-Vereins. Doch die Terroristen haben die Rechnung ohne den Ex-Cop McClane gemacht. Bruce Willis brilliert in einer seiner ersten Rollen vor seinem großen Durchbruch.

Astra – Suff im „Pandora"
Nach jedem Punktspiel trifft sich das Tischtennis-Team eines fernen Planeten in seiner Stammkneipe „Pandora" und trinkt norddeutsches Bier. Doch das Paradies ist bedroht und muss verteidigt werden.

Braveholz
Die Schottischen Tischtennis-Spieler der „Braveholz" wehren heroisch den erneuten Angriff der bösen Engländer ab. Vier-Stunden-Epos mit blutigen Fünfsatz-Schlachten.

Der Tischtennis-Spieler James Ryan
Während des zweiten Weltkrieges schickt die US-Army eine kleine Gruppe los, um den begabtesten Tischtennis-Spieler Amerikas aus Frankreich zu retten. Harter Anti-Kriegsfilm, in dem sich niemand für Netzroller entschuldigt.

Indiana Jones – Jäger des verlorenen Belages
„Indy" Jones ist auf der Suche nach dem heiligen Belag, der angeblich unbesiegbar machen soll. Doch auch die Nazis haben einmal mehr ihre Schergen losgeschickt – sie wollen endlich in China einmarschieren.

Slice And Topspin in Las Vegas
Von Frischkleber völlig zugedröhnte Figuren begeben sich auf einen wahnwitzigen Tischtennis-Trip durch die Wüste von Las Vegas. Meisterwerk nach dem gleichnamigen Sport-Roman.

Wall-E – Der letzte räumt die Halle auf
Fantasy-Märchen um einen treuen Roboter, der nach Trainingsende immer noch alle Platten und Netze aufräumt während die Spieler schon beim Duschen sind.

Forehand Gump
Der etwas sehr naive Forehand Gump erzählt bei einer Schachtel Pralinen von seinem unglaublichen Aufstieg in der deutschen Tischtennis-Rangliste. Kann er Jenny am Ende glücklich machen mit dieser schwachen Rückhand? Modernes Märchen.

Spiel Langsam 2
Wieder muss Bruce Willis als Ex-Cop McClane einen Haufen armer Tischtennis-Spieler aus der Gewalt verrückter Irrer befreien: In der Fortsetzung des Erfolgsfilmes wurde die Deutsche Meisterschaft in Buxtehude gekapert.

Der Herr der Bälle: Die Doppel
Der kleine Hobbit Frodo wird aus seinem beschaulichen Leben gerissen, da es für ihn eine höhere Bestimmung gibt. Mit Hilfe von Zauberern, Zwergen und Elfen bildet er einen schlagkräftigen Tischtennis-Club und zieht hinaus in die Kreisliga. Wird es ihm gelingen trotz seiner großen Füße ein wirklich guter Spieler zu werden?

Indiana Jones und der Tempel des Aufschlags
Der abenteuerlustige Professor Henry „Indy" Jones macht sich auf die Suche nach dem sagenumwobenen Tempel, in dem Shaolin-Mönche das Geheimnis des perfekten Aufschlages hüten.

Timó – Der Profi
Der Klassiker unter den Action-Tischtennisfilmen der 80er handelt von Aufstieg und Fall des jungen Tischtennis-Profis Timó.

Fluch der Karibik: Chinas Ende der Welt
Der verrückte Kapitän Jack Sparrow treibt mit seinem Tischtennis-Team vom TuS Black Pearl die Chinesen an den Rande des Wahnsinns. Doch kann Jack den auf ihm lastenden Entscheidungssatz-Fluch endlich brechen?

The Green Table
Im Todestrakt eines amerikanischen Staatgefängnisses vertreiben sich die Insassen ihre letzten Tage mit Rundlauf.

Spiel Langsam 3 – Jetzt erst recht
McClane kann es nicht lassen und rettet nun auch noch die chinesische Tischtennis-Seniorennationalmannschaft aus den Fängen diverser Bösewichter. Aus unerfindlichen Gründen fliegt am Ende des Films ein Flugzeug und ein Tanklaster in die Luft.

Keinbelagschläger
In diesem romantischen Komödienhit von und mit Til Schläger und seinen zahllosen süßen Kindern bleibt es bis zum Schluss spannend, ob der Held das Herz des einzigen Mädchens in seinem Tischtennis-Verein erobern kann – denn die Konkurrenz ist groß.

Elf
Mystery-Schocker, in dem elf grausame Ritual-Morde an einer Kreisliga-Tischtennis-Mannschaft mit diversen Tischtennis-Utensilien begangen werden. Nichts für schwache Nerven.

James Bond 0:11 – Ein Quantum Most
Von den Strapazen des ersten Films sowie diverser Punktspiele erholt sich Bond in seiner nahen Stammkneipe bei einem Äppelwoi. Schwächster Teil der Serie.

S wie Stoppball
Ein maskierter Mann rächt sich nachts an unfairen Tischtennis-Gegnern im dystopischen London der 2030er Jahre. Hochspannung garantiert!

Indiana Jones und der letzte Satzball
„Indy" langweilt sich an der Uni beinahe zu Tode bis er sich auf die spannende Suche nach dem Originaldokument der Tischtennis-Regeln macht, welche ihn quer durch das von Nazi-Deutschland besetzte Europa führt.

Düsseldorf's Eleven
Der smarte Gangster Borussia Düsseldorf stellt ein Team von elf absoluten Spezialisten zusammen um einen besonderen Coup zu landen: Ziel ist es einmal mehr die deutsche Meisterschaft zu stehlen.

Platte der Affen
Im Tischtennis-Krieg zwischen Menschen und Affen wird bis aufs Blut gekämpft. Wer behält am Ende die Oberhand und darf in die Bezirksliga aufsteigen?

Table Tennis Fight Club
Regie-Meisterwerk um einen Geheimbund in dem sich Tischtennis-Spieler bis aufs Blut duellieren. Doch nicht alles ist wirklich so wie es auf den ersten Blick scheint…

Der Herr der Bälle: Die zwei Einzel
Nach dem bitteren Auftakt mit drei Doppel-Pleiten müssen sich Frodo und seine Freunde nun in den Einzeln beweisen. Gelingt die Revanche gegen den TSV Mordor auch ohne das von Gollum geklaute Glücks-Schweißband?

Ziemlich feste Freunde
Die völlig übergewichtige dritte Mannschaft eines Amateur-Vereins kann sich zwar kaum mehr bewegen, hat aber trotzdem jede Menge Spaß zusammen. Politisch völlig unkorrekter Überraschungs-Hit aus Frankreich.

Zurück in die Zukunft II: Es geht wieder bis 21
Der junge Tischtennis-Spieler Marty McFly reist in die Vergangenheit und stellt zu seinem Schrecken fest: Hier gehen die Sätze noch bis 21 und die Bälle sind viel kleiner! Kann ihm „Doc" Brown helfen in sein altes Leben zurückzukehren?

James Bond 0:11 – Reinfall
Nachdem Bond die Vorrunde sieglos beendet hat muss er ins hintere Paarkreuz zurückrutschen. Er beginnt einen beispiellosen Rachefeldzug gegen die Verbandsfritzen.

Der Herr der Bälle: Der Block des Königs
Im großen Finale der Trilogie läuft alles auf eine Entscheidung im Schlussdoppel hinaus. Behält das Böse am Ende doch die Oberhand oder gibt es eine Zukunft für Frodos Team in der Kreisliga A?

Ping Pong und die weiße Frau
Ein Schwarz-Weiß-Klassiker aus den Anfangstagen des Tischtennis-Films: Als ein entflohener Gorilla die Frau des Verbandpräsidenten entführt machen sich todesmutige Tischtennis-Spieler auf die Verfolgung. Wird es ihnen gelingen, die Frau mit harten Schüssen aus seiner Gewalt zu befreien?

Dima allein zu Haus
Der kleine Dima verpasst durch ein Missgeschick die WM. Während sich seine Mitspieler große Sorgen machen und frühzeitig ausscheiden kämpft Dima gegen Einbrecher, die seine umfangreiche Schlägersammlung stehlen wollen.

The Plattiator
Als ein römischer Tischtennis-Spieler verraten und als Sklave verkauft wird schwört er ewige Rache. Grandioses Sandalen-Abenteuer, aber nur mit heller Sohle.

Der Roßkopf Fetzner Komplex
In diesem Geschichtsfilm über die junge Tischtennisrepublik wird der lange Weg der Roßkopf-und-Fetzner Bande (RUF) bis zu WM-Gold 1989 nachgezeichnet.

Match Me If You Can
Ein dreister Lügner und Aufschneider bringt es ohne weitere Qualifikationen zum Tischtennis-Bundesligaspieler. Doch irgendwann muss die Sache auffliegen – spätestens beim ersten Punktspiel.

Der greise Hai
Trotz hohem Alters kann Ernst immer doch die jungen ärgern: Erst stiehlt er ihnen den Titel des Vereinsmeisters bevor er auch noch versucht ihnen die Mädels auszuspannen – sicherlich nichts für schwach Nerven!

Tischtennismädchen Report
In dieser Nackedei-Klamotte aus den 70ern spielen zahlreiche spätere Tischtennis-Helden mit, die sich heute natürlich für ihre Auftritte schämen.

Spiel mir den Ball vom Tod
Ein Western der Extraklasse, in dem ein Mundharmoniker-Spieler die ersten Tischtennis-Cowboys an den Rand des Wahnsinns bringt.

Harry Potter und der Konter des Schreckens
Der junge Harry hat seit frühester Kindheit eine Narbe in Form eines Tischtennis-Schlägers auf seiner Stirn. Eines Tages besucht ihn ein Unbekannter und eröffnet ihm seine Bestimmung – und den besten Schlag seines Angstgegners. Ein spannendes Familienabenteuer.

Terminator 2 – Tag des Abstiegs
Ein Tischtennis-Androide kehrt aus dem Jahr 2152 zurück in die Gegenwart um den unaufhaltsamen Aufstieg des kleinen TSV Bad Wurzingen bereits im Keim zu ersticken. Hasta la Verlängerung, Baby!

2001: Odyssee im Kreisligaraum
Regie-Genie Stanley Kubrick überzeugt mit großformatigen Bildern aus Tischtennis-Kreisligaspielen, hinterlegt mit eingängiger Musik. Die Handlung tritt komplett in den Hintergrund, in dem man jedoch zahllose dickbäuchige Amateure an der Tischtennis-Platte sehen kann.

Ma.Long. – Der Außerirdische
Als eine amerikanische Familie den außerirdischen Ma.Long. bei sich aufnimmt, ahnt sie noch nicht, dass dieser dereinst der beste Tischtennis-Spieler der Welt werden könnte. Doch leider hat der Kleine Heimweh und will ständig nach China telefonieren.

Die Bilanzen von Narnia – Der König von Narnia
Die Nummer 1 des TTC Narnia hat eine Grottensaison hinter sich. Kann er sich der Angriffe der Zwerge hinter ihm erwehren? Was macht die Jugend? Und können sie trotzdem gemeinsam in der Relegation bestehen?

Anti – Das unheimliche Wesen aus einer fremden Welt
Wo kommt er her? Wo will er hin? Warum gibt es ihn? Und warum hat er es auf die friedlichen Tischtennis-Spieler abgesehen? Ein unappetitlicher finaler Kampf gegen den Anti beginnt.

Das Schweigen der Linkshänder
Eine grausame Mordserie unter Tischtennis-Spielern hält das FBI in Atem. Mit Hilfe des Psychopathen Hanni-Ball Lecter versucht eine Agentin dem Mörder auf die Spur zu kommen – Gänsehaut in der Turnhalle!

Harry Potter und der Feuerpokal
Im Finale um den großen Feuerpokal bekommt es Harrys Mannschaft einmal mehr mit dem fiesen TSV Todesser unter Führung des berüchtigten Lord Voldemort zu tun. Es entbrennt ein Kampf um Tod oder Gladiolen.

GoodFellas – Drei Jahrzehnte Kreisliga
Das beste Tischtennis-Epos der 90er begleitet den TTC Brooklyn bei seinem Aufstieg und Fall zwischen 1. und 4. Kreisliga. Zahllose Hauptcharaktere wechseln im Verlauf des Films den Verein, sterben eines natürlichen Todes oder werden in das Senioren-Team abgeschoben.

No Racket for Old Men
Moderner Western als Abgesang auf den Senioren-Sport: Als der kalifornische Tischtennis-Verband Noppen- und Antitop-Beläge verbieten will, reiten einsame Männer durch die Wüste.

Harry Potter und der Orden des TTC Phönix
Harry wird für seine Verdienste um seinen Heimatverein mit dem goldenen Orden am Band ausgezeichnet. Sein Doppel-Partner Ron ist stinksauer und die süße Mädchenmannschaft macht es für die beiden pubertierenden Freunde auch nicht gerade einfacher.

Der große Dominator
Charlie Chaplin veralbert in diesem Schwarz-Weiß-Stummfilm Adolf Hitler als den angeblichen „Grötaz" – den größten Tischtennis-Spieler aller Zeiten.

Die Bilanzen von Narnia – Prinz Kaspian von Narnia
Die Nachwuchshoffnung Kaspian drängt in die erste Mannschaft. Das lassen sich die erfahrenen Recken natürlich nicht kampflos bieten. Es entbrennt eine hitzige Schlacht im Nominierungs-Turnier.

Tischtennis History X
Als ein Tischtennis-Rassist seine dunkle Seite auslebt und einen Noppen-Spieler grausam tötet, muss er ins Gefängnis. Dort bekehrt ihn ein Materialkundiger. Wird es ihm zurück in Freiheit gelingen, seinen Bruder auf die rechte Bahn zu bekommen?

Die Bälle
Mit einem Tischtennis-Experiment möchte ein Lehrer seine Klasse vor den Gefahren des Faschismus warnen. Doch schnell läuft die Sache aus dem Ruder. Denn bei Tischtennis geht es nicht nur um Leben oder Tod – die Sache ist viel ernster.

Harry Potter und der Schläger der Weisen
Mit Hilfe von Abteilungsleiter Dumbledore kämpft Harry weiterhin gegen den TSV Todesser. Kann er den Schläger der Weisen finden, der ihm endlich beibringen soll wie man taktisch geschickt gegen Noppen spielt?

Joolas Liste
Der Unternehmer Oskar Joola setzt 350.000 deutsche Tischtennis-Spieler auf eine Liste und rettet sie so vor wahllosen Mannschaftsaufstellungen, Unvergleichbarkeit zwischen Verbänden, Ignoranz bezüglich ihrer eigenen Statistiken gegen mit Noppen spielende Linkshänder und dem Verlass auf die Umsonstkultur im Internet. Rührstück.

Full Netzball Jacket
Harter Anti-Kriegsfilm, in dem sich eine Einheit von US-Marines in Vietnam nur durch Tischtennis-Spielen vom Alltag des Tötens ablenken kann.

Play the Line
In diesem Oscar-gekrönten Meisterwerk wird Johnny Cashs geheime Passion für den Sport mit dem kleinen Zelluloid-Ball nachgezeichnet. Trotzdem besteht für den Mann am Ende keine Rettung.

Schwammbock
Zwei irre Freaks bauen im Wald verboten dicke Schwämme an und verticken diese heimlich als Pizza-Lieferanten getarnt. Außerdem wird viel gekifft. Kultkomödie aus den 90ern.

Lola spielt
Die junge rothaarige Lola spielt im Berlin der 90er Jahre fleißig Tischtennis. Weitere Inhalte kommen nicht vor.

Harry Potter und der Halbflugball
Harry lässt nichts unversucht um die ebenso kluge wie topspinstarke Hermine zu beeindrucken. Sein neuestes Kunststück ist jedoch gegen die Regeln. Kann Hermine das akzeptieren?

Das Training der Anderen
Ein Stasi-Spitzel filmt heimlich das Training eines verdächtigen Tischtennis-Vereins. Er verliebt sich in eine der Spielerinnen und ist hin- und hergerissen zwischen ihrer Vor- und ihrer Rückhand.

Einer flog über das Kuckucksnetz
In einer geschlossenen psychiatrischen Klinik täuscht R.P. vor ein schlechter Tischtennis-Spieler zu sein, damit nicht auffällt, dass er eigentlich nur simuliert. Doch am Tag der Klinikmeisterschaft kann er sich nur schwer zurückhalten.

Die Bilanzen von Narnia – Die Reise auf der Morgenröte
Trotz aller Unstimmigkeiten haben die Jungs des TTC Narnia in der Relegation die Klasse gehalten. Zur neuen Saison gehen sie deutlich verstärkt an den Start. Können sie eventuell sogar um den Aufstieg mitspielen?

Djan-Ove Unchained
Tarantino kann's auch ohne Blut: Der alternde Djan-Ove ist froh, als er von den Ketten seiner Profikarriere befreit wird und von nun an wieder Rundlauf mit seinen Kindern spielen kann.

Der Runtergang
Berlin in den letzten Tagen des zweiten Weltkrieges: Während die Russen die Hauptstadt erobern ist für den psychotischen Hitler die größte Sorge, dass sein Team aus der ersten Bunkerliga absteigen muss. Er bekommt einen Tobsuchtsanfall und entlässt umgehend alle seine Mannschafts-Führer.

Spinman vs. Antiman
Comic-Verfilmung mit dem Duell der Extraklasse. Nicht nur Tischtennis-Fans werden begeistert sein.

Harry Potter und der Frischkleber von Askaban
Im ewigen Fünfsatz-Kampf gegen Lord Voldemort probiert es Harry nun mit neuem Material. Doch auch Voldemorts Mitspieler haben Neues zu bieten: Ein geheimnisvoller Frischkleber macht sie beinahe unbesiegbar.

Wer früher siegt, ist länger froh
Bayerischer Gute-Laune-Film für die ganze Familie um einen kleinen Jungen, der früh die Freuden des Tischtennis-Sports entdeckt und so seinen verwitweten Vater aus den Fängen der dritten Mannschaft befreien kann.

Harry Potter und der Topspin des Todes
Im großen Finale der Potter-Saga findet alles seine Bestimmung. Kann Harry mit Hilfe seines neuen Angriffsschlages den TSV Todesser endgültig in den Abstieg treiben?

The Fast and the Furious
Frischkleber-geschwängerter Action-Kracher in dem reichlich Schläger-Material verbrannt wird. Ein Klassischer Männer-Film.

Knockin' on China's Door
Was tun, wenn man kurz vor dem Tischtennis-Tod (d.h. der Versetzung in die siebte Mannschaft) steht? Richtig, man bucht ein überteuertes Trainingslager in China und lässt es da nochmal richtig krachen. Komödie mit einigen Längen.

Good Bye, Zelluloid!
Eine neue Zeitrechnung bricht an: Der Plastikball kommt! Doch wie soll Daniel das seiner herzschwachen Mutter beibringen, die mit ihren langen Noppen doch von starkem Spin der Gegner lebt? Nominiert für den Oscar als bester fremdsprachiger Tischtennis-Film.

Do Nic – The Next Generation
Die Föderation schickt das neue Raumschiff „Enterprise" in fernste Tischtennis-Galaxien. Doch als der Replikator keine Tischtennis-Utensilien mehr herstellen kann steht die Mannschaft kurz vor der Meuterei. Ein Sci-Fi-Spaß für Jung und Alt.

Schwammdog Millionaire
Ein kleiner indischer Junge kämpft sich aus seinem Slum an die Spitze der Weltrangliste und trotz dabei allerlei Gefahren. Ein modernes Märchen.

Men in Ballonseide
Will Smith macht auch an der Tischtennis-Platte eine sagenhaft coole Figur im Kampf gegen beinahe unbesiegbare Topspin-Aliens. Dazu produzierte er noch den Soundtrack zum Film.

Fack ju Schihri
Fäkalhumor und Jugendslang brachten diesem Film den ganz großen Erfolg an den deutschen Tischtennis-Kinokassen.

Vier Sätze für ein Halleluja
Die alten Haudegen Terrence Hill und Bud Spencer prügeln sich durch die Kreisliga. Ein großer Spaß für Jung und Alt!

Beverly Hills Flop – Ich verlier den Ball auf jeden Fall
Eddie Murphy ist mit dem Mundwerk deutlich schneller als mit seinem Tischtennis-Schläger. Kultfilm der 80er, der inzwischen allerdings etwas in die Jahre gekommen ist.

Apollo 11:0
Die NASA schickt eine neue Mission zum Mond. Doch leider kommt es beim Start zu Komplikationen mit dem Triebwerk. Gott sei Dank kann mit Hilfe der Tischtennisausstattung an Bord ein neues Landemodul gebaut werden. In der Zwischenzeit vertreiben sich die Astronauten ihre Zeit mit Rundlauf.

Der bewegte Noppen-Mann
Kassenschlager in den 90ern: Til Schweiger als Hetero- unter lauter Homo-Tischtennisspielern. Voller Witz und politisch unkorrekten Anspielungen.

Der Konter der Löwen
Der kleine Simba hat es nicht leicht im Leben als der Sohn des afrikanischen Meisters. Dazu hat es auch sein bösartiger Onkel auf ihn abgesehen – Stichwort: lange Noppen auf der Vorhand, Anti auf der Rückhand…

Vier Spielzeiten und ein Todesfall
Englischer Komödien-Hit, der Hugh Grant den Durchbruch brachte. Der Film begleitet ein Kreisliga-Team durch die Höhen und Tiefen von vier Saisons bis er etwas traurig endet.

Der Cup der toten Dichter
Im etwas steifen England des ausgehenden 19. Jahrhunderts gründet ein Lehrer einer Eliteschule gemeinsam mit seinen Schülern eine ebenso geheime wie subversive Tischtennis-Liga. Dem Sieger winkt ein großer Pokal!

Der Feuerzangenjoola
Fünf ältere Herren schwelgen in Erinnerungen zu ihrer Schulzeit. Nur Pfeiffer mit drei f hat nie Rundlauf im Pausenhof gespielt – das muss geändert werden.

Slice Age
Ein Film für die ganze Tischtennis-Familie: Manni, das Mammut sucht mit seinen Freunden (Säbelzahntiger und Faultier) einen neuen Verein, da es in ihrer aktuellen Halle immer viel zu kalt ist. Heimlicher Star des Films ist aber Rattenhörnchen Scrat bei seiner verzweifelten Suche nach einem Spielball.

Minority Sport
Das Jahr 2140: Tischtennis-Ergebnisse können schon vor Spielbeginn vorhergesehen werden. Der ITTF schickt eine Spezialeinheit unter der Führung von Tom Cruise in den Kampf.

Findet Dima
Spaßiger Kinderfilm um eine Gruppe guter Tischtennis-Freunde, die in auffällig bunten Trikots spielen. Auch etwas für die Großen.

Der Teufel spielt Noppen
Die junge Andy steigt bei einem Tischtennis-Verein in New York ein und wird von ihren Noppen spielenden Gegnern terrorisiert. Kann sie sich trotzdem bei der Vereinsmeisterschaft ins Finale durchkämpfen?

James Bond 0:11 – Spektakel
Im neuesten Film der Bond-Reihe wird der Platten-Bösewicht genial von Christopher Waltz verkörpert. Kann sich der Geheimagent seiner Majestät aus den Fängen der Ergebniskrise befreien?

Vom Winde verweht
Tischtennis auf dem Spielplatz an Steinplatten? Macht keinen Spaß, zeigt uns dieser Schwarz-Weiß-Klassiker.

*Speed 3****
Dritter Teil der Action-Tischtennis-Reihe mit Keanu Reeves und Sandra Bullock: Können sie Vernichtung des gesamten 3***-Bälle-Vorrates der USA verhindern? Hochspannung garantiert.

Nopping Hill
Schon wieder Hugh Grant: Diesmal erobert er das Herz einer ebenso berühmten wie einsamen Tischtennis-Spielerin.

Slice Age
Ein Film für die ganze Tischtennis-Familie: Manni, das Mammut sucht mit seinen Freunden (Säbelzahntiger und Faultier) einen neuen Verein, da es in ihrer aktuellen Halle immer viel zu kalt ist. Heimlicher Star des Films ist aber Rattenhörnchen Scrat bei seiner verzweifelten Suche nach einem Spielball.

The Big Leballski
Schräge Kult-Kiffer-Komödie mit Jeff Bridges als *White-Russian* trinkender, unambitionierter Tischtennis-Spieler, der sich auf seinem Walkman das Geräusch von einschlagenden Topspin-Bällen anhört.

Der mit dem Holz tanzt
Amerika 1873: Ein Captain der US-Armee tritt in den TTC Apachen ein und muss mitansehen, wie sein neues Team von der Übermacht der Gegner kapitulieren muss. Der Abstieg scheint unvermeidlich.

Der Butterfly Effet
Der Vorhand-Schlag eines Chinesen hat Einflüsse auf die Kreisliga-B-Ergebnisse in Niederbayern. Packender Thriller mit starken Schauspielern und klasse Wettkampfszenen.

Der Schlägerflüsterer
Kann die 13-jährige Grace das Trauma eines Unfalls mit Hilfe von Tischtennis-Stunden überwinden? Robert Redford in Hochform, die Tischtennismädchen werden dahinschmelzen.

Sister Act
Die SG Ulm/Neu-Ulm/Neckarsulm hat endlich wieder eine Mädchenmannschaft. Doch die Wege zu den Auswärtsspielen sind weit.

Die Platte
Das Tischtennis-Mafia-Epos erzählt vom Aufstieg Vito Corleones in die Landeliga von New York. Bestes Zitat: „Ich werde dir einen Aufschlag machen, den du nicht erreichen kannst."

Die Platte 2
Zweiter Teil der Mafia-Saga: Vito verliert das erste Mal eine Match gegen einen seiner Söhne. Kann er sich trotzdem in der erste Mannschaft halten.

Die Platte 3
Im finalen Teil der Mafia-Trilogie wehren sich die Corleones gegen den drohenden Abstieg ihrer Familie und ihres Tischtennis-Clubs. Dabei wir nicht nur mit sauberen Mitteln gekämpft.

Zwei Eingangsdoppel auf dem Weg zur Hölle
Tischtennis-Buddyklamotte mit Bud Spencer und Terrence Hill. Jede Menge Ball-Geprügel, Gefurze unter der Dusche und flache Witze anschließend in der Kneipe. Ein Heidenspaß für eingefleischte Fans.

Donic – Macht des Kartells
Tiefgründiger Episodenfilm, der von allen Seiten die dunklen Machenschaften der Plastikball-Mafia schonungslos aufdeckt. Absolut sehenswert!

Independence Day
Als sich die Tischtennis-Abteilung von Schwarz-Weiß Altendiez von ihrem Stammverein lossagen will, beginnt vor dem örtlichen Amtsgericht ein schmutziger Trennungskampf.

Kill Bill: Volume 11:0
Eine attraktive junge Dame rächt sich blutig an ihren ehemaligen Mitspielern, die sie einfach in die dritte Mannschaft abgeschoben hatten. Das wird nicht gut ausgehen für Mannschaftsführer Bill. FSK18!

Die Ball Identität
Jason Ball, ein heimlich ausgebildeter Tischtennis-Roboter, ist auf der Suche nach seiner Herkunft, seiner Bestimmung und seiner richtigen Liga. Popcorn-Kino mit Topspin-Garantie.

Pen Hur
Ein arabischer Penholder-Spieler befreit sich von einer Tischtennis-freien Galeere und mischt die Römer auf. Historienschinken mit Überlänge.

Deutschland – Ein Sommermärchen
Heim-WM mit Public Viewing auf der Düsseldorfer „Kö“: Die ganze Republik ist im Tischtennis-Fieber, als Timo, Dima & Co nach den Medaillen greifen. Wird der große Traum von 80 Millionen wahr werden? Oder beenden die bösen Chinesen diese Sportmärchen frühzeitig?

Der Rundlauf der Dinge
Tischtennis-Kunstfilm, in dem sich nichts bewegt und trotzdem alle Tischtennis spielen. Anstrengend.

Bringback Mountain
Liebes-Epos um zwei schwule, Tischtennis spielende Cowboys, die nicht von ihrem gemeinsamen Abwehrspiel lassen können. Bewegende Bilder, Oscar-verdächtig.

Der Trainingsneurotiker
Horst ist wirklich kein Trainingsweltmeister. Doch einmal im Jahr treibt es selbst ihn in die miefige Halle – der Saisonauftakt steht an, und dieses Jahr will der kauzige Alte ihn nicht schon wieder versauen.

Dice zum Morgengrauen
Jetzt spielen auch noch Vampire Tischtennis! Teenie-Romanze für eher schlichte Gemüter. Fun Fact: Vampir-Vegetarier riechen nachts heimlich an Zelluloidbällen!

Street Fighter
In den wilden 80ern gab es noch an jeder Ecke und auf jedem Pausenhof Stein-Tischtennisplatten. Der Film begleitet den Auf- und Abstieg eines jungen Talents, der sich gegen viele Widrigkeiten zu erwehren hat.

Ball Street – Der Held schläft nie
Tag für Tag treffen sich die besten Spieler der Welt in ihren feinsten Anzügen aus Ballonseide und versuchen, ihren ohnehin schon hohen TTR-Wert weiter zu erhöhen. Das wird tragisch enden.

Die nackte Kanone
Billig-Klamotte um einen exhibitionistisch veranlagten Kreisliga-Recken. Aufgepeppt mit einigen zweideutigen Witzen und lahmen Zoten. Abschalten!

Der Schuh des Manitu
Kreisliga-King Manitu hat seine Schuhe zum Punktspiel vergessen. Kann ihm sein Bruder Abahatschi aus der Patschi helfen? Albernes Gelaber mit Michael „Bully" Herbig, für den auch noch ein Tischtennis-Double einspringen musste.

Ping Pong Fiction
Achtung Kultfilm! Wir begleiten mehrere Irre scheinbar ziellos durch die Stadt, auf der Suche nach Liebe, Tischtennis und Drogen. Und dann ist da noch der berühmte *Quarter-Pounder,* welcher angeblich unbesiegbar macht.

Basic Spinstinct
Als ein junger Anwalt den verführerischen Topspin einer Mitspielerin beobachten darf, gerät sein Leben aus den Fugen. Hochspannung ist garantiert.

Fantastische Tischtenniswesen: Grindelwalds Beläge
In dieser spannenden Fortsetzung aus Harry Potters Tischtennis-Universum macht sich unser Held auf die Suche nach Grindelwalds sagenumwobenen Belägen, die dem Besitzer angeblich ewigen Ruhm und Ehre sowie mindestens 200 zusätzliche TTR-Punkte bringen sollen.

Deep Throat
Lustlose Fleischbeschau mit Tischtennis-Platten im Hintergrund. Da war bei Stiflers Mom und dem Heimscheißer in „American Pie" mehr geboten. Als Highlight dient eine asiatische Ping-Pong-Show. Trotzdem: Die Mutter aller Tischtennis-Pornos!

Zweiseitenplatte
Auch Till Schweiger macht jetzt Tischtennisfilme: Als Regisseur dieser flachen Romanze zeigt er einmal mehr seinen zahllosen, völlig Tischtennistalent-freien Töchtern wie das Filmbusiness wirklich läuft.

Spinman
Superhelden-Movie um einen heimlichen Tischtennis-Bezirksliga-Star, der im Alltag immer noch unerkannt durch die Fußgängerzone seiner Kleinstadt flanieren kann.

Avengers: Relegation
Noch ein Superhelden-Film, doch diesmal geht es um eine ganze eingeschworene Clique von sechs Helden, die im finalen spiel der Saison alles auf eine Platte setzen.

Fantastische Tischtenniswesen und wo sie zu finden sind
Das moderne Märchen nach dem gleichnamigen Buch von Harry Potter-Erfinderin Joanne TT. Rowling erzählt von den schrulligen Persönlichkeiten der untersten Tischtennis-Kreisliga.

Te Te Land
Tischtennis-Tanzfilm mit Starbesetzung. Zwar ohne ganz große inhaltliche Tiefe und mit höchstens peripherem Tischtennis-Können, doch die Tanzeinlagen an der grünen Platte sind ganz großes Kino!

Die Mumie
Porträt des legendären Tischtennis-Routiniers vom SV Bruckheim. Doku-Klassiker.

Pretty Woman
– Dieser Eintrag fehlt. –

Grießblockerlaffäre
Es gibt Tote in der Tischtennis-Kreisliga und die Verbandsfritzen haben mal wieder keine Ahnung was da wirklich los ist. Gut, dass sich Dorfpolizist Eberhofer inkognito beim TSV einschleust und die Ermittlungen aufnimmt. Bayerischer Provinzkrimi .

Tischtennis Raider
Abenteuer-Film aus der Spielwelt: Wird es der attraktiven Lara gelingen, trotz ihrer enormen Oberweite einen guten TTR-Wert zu erkämpfen?

Joker
Der kaum eingesetzte siebte Mann einer Kreisliga-Mannschaft wird langsam zum Bösewicht und manipuliert gemein Mit- und Gegenspieler.

Lost in Translation
Ein Mann scheitert daran, sich zusätzliches Wissen aus seinem Tischtennis-Buch anzueignen. Tragödie.

The MaTTrix
Eine Gruppe von Tischtennisspielern ist gefangen in einer Parallelwelt. Wird es ihnen gelingen, den Albtraum aus muffiger Sporthalle und verrauchter Vereinsgaststätte zu verlassen?

Tisch Tennis Panda
Lustiger Kinderfilm mit einem Panda und einer Tischtennis-Platte.

Transformers 3 – Die dunkle Seite des Schlägers
Auch Kampf-Roboter wollen Tischtennis spielen. Doch wer gewinnt den Krieg um die Erde?

Die Ping Pong Verschwörung
Matt Damon brilliert in diesem Action-Feuerwerk auf seinem Trip durch die Tischtennis-Kreisligen Europas und lässt dabei viele besiegte Gegner zurück.

Mission: Impossible
Und wieder wurde der Bezirksliga-Aufstieg verpasst. Kann die neue Nummer 1 und Spezialagent Ethan Hunt dabei helfen, das lang ersehnte Ziel zu erreichen? Atemberaubend!

Dima & Timo
Mädchenfilm über zwei „*Best Friends Forever*" mit den beiden Posterboys des deutschen Tischtennis. „Bravo"-Leserinnen werden begeistert sein.

Jim Knopf und Lukas, der Tischtennisspieler
Rührender Kinderfilm über die Spieler der Jugend-Kreisliga in Lummerland. Wahrer Held: Die alte Dampflok Emma, die trotz allem beim Rundlauf immer noch mithalten kann.

Tonnenallee
Balleimertraining in der DDR kurz vor dem Mauerfall. Klasse!

Million Topspin Baby
Die Kombination aus Boxen und Tischtennis war noch nie besonders erfolgreich, doch in diesem Film ist alles möglich. Wenn die Hauptprotagonistin am Ende nicht nur den Löffel sondern auch den Schläger abgibt, bleibt kein Auge trocken.

12 Years a Slave
Gefangen in der Tischtennis-Kreisliga – wann gelingt endlich der Wiederaufstieg in die Bezirksliga?

Im Westen nichts Neues
Doch was passiert in der Kreisliga-Ost? Bewegendes Drama von der Sinnlosigkeit des Kreisliga-Sports.

#QUICKLIST: WICHTIGE SÄTZE DES SPORTHALLEN-HAUSMEISTERS

- Um 22 Uhr ist hier Schluss.
- Der Letzte macht das Licht aus!

DANKSAGUNG

Ich bedanke mich herzlich bei allen Kreisliga-Spielern, die mir im Laufe meiner bisherigen sogenannten Karriere über den Weg gelaufen sind, für das phantastische Anschauungsmaterial als Grundlage für dieses Buch. Ich hoffe, ihr findet euch gut getroffen.

Mühldorf am Inn, im Februar 2022

Printed in Poland
by Amazon Fulfillment
Poland Sp. z o.o., Wrocław

30578398R10208